COUNSELING TOWARD SOLUTIONS

教师焦点解决方案

运用焦点解决方案管理学生情绪与行为

[美] 琳达·梅特卡夫
Linda Metcalf 著 / 瑞安·梅特卡夫
Ryan Metcalf 插图

A PRACTICAL, SOLUTION-FOCUSED PROGRAM FOR WORKING
WITH STUDENTS, TEACHERS, AND PARENTS

中国青年出版社
CHINA YOUTH PRESS

图书在版编目（CIP）数据

教师焦点解决方案 /（美）琳达·梅特卡夫著；（美）瑞安·梅特卡夫插图；林文静译.
—北京：中国青年出版社，2023.6
书名原文：Counseling Toward Solutions：A Practical, Solution-Focused Program for Working
with Students, Teachers, and Parents
ISBN 978-7-5153-6947-1

Ⅰ.①教… Ⅱ.①琳…②瑞…③林… Ⅲ.①教学研究 Ⅳ.①G420

中国国家版本馆CIP数据核字（2023）第087256号

教师焦点解决方案

作　　者：［美］琳达·梅特卡夫
插　　图：［美］瑞安·梅特卡夫
译　　者：林文静
责任编辑：周　红
美术编辑：张　艳
出　　版：中国青年出版社
发　　行：北京中青文文化传媒有限公司
电　　话：010-65511272 / 65516873
公司网址：www.cyb.com.cn
购书网址：zqwts.tmall.com
印　　刷：大厂回族自治县益利印刷有限公司
版　　次：2023年6月第1版
印　　次：2023年6月第1次印刷
开　　本：787mm×1092mm　　1/16
字　　数：238千字
印　　张：18
京权图字：01-2021-5213
书　　号：ISBN 978-7-5153-6947-1
定　　价：49.90元

目 录

实用的校园问题解决之道

如果你是一名教师、学校管理者、心理辅导员或心理医师，你也许记得当初自己决定追求这项事业时的那份激动与兴奋。你们当中有些人是因为某位教师触动你内心某种东西从而启发了你的选择。其他人则属于那种觉得自己可以为孩子们做点什么，而这样的职业让你如愿以偿。然而，随着大家接受更多的教育与培训、积累更多的经验，有些人可能忘记初心，不再觉得万事皆有可能。甚至你还可能变得愤世嫉俗，认为孩子们并不像你设想的那样富有动力，或认为父母对孩子的教育不上心，或认为解决社会问题这个担子不应该撂给学校管理者。

那么，即使你在学校的工作面临严重的挑战，琳达·梅特卡夫写的这本书能够重新激发你的能量与可能。阅读这本书，你就像给自己补充丰富的维生素和矿物质，将充满希望并获得解决方案。

琳达并没有回避教师、班主任、辅导员或心理医生、父母和学生在当今学校面临的重大问题，相反，她给大家带来了实用的校园问题解决导航图。这幅线路图不需要大量的财力、物力和人力，也不是仅仅适用于新生，更不像其他画饼充饥的解决方案，相反，它仅依靠现有的、潜伏在学生、父母和学校之间的优势与资源，发掘并运用到位。

　　精神健康领域，长时间以来都被当成精神疾病领域，现在这个领域正经历着一场变革。人们终于把关注点放在健康而不是疾病上。本书所应用、探索的技巧与问题解决理念，提供给人们心理辅导的方案，更是见证令人激动而又感人的教育转变。在学校，广泛应用本书的方案很自然。教师、班主任、管理者和辅导员/心理医生没时间给遇到麻烦的学生做精神分析，这时需要简短、实用且有效的心理干预，本书提供了比你所需还要多的内容。我读这本书时感到非常激动，于是又买了一本送给我就读三年级的儿子的老师和他所在学校的新校长。我相信你也会读得心潮澎湃，然后也给朋友和同事买这本书。这里有个提示：这本书专治你的怠倦和泄气。阅读这本书，能够给你和你的学生带来持续的希望与热情。现在你收到这个提示了。自己开始冒险吧。

比尔·奥汉隆

美国著名心理咨询师，心理治疗大师和"催眠治疗之父"米尔顿·埃里克森的入室弟子

关于本书

　　世界和学校都在演变，这本书也在演变。这是本书第三次修订。成为焦点解决方案型学校的心理辅导员、教师、班主任和管理者，意味着什么？读者在这次的修订版中能够找到实用、简洁的解答，修订版还为一些重要议题增添了新材料。

　　自从本书第二版出版以来，校园里发生了不少悲剧，这些悲剧削弱了学生、家长和教师对学校的安全感。校园暴力让我们每个人都停下来，急切地思考："为什么会发生这样的事？"

　　在校园里，社交媒体成了每个人生活的标志。积极的一面是社交媒体给大家带来很多机会，然而它也带来很多挑战。对于有心理健康问题的学生来说，以前健康的处理机制变得孤立、危险，这让学校心理辅导员不知所措、疑问丛生，教师和家长也找不到更多的答案。

　　然而，尽管面临当前这些挑战，学生、教师和学校心理辅导员还是能够成功应对学校的各种情境，我认为这很关键。学生还在成长，他们将成为有创造力的一代，推动进步，获得惊人的成果。因此，我们不要花非常多的时间纠结于已发生的事情的"原因"，相反，更重要的是找出我们与社会外界的联结，彼此关联、尊重、适应对方。

你可能注意到"校园辅导对象"这个词和"学生、教师和家长"是可以替换使用的，这是因为与学校相关的每个人的共性是人人都参与到学校中来了。此外，我这次在书中添加了叙事疗法，我把焦点解决与叙事疗法两种模式糅合一起，从而产生一个新模式——焦点解决方案。

不管你在学校的哪个部门工作，不管你的学生是谁，本书中的方法将创造教育奇迹——学生变得更好，班级变得更好，学校变得更好，家庭变得更好——尊重每个人的差异，关注时常发生的成功，以及惊喜地发现这些成功是如何系统性地发生的。

带着对你们、你们的学生、家长、学校及社区深深的爱，我邀请你们读这本书，并开始享受如释重负般的激动。如此，你们的一天就不会为忧虑所困，而是充满了无限希望和可能性。

感谢你们信任我，让书中的文字成为你们生活中的一部分。

第一部分

焦点解决方案的思维与方法

第一章　焦点解决方案的思维方式

我第一次见到奈特是在新学年开启两周后。奈特15岁，看上去非常焦虑，不愿意上学。奈特的爸爸独自抚养奈特，这次陪他来做心理辅导，爸爸非常担心奈特到校出勤的情况。我从不问对方为何来做心理辅导，但奈特的爸爸忧心如焚，见到我就立马说出他的担忧，他认为有许多原因导致儿子不愿意上学，然后说了20分钟才停下来。爸爸说的这些原因包括他的工作、奈特母亲的离开、社交媒体等等。他非常担心奈特的焦虑不仅让他不想上学，而且不愿交朋友、离开家门。听完奈特爸爸的讲述，我谢谢他告诉我这些信息，然后问父子俩这次来做心理辅导希望有什么收获。

> 奈特：我想去上学，但早上醒来我就感到焦虑，这种感觉让我感到恶心，而且这种恶心的感觉一直伴随着我。我试着去上学，但好像下不了车。
>
> 父亲：我希望辅导后他和我都有收获，最好的收获是他能够和同龄学生一起上学。去年九月发生这种情况时，我在家里教了他一年。他待在家里感觉好像不错。到了春季，我们去一家私立学校看了看，这所学校的高中部只有300名学生，他喜欢这所学校。但这会儿又出状况了，他又没法去上学了。

慢慢聆听，言简意赅

当学生、老师或家长，像奈特和他爸爸这样忧心忡忡地来到我的办公室做心理辅导时，首先要让他们倾诉。根据我的经验，有时校园辅导对象好像需要一些时间谈论他们的担忧，讲述什么问题迫使他们来做心理辅导，这些问题如何侵扰他们的生活。我采用的焦点解决方案新增了一项叙事疗法，这个疗法是怀特和爱普斯顿（1990）创建的。在做心理辅导的过程中，加入叙事疗法似乎为我们的会谈增添了内容丰富的对话，特别是遇到很沮丧、无法敞开心扉谈论更好未来的辅导对象。焦点解决方案的效果不错。它能够帮助辅导对象通过新的视角看待问题，即他本人不是问题所在，问题只是问题本身。这个疗法将问题单独拿出来讨论，如此一来，辅导对象得以退一步看待问题，然后设定行动计划来解决这个问题。

　　因此，针对上述案例，我和奈特一起谈论焦虑是怎么抢走他想上学的欲望的。我列了一份长清单，包含以下内容：

1. 让他没能去上学
2. 抢走了他的朋友
3. 让他在家里睡太多了
4. 让他没能跟爸爸交谈
5. 让他没能跟上学业
6. 让他与人隔离
7. 让他觉得自己太差劲了
8. 让爸爸感到沮丧

　　写好这份清单后，我问父子俩，希望最后的结果是什么？爸爸说他期待奈特能够去上学，奈特则希望现有的焦虑远离他。我接着问奈特，有没有哪些时刻他能够克服焦虑、到学校上课？

奈特：我读小学时，情况好一些。那会儿我有点焦虑，但老师对我很耐心，教室外面的过道不太吵闹。过道如果太吵闹，我就会很焦虑。不过一旦开始日常的上下课就会好些，而且一学年我都坚持下来了。七年级也还可以。这一学年新的学校我去了两天。

琳达：真的吗？这两天你是怎么度过的？

> 奈特：是因为我的导师。他教历史，人特别有意思。我喜欢他的课堂。我的英语课也还好。英语教室就在过道的尽头，非常安静。小孩不太多。老师真的很好。我们进入教室后她就让我们开始阅读，感觉很不错。
>
> 父亲：我也觉得奈特念小学时情况好一些。他有时会有点害羞，但和大家熟悉后就相处很好。我想那时我的做法也不一样，因为我让他去上学。他妈妈离开了我们，当时我没有一份时间灵活的工作可以像现在这样在家里教他，所以奈特不得不去学校。听到他说喜欢两门课，我很开心。

　　我让奈特给自己的焦虑打分，用1—10的等级，10分意味着焦虑完全控制了他。他回答说焦虑现在处于9分这个等级。我问他我们的谈话有没有帮他减少一点焦虑。他说这样的话打8分。我们接着讨论有什么办法让他明天去上学，而且继续与焦虑作战。他说学校心理辅导老师已经安排他待在教室休息。奈特的爸爸说明天早上他也会坚持让奈特去上学。

　　第二天是周五，我给奈特的爸爸打电话，看看事情的进展。奈特爸爸接了电话，说早上不是很顺利。奈特不愿意起床，也不想坐车去上学。于是我建议周一上课前和奈特的老师们约见。我让奈特的爸爸给学校打电话，让学校安排一个20到30分钟的会议，请奈特所有的老师、心理辅导老师和校长都来参加会议。然后我让奈特爸爸告诉奈特周一早上他只需在学校待一会儿，就参加一个会议。

针对不想上学的案例开展焦点解决方案的谈话

　　周一早上的会议起初对奈特很有挑战。他确实和爸爸一起来学校，但很不情愿，我走近他时，他身体颤抖了起来。他说希望自己在会场不会呕吐。我跟他保证不会在会议上问他太多问题，只想让他听听大家怎么说。

召开这个会议，我的计划是开展一个焦点解决方案的谈话，其中包括三个步骤：

1. 确认在场的所有人希望得到的最佳结果，包括奈特、父亲、老师、班主任和学校管理者。
2. 根据奈特的老师、家长和奈特的描述，一起创建一个更好的未来。
3. 和老师们讨论某些例外情境，即奈特在学校感到比较舒服的时刻。

我向老师们问好，感谢大家来开会，并说明得到奈特和爸爸的同意，和大家一起讨论奈特的事。一开始我就说自己感兴趣的是大家希望奈特获得什么最佳结果，尽管奈特只上过两次这些老师的课，但我总喜欢以这样的方式开启谈话。这样的谈话开门见山，是焦点解决方案的根本要素。如果我们一开始就讨论不愿上学的问题，那么事情的发展不仅会走偏，而且甚至会倒退。相反，如果我们一开始讨论的是大家想要实现的目标，这会促使大家一起向前，带着更清晰的思路一起构建解决方案。

在这个时间点，奈特没在会议室。我到学校跟辅导对象会面时，通常先跟老师见面，这样让我了解老师和学生处于什么情境。有些学生可能不尊重老师，所以我总会给老师一些时间，如果需要的话，让他们疏导自己的情绪，并讨论他们希望之后会有什么转变。换言之，老师也成了我辅导的对象。我们要构建的解决方案包括老师和学生的需求，所以我会一直等合适的时机，直到可以开始往构建解决方案的方向发展。有时大家需要的时间更长些，但学生一加入会议，就要营造焦点解决方案的会议氛围了。

幸运的是，对于我一开始的提问"你们希望奈特获得什么最佳结果？"，奈特的老师们都回应得很好。他们的评述很积极。我注意到导师说得更多一些。他说奈特对他的课堂感兴趣，作为老师他为此感到欣喜。他说自己喜欢奈特，确实注意到他有时会紧张。等每位老师轮流说完，我就让奈特和父亲加入会议。奈特很紧张。

这时，我再次请老师们说说自己对奈特的印象，以及希望奈特得到的最佳结果，包括帮他觉得待在班里很舒服。几位老师都非常友好而且很有

帮助。导师说:"嘿,你知道的,我总在过道维持秩序。如果你需要跟我聊天或和我一起玩,不用担心! 直接来找我。"

接着,英语老师说:"我经常看到你在我的课堂非常冷静。你总是很有礼貌,而且进入教室就开始阅读。我想因为我的教室在过道尽头,这对你有帮助吧?"奈特点点头。"我也是这么想的。我也喜欢一个安静的教室。"英语老师接着说。

随着会议继续开展,其他一些老师也加入谈论,说了以下的话:"我每天都在教室吃午饭;欢迎你加人哦! 我儿子曾经也有类似的顾虑,所以我懂的!"心理辅导老师建议每当奈特感到焦虑,就到她办公室的沙发上坐坐,直到感觉好转。校长也很支持,说会让奈特早上做一些任务,直到感觉舒服了再回到教室上课。整个会议让奈特感到非常惊讶,听到老师们的话语他惊呆了。会议结束之前,我让奈特当着所有人的面给自己的焦虑打分。他说:"刚进来的时候,我真的非常非常紧张,那会儿可能是10分,现在我处于8分。"

那天离开会场时,我感谢所有老师,并对奈特说试着上一个上午的课。他点点头和校长一起走了。

两周后我们再次会谈,奈特分享说自从上次会议之后他每天都去上学,除了有一天他去看医生。在我们整个会谈始终,奈特都微笑着;他告诉我有几天他和那位邀请他一起共进午餐的老师一起吃午饭,不过后来他决定去食堂,接下来就一直和小伙伴们一起吃午饭。他接着说他的新朋友让他尝试踢足球,他正在考虑。我问他参加上次学校会议的感受,他微笑着说:"真的很不一样……很好。"

一个月后,我给学校打电话问奈特的情况。校长说奈特现在正和一些学生在过道为舞会布置装饰。他按时来上学,看起来非常开心、投入而且功课也做得很好。

使用体系化途径是更有效的

上述案例描述了通过一个不同寻常的方式来解决不愿上学的问题。案例展示了如何通过焦点解决方案来认识、帮助学生。如果奈特独自和聚焦问题本身的心理辅导老师见面，他也许能够理解自己的焦虑，意识到焦虑如何阻扰他上学。那么在奈特最焦虑的时刻，辅导老师肯定也能为他提供一些处理方案；如果事情变得更糟，辅导老师甚至会让奈特去找心理医师做治疗。这些措施都是处理诸如拒绝上学等问题的典型做法，专业心理辅导老师一般会用这些通过研究发展而来的心理干预来帮助个体。

然而焦点解决方案开辟了另一个解决方案的渠道，而且当整个体系，比如奈特的老师们，都参与进来时，体系里的每个人都有机会了解需要做什么来帮助奈特，然后一起促成转变。在这个案例中，会议的召开不是让教职工讨论如何帮助奈特。相反，奈特之前讲述的"例外"，即情况稍微不错的时刻，给我和老师们提供线索，构建奈特所需的解决方案。于是，老师们和我的工作变成只需聆听，并且意识到这些例外可以变成帮助奈特的新策略。因为老师们同意尝试这些策略，奈特不断得到支持，因此转变就容易多了，而且还能长久地持续。

一名小学生制作了她的书签

小镇的另一边，一名小学心理辅导老师和一位家长见面。家长周二下午给她打电话，听起来非常沮丧。家长告诉辅导老师她女儿的老师让孩子带一张便条回家，便条上写着孩子挺有潜能，但没有发挥她的潜能。显然，女儿在学校的表现一直很好，现在妈妈很抓狂。妈妈承认女儿最近发生了一些变化。比如，早上总喊肚子疼，晚上回来就抱怨学校。辅导老师和妈妈的对话如下：

辅导老师：我们今天谈论什么对您有帮助呢？

妈　　妈：我得弄明白梅根最近是怎么了。她以前从不这样。她一直是名好学生。

辅导老师：您说的这一点怎么帮到您？

妈　　妈：我猜如果我知道背后发生了什么，我就能够帮助她。

辅导老师：您说您从没遇到过这样的问题。

您回忆看看以前有没有哪些时刻遇过类似的问题，只是情况不太严重，还是说确实从未出现过这样的问题？

妈　　妈：去年她在另外一所学校读书。今年夏天我们搬到另一个小区住，我以为没什么问题。一开始她确实觉得自己很难交到朋友，但现在她和邻居的孩子玩得很开心。

辅导老师：去年的学校怎么样啊？有什么不一样的情况吗？

妈　　妈：去年我没上班。搬家后，我找了一份晚上的兼职挣钱付新家的房租。现在由她的继父辅导她的家庭作业。去年她的老师也不一样。梅根需要不断被激励。她很聪明，如果得到表扬和鼓励，就很愿意为你做事。她需要有人帮她集中注意力完成手头的任务，因为她常走神。今年她跟我说了几次老师很少问她是否需要帮助。梅根比较害羞，而且她如果不明白需要做什么，她就不做了。

辅导老师：您辅导梅根完成家庭作业时有什么不一样的地方吗？

妈　　妈：我们会晚上早点做作业，梅根完成作业后，我们在睡前一起看一部电影。这是我们的日常。但现在我需要上班，所以不确定能否跟梅根一起做这些事。

辅导老师：您说老师激励她时，情况也大不相同。

妈　　妈：是的。

辅导老师：我认识梅根的老师，您觉得我可以把您的建议和她分享吗？

妈　　妈：当然可以。

辅导老师：如果我把梅根从班里叫出来聊几分钟，这样可以吗？

妈　　妈：可以的。

　　心理辅导老师去教室找梅根。她告诉在班老师刚才跟梅根的妈妈谈过话，现在需要和梅根说几句话。梅根和辅导老师一起回到会议室，妈妈在会议室等着。

辅导老师：嗨，梅根。很高兴认识你。早上你妈妈和我聊了聊你上学的情况。你妈妈跟我说的一些想法我想跟你的老师分享，但我想先让你知道这些想法。

梅　　根：好的。

辅导老师：你妈妈说，跟今年的老师相比，去年的老师给你的帮助大不一样。你可以跟我说说去年的老师都做了什么吗？

梅　　根：嗯，我们制作了书签，如果我们有问题，就把书签放在桌子上，老师看到书签就会过来帮我们。她真的很好。我喜欢她。

辅导老师：你妈妈说你和妈妈一起完成家庭作业，对吗？

梅　　根：对的，但她现在得上班挣钱。

辅导老师：如果你爸爸像妈妈那样辅导你完成家庭作业，你会怎么教他呢？

梅　　根：（微笑）我教他吗？嗯，那就是我们每晚同一个时间做作业，他有时忘了，直到睡觉的时间才想起，有时我忘了自己的作业是什么。

辅导老师：好的。如果这一周你的老师试着在班里多帮助你，你会做些什么表示感谢？

梅　　根：我会表现得非常好。我可能不会多说话。有时老师说话我也说话。

辅导老师：教室里有没有一个更好的位置来帮助你少说话？

梅　　根：去年我坐在黑板跟前。老师在黑板上写家庭作业，这样我总能记住作业。

辅导老师：好的。你和妈妈都跟我说了一些很棒的想法。梅根，如果你和妈妈可以跟爸爸说好做作业的时间，这样会有帮助

的。我可以跟你现在的老师分享你
去年的表现吗？

梅　　根：可以的。

妈　　妈：听起来很不错。

　　梅根和辅导老师一起回到教室，然后和梅根
的老师在过道简短地交流了一下。老师得知辅导
老师正给梅根和她妈妈做辅导，帮助梅根回归正
轨、及时完成作业。辅导老师和梅根的老师分享梅根去年上学的情况，老
师听进去了，但不确定怎么把书签作为求助信号。梅根说她会试着帮忙。
辅导老师也跟梅根的老师说，如果老师能多帮助梅根，她在班上会表现得
更好。发现自己没充分帮助梅根，老师对此感到惊讶。辅导老师感谢了梅
根的老师和梅根，并说隔天再来问一问情况。

　　周四，辅导老师给梅根捎去一张便条。

亲爱的梅根：

　　昨天和你、你妈妈会面很开心。跟你俩聊天，我了解了很多。我知道
如果你在班上得到帮助，就会表现得很好。你主动提出帮老师想办法关注
需要帮助的学生，这一点我特别喜欢。周五去看你时，期待看到你的想法
付诸实施。

你亲切的学校心理辅导老师，约翰逊女士

　　周五，梅根的老师来见辅导老师，表扬梅根在班上表现很积极。她说
梅根利用老师在某个艺术项目用过的杂志，为她的语言艺术课本制作了书
签。一些学生看到梅根的书签也想制作。老师让梅根跟大家展示如何制作
书签，这样她立马和同学们相处更好了。梅根的妈妈跟爸爸设定一个固定
时间辅导梅根完成家庭作业，并且妈妈每晚上班时，在梅根开始做作业的
这个时间给梅根打电话，这样也提醒了爸爸。梅根的成绩提升了，而且表
现也变好了。老师以后每学年都采用自制书签这个办法。

涟漪效应

在焦点解决方案的谈话中，整个体系（包括老师、父母、管理者和学生）都参与进来，从而创造了"涟漪效应"，这是我在学校辅导学生、老师以及家长最有意义的经历。

一般的做法是，心理辅导老师和管理者不顾一切地干预、警告学生后果，试图以此让学生有所转变、实现学业成功。他们遵循规章制度处理学生的问题，也试着始终如一、坚持到底，但有些学生还是没什么转变。辅导老师和学生谈话，尽最大的努力帮助学生，通常谈话后，学生感觉不错地回到班级。可问题在于，他们回去的班级，许多时候是班级的体系出了问题，并没有改变。这不是说老师制造了问题，或许教室里每个人之间的无意互动都有可能导致问题无法改变。那么，如果班级里的问题依然存在，学生和辅导老师谈话之后还是回到同样的情境，可能会再次发生同样的问题。这些学生再一次被叫去找辅导老师谈话，因而成了许多辅导老师提及的"飞行常客"。

而类似奈特和梅根这样的案例，让相关的人员体系参与会谈之后，班级的情况发生相应转变，那么问题重现的概率就降低。我感到非常幸运的是，奈特的老师们都乐于帮助奈特。如果老师因为某个学生弄得筋疲力尽，这时老师一般都不愿意参与。我都参与了这些会谈，所以很理解老师的顾虑，更知道需要时间。老师们也成了我辅导的对象，我尊重他们，愿意花时间协助他们。

这里还有个建议：我担任高中心理辅导老师时，发现很重要的一点，即一开始总对老师这么说："我也希望能够帮您，我想让您拥有您想要的班级。"如此，当我需要找班里某位学生谈话，或送哪位学生回教室时，似乎也赢得了老师们的信任。确实如此。我的工作就是帮助学校的每位成员。

戴了不对的眼镜，会让你有偏见地看待学生

我回想自己刚开始当老师那会儿，那是20世纪70年代中期，有一天，我在教师休息室听到老师们谈论中学生的不良行为。听着听着，我也开始体会到那种绝望，于是向一些老师求助。老师们跟我说了不少共情的话语，比如，"没错，他在我班上也是个大问题。""她妈妈拒绝接我电话——这些不良家庭啊。"老师们的回应对我不仅没什么帮助，而且适得其反。我明白这些话本意是想支持我，但对我帮助甚微。

幸运的是，我回想起大学某个教育课程的一名教授，他曾在课上教导我们：教师能为自己和学生做的最有益的事就是远离教师休息室！不然就会对自己的学生产生偏见！想到这一点，我回到自己的艺术课教室。之后我就不去教室休息室了，一般在教室里和另外一名年轻的老师吃午饭或开会。我们很快发现午饭期间谈及我们喜欢的学生、让我们困惑的学生以及有趣的课程计划，这些积极向上的谈话让人精神焕发。我注意到不给学生贴标签立马感觉非常不一样。之后，我也注意到当我没有过多了解学生在其他班级的表现时，学生更愿意接近我。我在这所中学待了8年，自从远离教师休息室之后，我的这段在校时光变得很有意义。

在教学第一线的老师、辅导老师和管理者知道，现今学生的有些问题，甚至连最有经验的教育工作者都不知如何解答。比如，有些学生由于父母进了监狱，由祖父母养育；父母由于经济上的压力超时工作，很少有时间关注孩子上学的情况……走进一所学校，不难发现好多事情没有很好的进展。当老师把学生转给心理辅导老师辅导时，通常是一堆的抱怨。学校过度关注有问题的行为，看不到还有很多事情进展顺利的时刻……这样的校园氛围本身就会诱导消极的对话，因此也很难用新的视角去看待问题。

在前述案例中，奈特可能会被诊断为压抑、焦虑和拒绝上学。然而，如同我们已看到的那样，如果我们不关注问题本身、不过多地谈论问题，那么我们可以把焦虑搁在一边，创造一个新语境，增强那些不错的时刻，创造更多的不错的时刻，奈特的父亲和老师们就很容易看到全新的不一样的奈特。那天我们在学校召开的会议，我一次都没提过诊断或问题的词语。相反，我们集中精力创建一个"更好的未来"，这些新视角，使得大家清楚地看到奈特更好的未来，因而拒绝上学的事情就不会重演。实际上，这也是奈特自己跟我们描述的更好的未来，我们只需聆听。

焦点解决方案是一种全新的思维方式

书中探讨的焦点解决方案意在引导大家了解自己的辅导对象，他们的最佳希望是什么，他们更好的未来是什么样的，以及关注学生表现稍微不错的时刻。这三个简单的步骤将帮你增强那些不错的时刻并创造更多这样的时刻。但对比所有新方法，这个焦点解决方案似乎还更简单！寻找在学生、老师和家长看来事情进展稍微不错的时刻，这是有意义的，当你开始看到意义之所在时，你就会认同自己的能力了。这使得焦点解决方案这一途径成为你生活的一部分，相应的思维方式也因此创建！那么，请考虑这些问题：

"回想过去的一周，或昨天、今天，有什么比平常稍微好点的事情发生？"
"你做了什么让自己拥有这些进展不错的时刻？"
"你做这些事的时候，其他人都注意到什么？"
"假如他们注意到你做的事，可能对你做出评价，这对你有什么不同？"
"你为下周做的计划，包括上述的哪些事情？"

假如你没能立马回想起一些好的进展，不必感到糟糕！我们需要时间来回答这些问题，因为每当生活顺利，我们通常只是松了口气或只是享受这样的顺利，我们很少思考：

"哇，我是怎么做到的？"

"我在《约书亚》中扮演的角色，哪部分演得这么好？"

"我是怎么获得这个好结果的？"

不过，以新的视角思考我们在学校或班级所做的事，寻找问题较少出现的时刻，并思考我们做了什么助力成功，这对我们正视事情的结果和问题的关联性很重要。通过问题关联，焦点解决方案在互动关联的语境中自然产生。

用这样的思维方式，改变了问题的语境：

之前我们会说："乔西，你又生气了，控制下自己。"

现在变成："乔西，怒气似乎又占了上风。你该如何把控？你昨天控制了怒火，现在该怎么做呢？"

用这样的思维方式，你注意到好多惊喜：

同学们在教室里到处跑，只有查理坐在自己的位置上，哪怕只有5分钟你也能注意到。你还会注意到即使乔纳森在旁边干扰她，凯西今天仍然多花了时间完成任务。你还能注意到，英语课的一首诗引起一名高一学生在那一周第一次提问。

……

同学们表现还不错的这些时刻都发生了什么？如果我们从中找到答案，那么就能得到线索重新创造这样的时刻。这就是焦点解决方案的本质！做一些不同的事通常会带来不同的结果。

但是怎样才能知道自己做了不同的事情？首先要通过不同的视角看待自己。因此，坐下来思考你最近在学校遇到的某个窘境。其次，想象下你房间里都是爱你、欣赏你的人，还有一些喜欢跟你说话的学生，一些依赖你的老师和同事。最后，开始做以下练习。

你的最佳时刻

作为学校心理辅导老师，在你的工作完成得非常好的时刻你都做些什么？

你的学生会对你做的事情说什么？

你的同事会对你做的事情说什么？

你如何完成他们认为非常有价值的事？

你相信自己哪些方面促使你做这些事？

处于最佳时刻对你而言有什么不同？

（这个"最佳时刻"的练习是从艾弗森、乔治和拉特纳2016年出版的专著演变而来。）

最佳时刻与最糟时刻对比？没有这样的比赛

以上这个练习只是带你过一下简短版的焦点解决方案流程。你当然可以问在你学校生涯中遇到的每个人同样的问题。这个练习用来挖掘个体的强项与能力，也可以让你辅导职工、学生以及家长练习，只需稍微改变提问的措辞！注意从第一个问题开始，练习的关注点在于你把事情做好的时刻，而不是发生了什么问题。我必须补充一点，第一个问题经常是最难回答的，尤其是学生不习惯被问及什么时候做得最好。他们比较习惯的是被问及什么时候事情没做好。所以一开始你常得到很多"我不知道"这样的答案。别急！别帮他们回答或提出什么建议。可能会冷场，这都没关系。边等他们边说："我也不知道，不过我们可以继续想想。"最后，学生可能回答。要是他们还没能回答，告诉学生有时突然要回忆进展不错的事是挺难的，你希望他们多花一会儿时间思考这个问题。让他们回到班上，之后再来问他们。总能找到例外情境的。下面还有一些提示，可帮助学生回忆起他们把事情做好的时刻：

"跟我说说，你把事情做好时，你最好的朋友或你最喜欢的亲戚会对你说什么？"

"当你在家里表现最棒时，你的宠物可能看到你在做什么？"

这些问题有时更容易谈论，学生从他人的视角了解自己，这样能够让他们想起一些答案。

暂停所有的假设，小憩片刻

焦点解决方案包含一个理念建议，即让你和学生之间的互动简单化。因此，如果你觉得走进办公室的每位学生、老师、家长和管理者，他们的每个问题你都得解决，那么暂停这样的想法。首先，你没法解决所有人的所有问题；其次，如果你这么做了，将会向他们传递这样的讯息：将来他们还会再来找你解决问题。对你而言，这难以承受，而对他们而言也不公平。想想当你开始帮学生自己解决问题，然后他们离开你办公室时，意识到自己有解决问题的工具，这样的感觉是不是更棒？他们将成长，更成功，并开始相信自己能够转变。这是社会情感学习的最佳状态！通过使用焦点解决方案的不同工具，让你辅导的学生、老师以及家长从各自的问题中解放出来，他们将看到自己的能力，甚至许多人还是第一次发现自己的能力。至于选用什么工具，学生和老师会向你展示哪些工具对他们有用，你只需一开始向他们提正确的问题。下面的两个案例验证了这个方法的有效性。

老师，都是寄物柜的错

一名精力充沛的七年级男生有一次告诉我，他有许多作业没能上交，所以成绩不及格。在我们某次会谈中，他说自己坐在教室前面时，在班上的表现很好。于是我建议他和家长请老师帮忙调换座位。我还问他："跟我说说还有什么方法能帮你上交作业。"

他说最重要的一点是教室的位置。听他这么一说，我感到困惑，他接着解释如果他把作业夹在课本里，然后带课本来上课，这样他就能交作业了。（这是课本真正派上用场的时刻！）

但他说只有把课本放在靠近教室的寄物柜里，他才能及时交作业。要是柜子距离教室很远，他没时间去柜子取作业上交。他说让父母感到失望的是他从未用过备忘簿，因为他觉得这种记事簿太麻烦。不过，谈话后他又观察了一下寄物柜，跟我说："我想我知道怎么做了，我只需把作业夹在每本书里，然后把书都装进背包，带到班上来。"

尽管这个解决方案不是我想出来的，但对他有用。老师后来给他父母打电话汇报说孩子在交作业方面有进步。这名男生也因为背书包长了些肌肉。

坚持一天不哭

苏西·彼得斯是一名五年级的老师，专门教英语（母语非英语的学生），她离职前来做心理治疗，作为最后的求助。她已经在另一座城市教了20年书，最近在市中心的一所学校工作。她告诉我自己患上了抑郁症，这个症状对她影响太大了，以至于早上走进教学楼一看到学生都会让她放声大哭。这所学校的大部分学生都有严重的家庭问题，诸如父母疏于照顾、虐待、贫困以及缺少管教，因此当彼得斯老师试图用学校常设纪律管教这些学生时，他们的反应非常激烈。苏西跟校长聊过，但校长除了表示同情，没给什么支持。

第一次会谈时，我问彼得斯老师她的最佳希望是什么，她说她只想在学校坚持一天不哭。对于最佳希望这个问题，如果辅导对象回答的是他们不想要什么，帮他们把不想要的转换成他们想要的，这一点很重要。因此，我问她："如果坚持一天都不哭，您觉得事情会如何进展？"她说："这样我就能靠近学生，看看他们的回应。"

我接着问她怎么做到在如此有挑战的教学岗位执教20年。她谦虚地回答自己是一位热爱教书的好老师。这些年一直有学生让她感到这是一个有意义的事业。她说这令人进退维谷，因为这些学生不是一直都很刁钻。我让她聊聊比较容易管教的学生，而且尽管遇到困难，在现在这个教学岗位上她是怎么度过之前的5个月。她回答说早上10点的这节课总令她期待。她一开始教这个班级，班上的孩子不会阅读，现在他们一直在进步。许多学生是青少年，因为接近可以开车的年龄，她教这些少年如何读懂司机驾照试题手册，她知道这个话题会让他们保持兴趣。

当她跟我说某个男孩的情况时，她微笑了起来。其他老师觉得这个男孩非常粗鲁。她说起初自己常把手放在他的肩膀上，这时他就皱眉头。现在她把手放在他的手上时，他对她微笑。我表扬了她的精神以及对学生的关心，还有非常棒的是她设计了学生对阅读感兴趣的实用方法。

会谈结束后，我让她下次会谈前只做一项任务："下一周，我想让您通过不同的眼光看学生。不要认为他们抵制您、与您对抗，我想让您看到他们是需要您的，只是不知如何跟您说他们的需求。而且我想请您这周挑出一位学生，然后就像您对待刚才谈及的学生那样，和这位学生交流。我让您这么做是为了您自己，而不仅仅是为了学生，因为我能看出您触动某位学生、让事情有所不同时的喜悦。这看起来对您有帮助。您的微笑是这么告诉我的。"

彼得斯老师有点犹豫，说会尝试，但没法预期自己能否真正做到。我说我知道现在她这么伤心，很难做这件事。意识到这一点也促使我给她写了一张便条，我常给学生和辅导对象写便条。会谈结束当天，我把便条寄给她。

亲爱的苏西：

今天和您见面很开心。如同我跟您提及，我对老师有特殊的情感，因为我自己也当了10年的老师。我敬佩您跟我诉说在学校困扰您的事，而且希望能够在班里有更好的教学体验。这一周我想让您通过不同的方式看待学生。我的感觉是您帮助某位学生时会产生魔力，而这对您的教书生涯意义非凡。我希望您这周为了自己再帮助另一名学生。期待听您讲述这个经历！

你的真诚的琳达·梅特卡夫

倘若我只是关注彼得斯老师的问题，可能无法帮她摆脱正在经历的沮丧和悲伤。既然她提出自己想从抑郁中解脱，坚持一天不哭，那么关注她的成功、帮她欣然回忆自己不哭的时刻，这样更有帮助。彼得斯老师目前感到挫败，所以这时回忆她成功的教学经历很重要。她需要这样的提示：即使处于现在的情境，她仍然是一位与众不同的老师。更重要的是她的目标是"坚持一天不哭"，而这也是我们解决问题的方向。我要是跟她说学生需要她，她必须多为学生考虑，把自己的情绪放在一边，这么做反而没尊重她的目标。

给彼得斯老师布置的这项任务也是根据她先前的成功经历设计的，如此更方便她思考如何完成任务。我强调过，使用焦点解决方案这个途径不要让辅导对象做他从未做过的事。这意味着我总把任务和辅导对象先前成功的经历联系起来。比如，彼得斯老师与一名经常遭遇暴力的学生成功相

处，这样的经历对辅导对象有益。简言之，我关注了彼得斯老师的目标。焦点解决方案的创始人之一，史蒂夫·德莎泽在他的许多论著中提及合作可以减少抵制，鼓励成功。

一周后，彼得斯老师回来做心理治疗，她微笑着汇报学生这周表现得不错。她感谢我花时间给她写便条，并且说这张便条对她意义重大。她也说如果我没给她寄这张便条，她可能不太确定

自己能否完成任务。她说现在意识到自己"对孩子们的想法太消极"。我表扬她发现了这一点。从那时起，我们的谈话变成讨论她生活中的其他担忧和顾虑。

一起发现

本书展示的焦点解决方案给大家思考学校的问题提供了不同寻常的思维方式，帮助教育工作者和辅导老师通过发现"例外"，即没发生太多问题的时刻，来发现解决方案。书中把叙事疗法与焦点解决融合起来，不时鼓励学生、家长或老师置身问题之外，观察
问题对他或她的生活产生的影响，并从这些观察中，通过辨认问题比较失控的时刻，老师和学生得以发展新任务，更好地掌控问题，而不是让问题控制他们。

焦点解决方案的校园版指南

在当今世界，共情和投入对于维持师生的精神健康非常关键。

这些年来，实践证明焦点解决方案采用聆听对方的做法非常成功，我甚至无法想象还有什么更好的方式解决问题。比起我发现的其他途径，共情、暂停对学生和家长固有的想法，以及寻找某种方式让大家投入，这样的需求展示了更多可能性来创造平静又安全的班级。这并不意味着我们对学生没有期待，不遵守校规。完全不是。这种聆听的方式意味着通过发展师生、家长和孩子的关系，施行能够让大家通过合作的方式执行的政策，因为关注点是学生更好的结果而不是威胁他们。

　　以下的指导方针是发展焦点解决方案在校园的有效运用。这些指南是我从威廉·哈德逊·奥汉隆和米歇尔·韦纳·戴维斯撰写的《心理治疗的新趋势：解决导向疗法》（1989），以及麦克·怀特和大卫·爱普斯顿的《叙事疗法》（1990）这两本书改编过来的。

❶ 使用非标签式描述解决问题

　　"重新描述"这个词源自叙事疗法以及怀特和爱普斯顿的专著。爱普斯顿和怀特发现一个人如何看待自我与他们的行动直接关联。因此，当我们把某个诸如"抑郁"的诊断/标签重新描述为"悲伤"时，这样听起来病理的感觉就没那么强烈。当传统的教育策略无法管教学生时，教育工作者常常一筹莫展。他们开始认为问题比之前想的更糟糕，毕竟，传统教育策略通常都是管用的，不是吗？把诊断重新描述成一个更正常的现象，教育工作者就不容易陷入僵局，而是有了希望，因而有新机会发展策略，行动起来。

　　比如，把倾向于"唱反调、对抗"的中学男生重新描述为"果敢的，需要说出自己的想法"。这可能会让某位老师在课前把他叫到一边，分享她对他的新看法，如果他表现妥当，给他更多的时间

在班上发言。比起不断威胁这个男生把他转到另一所学校管教，采用这种方式对待他产生的效果不仅大不相同，而且能走得更远。原因如下：首先，男生将开始以不同的视角看待老师，这自然会触动他的新反应。其次，只要他尊重老师的需求，他自己在教室里的需求也能得到满足，那么他在老师跟前的表现也将转变。我有无数这样的案例，老师这么做了之后跟我汇报他们惊奇地发现

"做一些不一样的事情"很有效。他们真正做的只是通过不同的方式与学生联结。

❷ 总是让学生定义目标

教育工作者肯定知道需要学生做什么才能在学业上获得成功，然而通常是学生没参与制定学习的规划与策略，因此让他们心里有所抵触。不听话的学生常被归为缺少动力的一类。此外，如果只是告诉学生如何成功，他们会对老师的专业能力产生依赖，而老师还得帮助其他学生。结果，我们的学生在社交和情感上缺乏自信，不知如何为社交和情感的情境构建解决方案，另一方面，教育工作者过度劳累。这样的策略构建的是依赖性而不是能力。这是社会情感学习目标的反面例子。

想象一下，就像奈特这样的学生，给他机会解决他的焦虑问题，这也是他自己的目标，这样是不是好得多？再想象一下，有一名学生6门课当中已经通过了3门，现在他打算提升另外3门课的成绩，那么他怎么从已经通过的课程汲取经验呢？两名小学生吵架后想和好，这时如果她们能回想起前两个月一直友好相处，这对她们的社交大有帮助。帮助学生、老师和家长解决自己的问题，关键在于聆听他们想实现的目标，然后帮他们想象一个更好的未来。

❸ 复杂的问题不需要复杂的解决方案

我想起在小学担任心理辅导员的时候，学校让我跟一名四年级的男生谈话，他有大便失禁的问题。这名男生一般在每天早上大约11点的时候在裤子上拉便，过去的两年都是如此。学校工作人员对这个问题有各自的解读：

老师认为男生这么做想逃避社交。校长认为这是一种反叛。学校心理医师认为他对父母的离婚感到伤心。学校护士认为这只是生理的迫切需求。

就这样，由于大家不确定该如何处理这个情况，把男生送到我这里。我对这个情况感到好奇。男生稍微胖了点，彬彬有礼而且和善，喜欢玩电子游戏。我问他一些跟行为有关的问题，比如他在裤子上拉便时发生了什么。他说他就去办公室给妈妈打电话，妈妈来学校接他回家换衣服。在家里他会自己洗衣服，而且妈妈如果有时间就会给他做一顿热乎乎的午饭。

他说他喜欢妈妈的午饭。起先我差点忽略了这一点，我问他更多关于午饭的问题。他说妈妈总是让他带三明治当午饭，他不喜欢这样的午饭。他更喜欢热乎乎的饭，但妈妈没能一直给他钱买学校的午饭。

我问校长能否给瑞恩提供免费午餐，就实验两周。我让瑞恩带几套干净衣服来学校，以防他无法及时到厕所拉便。然后我跟他说学校发现他可以得到一项"资助"，接下来的两周他可以在学校吃热乎乎的午饭。结果是接下来的两周瑞恩只在裤子上拉一次便！我们让他一学年都在学校吃免费午餐，拉便事件就完全停止了。

总有些学生的问题显得非常复杂。老师说出他们的担忧时听起来也很严重，父母则断定他们的孩子得了什么病症让他们没法在学校好好表现。然而，不要让这些妨碍你问：

"那么，通过我们的谈话，你的最佳希望是什么？"

你不可能随时想出绝妙的解决方案拯救所有人。这个任务实在太难了。更好的做法是了解这些寻求解脱的人的需求，让他们选择自己的目的地，如此他们更可能陪同你完成抵达目的地的任务。此外，如果你能注意例外的情境，立马可以确信问题没有其他人想的那么复杂。或许学会聚焦解决方案最难的一部分是形成这样的思维方式，即一直提醒你辅导的对象：最佳希望总是起点，寻求例外来实现这些最佳希望。

❹ 无须过多了解问题的细节，无须对问题深度理解，知道的少反而更有帮助

心理辅导员使用焦点解决方案时并不需要了解学生问题的方方面面。事实上，知道的少一些反而更有帮助。这样就不会有什么假设推断妨碍你，而且也不会像聚焦问题那样，由于问题而对学生抱有偏见。以下有个很好的例子。

一位友好、善解人意的老师曾经跟我讲述一个故事。有一名七年级的学生，家人对孩子不管不顾（官方调查如此）；这名学生每次都泪眼汪汪地来找老师。老师尝试跟她谈论她的伤心事，但学生不愿意说。这位老师很睿智，她想起自己女儿尚幼时，伤心的时候只是需要大人关注而已，于是她也尊重学生的选择。告诉学生如果她需要的话可以来找她，即使她不想说手头的问题。这名学生继续来找老师，最后和老师建立了更多的信任。老师从未知晓学生确切的问题是什么，而且也觉得没必要了解这些信息。在许多情境下，尊重学生或老师的隐私会让交流更顺畅，更有可能开启解决方案的谈话。无须知道细节也能开展焦点解决方案的谈话。如此，学校辅导员为学生开启一扇门引导他们谈话，结果常是更丰富、有效的交流。当学生选择了自己的目标时，他们遵循这些解决方案的机会也会戏剧性地增加。

❺ 学生、教师、管理者向父母诉说的一般是抱怨而不是症状

被贴过标签的人知道标签怎样改变一个人对自我的认知。我回想起一位年轻的大学生来做心理咨询，她宣称自己疯了，患有躁狂抑郁症，有自杀倾向，并且还受创伤后压力紊乱症的困扰。她甚至看起来就是这样。带着这些标签和诊断，她对自己的人生感到悲伤、无望，看不到未来。听了这一长串的病理学简历之后，我看着她说：

"咱们这次谈话能不能先抛开这些标签，就说说什么会让你变得有所不同？换句话说，你的最佳希望是什么？"

会谈结束后，我问了通常会问的问题：

"我们刚才在这里做了什么让事情有所不同？"

她说："谈论'问题'之外的事情很不错，因为现在我不觉得自己有病，也不觉得像之前那样无望。"

这对于容易受诊断、标签以及教学与行为干预（RTI）会议影响的我们意味着什么呢？这可能意味着下次你参加某个团队会议或行为干预会议，在会上听到用意良好的同事谈论学生的各种诊断，这时你会注意到会议室的氛围也僵住了。作为学校辅导员，你可以建议大家用另外的方式描述学生。看看接下来发生什么。有些人可能会怀疑这种做法，这时你要耐心地建议说你的提议只想寻求拓宽思路的解决方案。从谈话中把标签这个障碍移除后，学生如果来做心理辅导，结果将大有不同。

❻ 当一个人的改变影响体系时，将产生涟漪效应

本书的一个重大修订是增添了"体系理论"。"体系是一组事物，在某个环境中相互影响，从而形成不同于任何其他部分的更大模式"（伯塔兰菲，1968）。任何组织的群体，包括一个家庭、一个班级的学生和一群老师，都是一个体系，体系的领导者如何组织体系直接影响体系内的学习者。同样，一个班级如何组织班级为学习创建和谐、多姿多彩的环境也很关键。但现实中，一个班级时常忽略个体学习的差异性，有些学生因此开始脱离正轨。或许有的辅导老师试着让学生回归班级，还由原来的领导者组织学习，但有的学生仍然无法配合领导者创建新的班级氛围，在这种情况下可能学生仍然无法回归正轨。用伯塔兰菲的话说，只有体系中的每个人相互配合才能"形成不同于任何其他部分的更大模式"。

如何在教室开展这样的合作？每次你在办公室跟某位学生见面，你的辅导工作完成得不错，然后开心地让学生自己回到原来的班级，而你和学生都没跟老师做过沟通。如果你和学生讨论的问题是学生的行为举止，可老师来到教室后仍然以旧眼光看待这位学生，这自然会把学生拉回原先的表现。这情形听起来熟悉吧？是的，总在发生。

相反，作为应用体系理论的学校辅导员，我很快注意到这个现象，因此我不再坚持让学生独自回班级，又不告知老师我们的计划。我会亲自送学生回班级，经过学生同意后，占用老师一分钟的时间，跟老师解释学生改变自我的计划。我总是首选这样的做法。如果由于日程安排而没法亲自送学生回去，我会在办公室给老师写一封电子邮件，署名是我和学生的名字。这样的电子邮件如下：

亲爱的老师们：

　　凯拉和我今天谈话了，她想出一些方法向你们展示她乐意提升自己的表现以及做好课堂作业。我对她的想法印象深刻，这些都是她自己的想法。请在接下来的几天多关注她尝试新想法。

　　谢谢。

琳达·梅特卡夫和凯拉·史密斯

　　与老师们及时沟通之后，现在大家都知道学生的计划。注意，先不说细节，以防凯拉决定做一些计划外的事情。老师们现在知道有这么一个计划，美妙的效果是，老师和学生返回教室时都持有新的思维方式。

❼ 融入辅导对象的世界观可适度减少抵制

　　许多辅导员都遇到过自认为被老师或家长贬低的学生。学生甚至会夸大困境，让情况显得严重。如果这时辅导员建议学生必须改变，这样她就不会有麻烦，或者跟学生说这个问题某种程度上是她的错，那么结果注定是筑起了一堵墙，沟通很难继续。同样，采用这种方式面对抱怨的老师也是如此。

　　和学生或老师结成同盟，步入她的世界观是找到解决方案的最快途径。当你跟辅导对象共情，问他们的最佳希望是什么，并讨论他们想要的更好未来时，基本上不会受到抵制。如果更好的未来包括改变其他人，继续探索这样的改变对学生意味着什么。

　　琳达·梅特卡夫：如果有一天昆腾老师在你们的物理课上做了一些不同寻常的事，这对你会有什么不同？

　　学生：我可能真的会尝试改变自己。

琳达：老师如何知道你正在努力尝试改变自己？

学生：我会加入他分配的小组，但不问他为什么这样分配，我可能直接参加小组活动。

琳达：你这么做就会跟现在的情况不一样吗？

学生：对的！

琳达：你还会做什么别的事呢？（至少记下10项行动）

琳达：想象一下——我们能不能做一个实验：你就在明天的课堂尝试一些你提出来的想法。你如果赞成，我给昆腾老师发一封邮件，告诉他你明天打算尝试做一些事情。我不会告诉他具体是什么事情。这将是你给老师的惊喜。

学生：我猜可以吧。

之后，昆腾老师收到学生和我写的一张便条，请老师关注学生的新行动。我也跟老师保证这么做的目的是帮他俩获得一些解决方案。

运用诸如这样的谈话，一定会赢得师生共同的认可。

请指导我！

> 在另外一个例子中，一名高中生总觉得导师盯着他不放，然后跟副校长抱怨连天，但如果开展以下对话，他可能会有不同的回应。

副校长：对于导师，你知道事情稍微好转是什么样的吗？

学　生：他不要紧追我不放。他能给我一些空间。

副校长：我赞成，给你一些空间是个好主意。这一学年他有没有多给你一些空间？

学　生：这一学年刚开始的时候，事情进展得很好。

副校长：真的？那时你都做了些什么让事情进展顺利？你还做了什么别的事吗？

对于同样的情境，另外一个解决途径是邀请导师和学生一起会谈。开始会谈时先对导师说：

导师，托德很在意您最近和他相处的方式。我想让您知道我请你俩来这里谈话是因为我想让你们都能得到各自所需。您可以告诉我这一学年什么时候您觉得没必要让托德留堂？

谈话中，托德会听到导师说在秋季学期托德都按时参加训练，而且非常用功，所以他没理由紧追他不放。

然后再问托德：这段时间导师做了什么不一样的事帮他按时参加训练。接着问："还有什么不一样的事情吗？"这样能够让大家多聊一些有益的细节。对话并没有重复讨论问题所在，而是以彼此的需求结束。当体系中的人们有了新表现时，旧的行为就很少持续。

❽ 动力是转变的关键要素

思考这一点：人们由于不同事物产生动力。作为老师和辅导员，我们自认为知道能够让一名学生产生自驱力的事物。然而，如果我们的想法与学生对动力的需求不相符呢？我们可能就会认为学生不愿意尝试，这会导致我们变得沮丧或尝试得更少。

以下案例讲述一些用心良苦的教育工作者尝试帮助一名中学生保持好的表现。

老师们对13岁的麦克困惑不已。他很聪明，但是当他觉得其他学生看他的方式不对，或说一些消极的话时，他常常偏离正轨。麦克一旦心情不好就很难集中注意力。心理辅导期间，他表示担心自己的表现，但自己又不怎么尝试老师和辅导员的建议来激励自己转变。有一天，他又被转给心理辅导员。辅导员尝试找一些事物促动麦克表现得好一些，但感到非常困惑。麦克抬头看着辅导员说："老师，其实很简单，如果有一天我表现不错，告诉我爸爸。他觉得我一事无成。如果有人表扬我，他就不会一直对我唠叨，这对我来说好多了。"辅导员回应说，哪天她看到麦克表现好就立马给爸爸打电话或让麦克带一张便条回家。之后麦克有好多天都表现得很好。

在本书后面的章节，还有很多关于团队会议和干预会议的建议。请注意在每个案例中，学生都在场。为什么这样安排呢？因为学生自己知道怎么做能让事情变得更好。这是挖掘学生潜能和理解如何构建动力的关键点。

❾ 在其他领域慢慢构建技能，获得成功

大家会注意到，在案例中，我经常让学生或老师在某个下午或隔天的一节课中做点什么，就像做一个实验。当然，心理辅导员也想让学生或老师一直践行这些想法，但这样太难了！因此，我们就先用一些较短的时间实验，如此成功的可能性就会增加。假如某位学生的成绩只有60分，虽然不理想，但这意味着他能考60分。让学生慢慢提升成绩，任务就变得容易实现了。事实上，很多时候学生还能有些小飞跃，考取更高的成绩。

使用等级打分的方法也非常有帮助。等级打分是用来帮助我们

在某个进退两难的情境下获得解决问题正确的视角。"1到10分，10分意味着你有美妙的一天，1分意味着这一天过得不太好，你现在给自己打多少分？"

比如，由于学生表现的问题，学校把某位学生转交给你辅导，那么给这位学生在校一天的表现打分。1—10分的等级，10分意味着学生表现很好，1分意味着学生没能好好表现，然后问学生现在的分数处于哪个等级。接着讨论学生比较能够掌控自己表现的时候，辨认出这些例外的时刻，让学生思考她当天可以尝试哪些"策略"把自己的等级提高一分。如果学生能够成功地找出例外情境中的策略，任务就不那么令人不知所措。

同时提醒学生慢慢来，这样学生就不会把逐渐的进步看成失败或认为进展不够快。事实上，如果大家能够集中精力解决问题，而不是退回问题本身，这也是一种成功。记得表扬学生，比如，表扬他们没被问题困住，这时问学生："你是怎么做到的？"如果一周内学生表现得不错，但下一周又表现不好，问题就改成："跟我说说你这周忘了做什么，所以没能像上周那样表现很好？"

⑩　不管是什么样的抱怨，都包含一些例外

你常听到这样的评价吗？

他一直在生气。

他总是过度活跃。

她从不在自己的座位上待着。

我所有的班级都让我完全不堪重负。

这都是一些典型的抱怨，因为人们很容易注意到没做好的事

情。如果采用一个新视角——焦点解决方案的视角，越过问题本身，挖掘"例外"情境，那么问题发生的次数就会稍微少些。请再次注意"稍微"这个词。认为某种行为或某个学业问题能够一下子消失是不现实的。但学生确实上交作业，没被转给心理辅导员，来学校上学，在班上表现不错，忽略嘲笑她的学生，寻找这些时刻是可行的。因此，当你听到"她从不在自己的座位上待着"，点点头表示知晓，然后这样回应：

哇，这听起来真的很有挑战。跟我说说有没有一些时刻她在自己的座位上多待一会儿。这些时刻发生了什么，她当时在哪里，有什么不一样的地方？

我回想起曾经有位10岁的男生，他在学校被另外一名男生欺负。有一天他来我的办公室，因为他真的想远离欺负他的男生。他边说边流露出绝望："昨天，他踢了我3次。第三次我踢了回去，就遇到麻烦了。"

乍一看，我们倾向于想："哇，他回应的方式不妥当。他本该像我们讨论的那样避开欺负他的男生。"但这个情境中还发生了一些别的事：男孩等到自己被踢了3次才还手。因此我问："跟我说说前面两次你为什么没还手？"他父母看着他说："对啊，为什么呢？"

有时不容易找到例外，但例外确实存在。当你戴上焦点解决方案的眼镜时，你将开始看到错过的事情。一旦注意到这一点，你就会很好奇，你的学生也开始发现自己不同的一面。

小　结

　　用一个我最爱的故事作为本章结尾。20世纪90年代上映了一部电视剧《北国风云》，其中有一集讲述一位印第安原住民木雕匠把一根桤木树枝雕成一支笛子，一位年轻人在旁边看着木雕匠，用照相机录下他雕刻的过程。木雕匠很专注，相当细心。年轻人很好奇："您怎么知道从哪里开始动手雕刻？"木雕匠满怀敬意地指着他手里握着的木头，回答道："每根桤木树枝里都有一支笛子——你的工作就是去寻找这支笛子。"

　　焦点解决方案就是发现每支笛子。现在，让我们去把笛子找出来吧！

—— 焦点解决方案培训练习 ——

以下问题可以用作个人练习，帮助理解焦点解决方案；也可以用于教职工会议。为了达到最大的练习效果，可组织两到三人的小组讨论你们的发现。

焦点问题

这一学年你在学校遇到什么问题最令你沮丧？描述这个问题。

_____

你是怎么解决这个问题的？描述你的策略。

_____

哪些策略奏效？圈出这些策略。哪些不奏效？划掉这些策略。

_____

如果你的答案都是成功的，祝贺！然而，如果你对自己的策略不满意，请继续往下读。我们往往受到问题困扰时才会注意到这是个"问题"。解决问题的线索在于没有出现问题的时刻。这些时刻称为"例外"。

焦点解决方案

在学校，困扰你的问题消失时会有什么不同？这将成为你的目标或最佳希望。

_____

不久后的一天，如果你的最佳希望实现了，这会让你有什么不同？

_____

最佳希望实现时别人会注意到你的什么变化？

_____

你最后一次稍微成功地实现最佳希望是什么时候? (寻找例外)

如果你在学校用一周的时间尝试一两个这样的策略，你会做什么? 其他人会看到你做了什么不同的事?

练习任务

● 注意今天进展顺利的事。当你工作时，带孩子的时候，或者和家人在一起时，记下这些顺利的事情而不是纠结于不顺利的。

● 一周快结束时，尝试把一个你认为对你个人生活有用的策略应用于学校的某位学生、老师或家长。观察会发生什么。

第二章　焦点解决方案的语言

当凯特带她9岁的女儿玛莎来做心理辅导时，看到母女俩各自坐在沙发的一端，我发觉母女之间正闹着别扭。会谈一开始，凯特立马描述女儿玛莎出了什么问题，而女儿则怒视母亲：

> 她有双相型障碍症、躁郁症、对立违抗性障碍，而且她患有注意缺陷与多动障碍（ADHD）。我们晚上在家时很可怕。她是家里最大的孩子，但可怕的脾气和行为却给弟弟妹妹树立了坏榜样。

打住！我谢谢玛莎的妈妈介绍了情况，然后赶紧拿了些玩具让玛莎先去隔壁屋玩耍。我告诉玛莎我需要一些时间和妈妈交谈，一会儿就叫她回来。玛莎欣然同意，几乎是跑出房间。我回头先和妈妈谈，谢谢她对女儿如此彻底的评价，她说这些都是从几位心理医生那里听到的。我跟妈妈说我注意到玛莎听到这串诊断看似挺伤心的。我问妈妈能不能先别管这些诊断，单纯跟我聊聊玛莎。妈妈同意了。她说她以为我需要这些信息，这样会有帮助。我告诉她这些信息确实重要，但我对玛莎生活的其他方面感兴趣。

我很快了解到玛莎在学校是一名完美的学生，几乎没有表现不好的时候。我问妈妈学校知道玛莎的这些诊断吗，妈妈说学校不知道。她说学校不需要这些信息，因为玛莎在学校从没出现这些问题。什么？我很吃惊！

和妈妈会谈后，接下来的会谈都是妈妈和女儿一起参加，后面是全家人一起参加，凯特家总共有4个孩子。我了解到其他孩子在学校和日托中心都表现很好。我也看到父母由于工作和孩子感到压力很大。每个家庭成员都说自己希望家庭生活是什么样的，并开始探索这样的生活。当我们讨论学校的情形有何不同时，孩子们快速描述学校的不同之处，尤其是玛莎，她说在学校事情总是同时发生。我又问玛莎以及也在上学的弟弟妹妹，在学校他们如何控制自己的行为，玛莎快速地回答："我会自我约束，不然我就得去校长办公室，我不想让这样的事情发生。"

　　了解行为或行动没有发生的时刻，常给我们线索去重新创造类似的情境以便获得同样的结果。在家里，玛莎看似不专心，但她在学校这样有组织、有条不紊的情境中能够控制自己的分心。这一信息对玛莎父母和我而言非常宝贵，如此我们可以引导他们为家庭生活做一些转变。

语言引导我们的行动

　　我们用语言描述我们的世界。基于问题本身而言，一个人的问题不总是其他人的问题。对于我们如何认知自我以及自己的行为，语言起了非常重要的作用，所以重新描述情境常常会导向不同的认知和不同的解决方案。

　　神经科学专家怀特和爱普斯顿提及，个体对故事中自我的描述是个体独特的现实，而这个现实引导个体人生的方向。我们大多数人似乎比较容易注意故事中的悲剧，忽略我们人生中还有不少例外情境以及另外的故事，如果我们在自己的故事中添加这些元素，我们的故事就变得不那么可怕。当今的神经科学发现也教导我们，关注问题本身、发现问题的根源将使得神经路径变细、加深，其结果是更难找到问题的解决方案。

　　怀特鼓励我们要注意人生故事中的"例外"而不是过度关注问题，这样才能创造新的可能性来体验和认知我们的经历。

　　以下是怀特和爱普斯顿对这一过程的解释，非常有趣。

　　"如果能辨认独特的结果，那么就可以鼓励人们积极投入跟这些结果相关的、具有新含义的表现。成功地做到这一点需要为一个人的人生设计另一个故事，而且把独特的结果设计为其中的故事情节。"

　　解释这句引言的一个好方式是思考某位被定义为家暴受害者的情境。

如果一个人将自己视为受害者，很可能这个人的一生都会以这样的身份活着。然而，如果这个人把自己定义为幸存者，这个人也可能带着这样的身份标签度过一生。不同的语言产生不同的行为。

那么，帮助学生、老师和家长看到自己的能力可能需要通过一个更能解决问题的描述来重新讲述他们的顾虑，这么做是有道理的。在玛莎的案例中，母亲只看到玛莎的问题，而玛莎接受的诊断也非常可能改变母亲回应玛莎的方式。然而，诊断只是对玛莎的一个定义。如果以不同的视角看待玛莎，并且注意到她表现正常的时刻，将会更有帮助。在这个案例中，我经常说玛莎只是在家里的时候"脱轨"，而在学校处于"正轨"。这种将问题正常化的途径能够减轻诊断带来的心理负担，让玛莎的父母把家里的环境变得跟学校的一样，连贯、有条不紊。

标签贴在食品罐头上而不是学生身上

一个标签产生的影响有多大？足以妨碍一名高中毕业生申请大学，比如她被告知不是念大学的料，因为她的初步学术评估测试（PSAT）成绩太低；足以阻止一名学生尝试完成他的数学作业，因为他被告知没法集中注意力、患有注意力缺乏症；足以说服一名家长认为念小学的孩子由于没有上学前班，所以无法跟其他孩子一样表现。当标签开始逼近学生和家长时，自尊就丢失了。传统的教导方式又与标签亦步亦趋，所以当这些方法都不管用时，标签就占上风，成功的希望在减小。教职工自始至终觉得自己好像做了所有的一切，而学生感到挫败后就直接放弃了。

诊断有助于将学生分成各种类型，这样可以针对性教导或进行特殊辅导、心理干预，甚至药物治疗，但除了分类之外，找出额外的描述也很重要。聚焦解决方案型学校辅导员发现标签妨碍解决方案的构建，这时试着对某个情境增添新描述。否则，老师和行政人员在如何接近并教导学生、与家长会谈这一方面会觉得受限。如果问题没能解决，大家会觉得陷入僵局。于是有些人停止尝试。在这样的过程中，学生的挫败感最强。而重新描述可以反败为胜。下一个案例解释某个推断或标签如何干扰一名学生的转变。

比起我职业生涯中接触的其他案例，对于如何应用焦点解决方案，并让体系参与进来，后面的案例将呈现更多。我给青少年做心理辅导的方法还是保持原样，但由于这些案例，我后来总跟学校教职工形成体系合作，这个方法也随之发生了戏剧性的改变。这些案例展示了在心理干预过程中很重要的一点，是让学生所处体系的每个人都参与进来；也展示了在家长会和教师例会中对学生的重新描述引导转变的力量，引导大家以新的视角来看待学生，而不是关注问题本身。

"没有未来"的好孩子

马蒂13岁，据他妈妈说，他念小学期间各科成绩都是A。进入中学时他被安排在诸如代数1、西班牙语1这样的高级班，因为他的考试成绩表明他是上大学的料。然而，我们第一次会谈前的几个月，马蒂开始不做作业，而且常在课上睡觉。当马蒂的妈妈在他的袜子抽屉中发现香烟时，证实了自己对马蒂行为转变的怀疑。不久后，马蒂因带香烟去学校而被勒令退学了。这最后一根稻草，促使马蒂妈妈带他做心理咨询。

马蒂的父母离婚了，妈妈是名老师。马蒂的行为继续变糟，而且不听妈妈的话，这时妈妈让马蒂的爷爷奶奶带马蒂到他爸爸家，马蒂晚上睡在爸爸家后院重新装修过的谷仓里，那里只有一些基本用品：暖气、电和水。

马蒂试着让事情回归正轨，但爸爸一直数落他，说他让爸爸和全家人失望，这令马蒂情绪低落。马蒂变得更反叛，他直接在谷仓吸烟，然后在爸妈的家来回往返。

当我单独和马蒂会谈时，他确信爸妈认为他是一个"没有未来的坏小孩"。我们第一天谈论吸烟这个问题对他和家人之间的关系所产生的影响。

琳达：我知道你说过喜欢吸烟。我能理解这可以让你放松，而且可以和朋友们一起吸。但这么做好像也干扰了你的生活。跟我说说吸烟怎么干扰你的家庭生活、学业和友谊的。

马蒂：呃，我只是和朋友一起吸，除了在爸爸家的时候我自己吸。妈妈乱翻我的东西我很生气。她从不尊重我。但我吸烟确实影响我上学了，我也不想再去上学了。我宁愿睡觉。

琳达：你和父母的关系呢？

马蒂：我妈妈吼叫，她总是吼叫。我的爷爷奶奶，他们很强硬。妈妈给他们打电话后他们就过来把我带到爸爸家。这一点都不好玩。然后我在爸爸家的时候，爸爸一直紧抓我不放。整件事情让我发疯。

琳达：好像你爸妈再也看不见你本人了；他们只是看到这个吸烟的问题。

马蒂：是的，事实上，我不觉得他们真正了解我。现在他们就认为我是个坏小孩。

琳达：你希望他们怎么重新开始看待你？

听到这个问题，马蒂毫不掩饰地哭了起来，说心理辅导一点意义都没有，因为爸妈再也不会相信他了。

琳达：我明白，但我还在想你希望他们从你身上看到什么才能够再次相信你。

马蒂：我希望他们认为我是个好孩子。我确实是。我考过很好的成绩。过去妈妈让我照顾妹妹，我也做到了。在爸爸家我跟继弟也相处得不错。没人想起这些。他们只看到我的缺点。

琳达：是的。你觉得自己要做点什么来帮助你爸妈看到你不一样的地方，就像你刚才说的你是个好孩子？

马蒂：不要在妈妈家的墙壁上挖太多洞。这真的让她很生气。可能不再吸烟了。我不是一定得吸。我只是喜欢吸。

琳达：还有呢？

马蒂：在家里听妈妈的话，按她说的做。

琳达：爸爸这边呢？

马蒂：没法接近他，但如果我戒掉吸烟，他可能就会放过我。

谈到这里，我走出去找马蒂的父母，邀请两人一起到会谈室。我现在会邀请离婚的父母一起会谈，因为我发现他们经常能说出在各自家里或在其他地方，哪些时候能够有效地管教孩子。此外，给一个在爸妈家轮流住的孩子做心理辅导，我觉得大家一起研讨对孩子的干预，让父母都赞成这样的干预，这一点很重要。我让马蒂的父母先在过道等一会儿，然后跟他们说几句话。

琳达：我知道你们的孩子做了一些你们反对的事情。我也知道你们都很努力让他回归正轨。爸爸试着管教孩子，妈妈试着提高音量跟孩子说话，并且请爷爷奶奶过来帮忙。你们觉得这些策略能够达成你们想要的结果吗？

父母：显然不能。

琳达：我们一会儿到会谈室，我打算用一个新途径，我主要担心你们用的旧途径可能会让你们失去这个孩子，但我觉得你们并不想让事情变成这样。我们一起来帮助孩子赢得你俩的尊重。

当父母受到烦扰时，一般会像马蒂的父母这样采用某种方法管教马蒂，希望通过惩罚让孩子懂事。但这却让事情变得糟糕。对于那些很少陷入麻烦的青少年而言，马蒂父母尝试的这种方式有时管用。但对于感到迷茫、无望、吸烟的青少年而言，比如马蒂这样的，这样的管教是不管用的。因为这样的管教形成一个恶性循环：马蒂犯了错，被惩罚，而他试图改邪归正却不为人所知。13岁的马蒂如果自暴自弃，将导致他有更多时间跟吸烟的朋友待在一起，因为这些朋友能够接受他，如此以往则导致更多反叛家庭的行动。

等我们回到会谈室，马蒂带着期待等着。眼泪干了，但他的眼睛还是红的。父母看到他的情绪很惊讶。

琳达：马蒂，我希望你跟爸妈分享你想让他们看到你是什么样的孩子。

马蒂：（平静地）我是个好孩子。

琳达：跟我们说说你认为需要开始做什么让自己成为一个好孩子。

马蒂：应该是不要吸烟，不要在家里的墙上挖洞。

琳达：你觉得爸爸妈妈做什么可以帮你实现这个目标？

马蒂：我想一直住在妈妈家。没有冒犯的意思，爸爸，我喜欢过来看望您，但不想跟您住一起。谷仓很冷，您也从没跟我待在一起。

琳达：妈妈，马蒂需要做什么才能跟您住一起？

妈妈：如果他做到刚才说的两点就可以了。

马蒂：我不想让姥爷姥姥暗中监视我。我能做好的。

妈妈：他们只是在帮我。

马蒂：我不需要他们的帮助。您和我只需要更好地相处就可以了。

妈妈：那该怎么做？

马蒂：之前您还没去上班那会儿我们常做的那样。现在您很晚回家，然后就命令我做这做那。过去您很少吼叫，那时我们相处得更好。

妈妈：好的，如果你别在墙上挖洞，甚至开始补这些被你挖出来的洞，我会注意不再吼叫的，并且让我爸妈搬走。

马蒂：好的。

妈妈：而且我打算每隔几周就检查一下以确保你不再吸烟。不管你在爸爸家还是妈妈家，你都不可以吸。

马蒂：我知道。

爸爸：学校怎么办？

马蒂：我在学校能做好的。我总是可以做到的。

会谈到此就结束，马蒂搬回妈妈的家。后面的一个月我还继续跟他们会谈，直到马蒂的妈妈说事情进展得很好，开学前他们不用过来了。在暑假期间，家长和孩子都好好地了解彼此。马蒂的妈妈感谢父母帮忙，但跟他们确认现在可以自己处理好事情了。马蒂去上暑期班，春季学期没考及格的所有课程都以A的成绩通过了。

很快马蒂做好准备等秋季开学就回学校上学。他和妈妈相处得很好，爸爸也不再批评他。马蒂以实际行动向爸妈展示自己是"好孩子"。秋季学期马蒂回到学校的第一天，他很乐观。当他走进校门时，一位管理者叫住他："你怎么还回来上学？你不知道自己在这里不受欢迎吗？"

马蒂转身走出校门，然后回到4.8公里外的家。学校给马蒂妈妈打电话说他逃学。马蒂妈妈和我都给学校打电话，然后尽我们所能告诉管理者马蒂一直做着心理辅导，而且已经有很多转变，他不再吸烟，而且有动力回到学校念书了。尽管校长责备管理者的做法，并亲自给马蒂打电话，马蒂还是没能提起精神来。最后马蒂妈妈让他去一所私立学校念书，尽管马蒂在这所学校表现很好，但他隐藏的反叛还不时浮现。

这件事给我的教训是：我得学会跟学生所在的体系或学校教职工保持沟通，向他们跟进学生转变的意图及努力。

没有给学校发一封电子邮件或亲自带学生回教室，学生所在体系由于不知情而制造的问题将重新引发老问题。与学生每天见面的老师或教职工沟通，让他们知晓学生强烈希望作出转变，这么做使我注意到学生更可能转变自己的行为，而且还能保持好的转变。跟老师和学生会谈无数次之后，我确信一开始就让体系参与进来会达到很好的效果。直到今天，不管我辅导在学校出问题的学生，还是到学校辅导某位学生，得到许可之后我都会分享学生或家长的计划，并告知体系或直接去学校跟教职工会面。

● 重新描述的魔力

辅导对象讲述他们的故事时，实际上是在跟我们诉说他们的经历，讲述什么导致过去的行为和现今的问题。

重新描述只是鼓励学生或辅导对象思考他们想成为什么样的人。通过详尽地描述他们的愿望，他们得以从崭新的视角看待自己的人生。重新描述鼓励新行为，让人从无望的感觉中解脱，让他或她不再纠结旧问题，而是投入到新行动。

把关注点从毁灭转为梦想的一种方式是通过重新描述现有问题，引导会谈聚焦解决方案。以下清单是我给学校辅导员和教育工作者做焦点解决方案的培训时，他们写的典型描述。做练习时，我先让辅导员和老师以聚焦问题式谈话描述他们在学校遇到的有挑战的学生，然后我们开展焦点解决问题方案型会谈，列成一个清单。大家可以在下面找到这个练习。这个练习是帮助老师和管理者看到标签影响的有力工具。每个描述都会产生一个反应，然后让教育工作者寻求解决问题的方案。以往教育工作者不是向学校辅导员咨询，就是向管理者抱怨、求助，大家都非常习惯、用心良苦地使用这个途径，但结果常常失败。可见，重新描述一个困扰学生的情境，能导向更好的解决方案。

下面两个清单写的是对于有问题的行为和情境常见的描述和反应，清单上的信息是在许多工作坊收集的。参加工作坊的有老师、学校辅导员和管理者。左边清单是小组成员对在校生问题行为的描述。第二个清单写的是小组成员对这些问题的典型反应。

以消极的方式详细描述一个问题，这很难促动人们转变。比如，假设对你有两种描述，严重抑郁紊乱症和伤心，然后你有选择其中一个描述的自由，你会选择哪一个描述？哪一个描述看起来是暂时的，哪一个似乎令人无助？同理，新的描述能够给予学生、老师和家长帮助与力量。以下是对焦点解决方案谈话清单的重新描述，并创建一个解决方案的谈话清单。接着新行动清单有所进展。让我们看看新行动清单和反应清单之间的差异。

聚焦问题的谈话	反　应
过度活跃 易怒问题 懒惰 对抗的	责备和不断的重新引导 转交心理辅导中心或警告学生后果 变得沮丧，尝试，有时放弃 与学生对立起来 将把学生转到别的地方管教

焦点解决方案的会谈	新行动
精力充沛的 试着保护自己 感到厌烦，但有潜能 有自己的观点	允许站起来，工作或让自己忙起来 冷静地回应，聆听担忧 注意对于学生而言什么是有趣的 问学生的观点，指导学生如何表达

通常，我开展这个练习时，令人着迷的是参与者非常迅速地创造出新行动。而他们一想起聚焦问题的谈话时，无精打采，不怎么说话。一旦我们重新描述同样的行为，他们有新的见解，可能性也随之浮现。大家对这个练习的回应总是"我之前从未这样思考过。谢谢您"。欢迎来做这个练习！

如何跟学生交谈才能让他们愿意跟你说

给学生做心理辅导时，焦点解决方案型教育工作者的态度和视角，不仅能帮助人们，而且可以提出问题，这两点很关键。以下建议是可以用来与学生联结的想法。

❶ 谈论辅导对象的经历，就把这些经历当成过去，可供参考，但重新设计未来也是可行的。

"苏，我明白你在过去的两年转了四次学，这样很难让自己融入所在高中。我在想你现在希望事情有什么不一样的转变，既然你知道自己至少明年一整年都会在这所学校。"

鼓励并邀请年幼的孩子想象对某个需要解决方案的孩子讲述自己的故事。

"亚里克斯，我经常和像你这样的孩子打交道，孩子们出于各种原因对他们的父母很生气。我们已经讨论你对事情进展的希望，而且你也跟我描述如果下次你想发火，你打算怎么做。要是我辅导的下一位孩子也需要化解怒火，根据你现在了解的，能不能用自己的话跟我说我应该让这个孩子做什么？"

把听上去像病理式的行为重新描述成可以解决的和普通的行为。

"这么说，当人们告诉你做什么时你有时会感到沮丧。天啊，听上去就像你有自己的想法，但大家都不听你的。我在想你会试着做些什么让大家开始听你说。你希望你的老师怎么看待你？就今天，老师看到你会说什么？"

❷ 为学生、老师和家长把行为正常化。帮他们感到自己的境况很寻常，并不是什么严重的问题。

"安，我很佩服你坚持学了一年的几何。许多学生不会推动自己向老师请教或像你这样有毅力。尽管你现在的成绩不高，你还坚持学着。你是如何保持这样的动力的？"

❸ 假装学生的问题是他们人生戏剧的第一幕，而你希望和他们演绎第二幕。

和学生演绎"第二幕"。如果有必要，帮学生把故事中的人物改了，让人物之间的互动与人物的活动置于新的场景，那么在这样的新场景中，学生的表现也不一样了。

"想象一下，胡安，你明早醒来，准备演第二幕，就在这一天上演。那么，你的人物这一天会做些什么让其他人注意并欣赏？这一天结束时你对人物的哪些方面感到满意？"

假设即将发生改变或者已经发生改变。

"劳伦，几天后你对祖父的过世比较释怀，不像现在这样悲伤，你会多做点什么？"

"乔纳森，随后的几周当你通过考试，不管在学校还是家里，这一点对你有什么不同意义？"

"史密斯先生，当普利亚开始在家里遵循您的规定，你俩在家相处时更常做哪些事？"

注意上述几个对话的措辞是如何产生不同效果的。对话中使用"当"而不是"如果"，这样传递的信息是改变即将发生。这种假定语言的使用是建议的一种方式，不仅传递成功的信息，也蕴含着解决问题的答案。

比如，你这样问学生："如果事情有所转变，对你而言会有什么不同？"很有可能学生就会说："我不知道。"但如果用这样的话语询问同一个学生："事情很快就变得跟现在不一样，跟我说说对你而言会有什么转变？"这变成了对未来乐观地展望。
使用这样的语言与学生交流，尤其对
那些不善于自我表达的学生而言更有
益处。这样的谈话方式不仅帮助辅导

对象陈述他们希望发生的事，而且也帮助他们意识到这是可以实现的，引
导学生敢于去尝试。

一个拒绝上学的故事

　　新西兰奥克兰家庭治疗中心的联席主任大卫·爱普斯顿提供了以下案
例，该案例展示通过新视角关注老问题促使学生行为改变。这个案例描述
如何运用各种叙事让案例中的少年开始从不同的角度看待自己，从而放弃
消极行为、构建新行为。因为是爱普斯顿写的案例，案例中提及的"我"
指的是爱普斯顿。

　　15岁的罗纳德非常聪明，他是家里的独生子，爸爸70岁高龄，妈妈
54岁。有一段时间这个家庭在我们中心很出名。罗纳德的爸爸最近退休
了，自从爸爸退休那天起，罗纳德就拒绝上学。我同事让我会见这个家
庭，因为他们非常担心彼特森先生刚做完心脏手术，如果罗纳德大发脾
气、砸玻璃、摔家具什么的，他可能会受不了。彼特森太太也患有心绞
痛，所以她的健康也令人担忧。读档案时有些事情让我印象深刻。罗纳德
3岁时患有一些间歇性神经障碍，而某位神经病学家、小儿科医师兼心理
医师确信罗纳德的问题会自行消解，但彼特森先生一直不确信儿子的症状
会有所改变。

　　全家人一起来我的会谈室，罗纳德走在前面，妈妈跟在后面，过了一
会儿爸爸走进来。我问罗纳德为什么不去上学。他说："因为头痛！"罗纳
德的这句话几乎还没说完，彼特森先生就开始说罗纳德的病史、他在学校
出勤的情况，还说他一直保持A的成绩。显然彼特森先生和罗德纳一样都受
够了这个神经障碍症。等爸爸说完，我说："罗纳德，你历史考了多少分？"

他说："A。"我转向爸爸："彼特森先生，您认为儿子的大脑有缺陷吗？"爸爸开始提起精神，说："不是的！""罗纳德，你生物考多少？""A。""彼特森先生，您认为儿子的大脑发霉了吗？""没有！"我接着把注意力转向罗纳德。"罗纳德，你头痛持续多长时间了？"他得意地告诉我："半小时。""那没什么事！上周我跟一位和你同龄的男孩见面，他头痛了3天。他当时就坐在你现在坐的这张椅子上。猜猜他的自我催眠花了多长时间？"罗纳德说："我不知道。""20分钟。就这样。你想不想给他打电话？我觉得他会很开心地告诉你事情的来龙去脉。他跟你一样聪明。"

　　如我所料，罗纳德拒绝打电话，但他对"自我催眠"很感兴趣。"我猜你想了解自我催眠吧？"罗纳德表示赞同。我列出需要他做的几件事，然后让彼特森夫妇暂时离开会谈室。这次心理咨询超过20分钟，他们对此表示很惊讶。我给他们寄了以下这封信。

亲爱的朋友们：

　　罗纳德同意回学校，这是作为催眠训练的回报。我觉得他的出勤率可以达到95%，至少发烧101华氏摄氏度（约38.3摄氏度）才会请病假。罗纳德每天在家可以有一小时头痛时间。他的父母同意这段时间不管他。罗纳德答应记录每天他开始头痛的时间、头痛结束的时间，以及头痛期间发生了什么，等等。总体而言，罗纳德会对自己的头痛负责。罗纳德，我会在下学期开学第一天联系你，看看你是不是证实了自己。好运！

你真诚的大卫·爱普斯顿

　　后来我安排了一个日期联系这个家庭。自从我跟罗纳德会谈后，他的出勤率达到100%，而且这学期的第一天他就兴冲冲地去上学。他不再头痛或"发脾气"，彼特森先生也注意到在很多场合罗纳德都能自我控制情绪。

　　我给罗纳德写了下面这封信。

亲爱的罗恩：

　　我知道你获胜了，而且你也不头痛了。如果你想开始自我催眠的培训，没问题的。如果你觉得不需要了，下次你没去上学时联系我。我知道你是值得信赖的。

你真挚的大卫·爱普斯顿

（本案例由大卫·爱普斯顿提供）

值得写字条

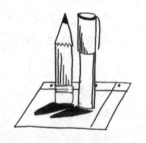

　　给学校的辅导对象写字条，大卫·爱普斯顿将此当成一个习惯。后来这个习惯让他觉得既然自己需要记录案例笔记，那么为何不寄送一份给辅导对象？这样既可以增强辅导对象的新发现，也可以用语言改变他或她的思维方式。你还记得这样的时刻吗？生活中的某个人在你的午饭盒上放一张字条，或者你的配偶在你们的周年纪念卡上写下真挚的祝福。教育工作者花时间写一张特别的字条或在一张贴纸上写几句表扬的话语，然后悄悄放在某位中学生的书桌上或某位小学生的背包里，这么做意义非凡。麦克·怀特说，在影响学生改变这一方面，给做心理咨询的学生写一张字条比做6次心理咨询更有意义。写字条这种方式，不仅让你的时间有成效，而且让学生受益！如果遇到某位努力处理班级或学生问题的老师，或感到不知所措的家长，尝试给他们寄一张字条。

　　特里·沃尔库普是得克萨斯州普莱诺的一名学校辅导员，他正在辅导的某位少年那一年第一次离开帮派不再打架，他了解后马上给这位学生写了一张字条，表扬她有勇气远离打架。他们下次会面时，学生说谢谢辅导员的关注，收到字条感觉很棒。写好这张字条只需两分钟，但效果却持续了整个学期。如果辅导员没跟学生说她的勇气，她可能不觉得自己的勇气能帮她退出帮派，这位学生原以为她陷入帮派打斗无法自拔，读了这张字条后她改变了自己的想法。

　　花时间关注学生在校期间进展顺利的时刻，在字条上记下这些事件。

由语言产生的可能性可以向辅导对象传达支持与信念，然后保持并增强转变。

组织语言提出有所帮助的问题

大卫·爱普斯顿这种写字条的方式大大增强他从辅导对象身上看到的能力。辅导对象不仅从大卫这里听到了确凿的回应，而且从信件中也看到这样的回应。如果大家开始学习如何书写针对不同情境的有效回应和问题，以下的情境可以作为例子来学习。

- 妈妈，您女儿有什么新行为向您透露她对宵禁负责？过去您什么时候帮她实现这个责任？还有什么别的时刻？
- 如果把你转交给办公室处理的问题不再发生，杰，这对你、你的老师和你爸爸会有什么不同？还有什么别的？
- 要是某一天说话的习惯不再困扰你，卡丽，你是怎么知道的？你会确实做些什么告诉你和我事情好转？还有什么别的办法呢？
- 肖恩，如果你通过四五门课程，这对你和父母会有什么不同？他们会注意到你做了什么确保通过考试？还有什么别的？
- 米娅，当你开始向老师展示你想成为什么样的学生时，老师看到你的什么表现会很开心？当她看到这样的表现时，对你来说会有什么不同？还有什么别的？
- 詹姆斯老师，如果有一天您的课堂处于最佳状态，学生会注意到什么？这对您而言意味着什么？还有什么别的？

需要注意这些问题里面的一些关键词和短语：

有一天如果……如果你开始……当你开始……什么新行为……？
还有什么别的？
这会有什么不同？

这些词和短语可以帮助校园辅导对象展望未来的解决方案。但需要注意，跟学生、老师和家长做这样的交谈时，有时会得到诸如"我不知道"或"我不想"这样的回答，这很可能是学生还不习惯这些问题，一般都是别人告诉他们做什么事会让他们变得更好。

走出"僵局"的方式，是通过不同方式继续问同样的问题。这可能需要一些尝试。心理专家克里斯·艾弗森设计了一个常常奏效的聪明问题：

"你最好的朋友会怎么说你将要做的事？"

这么提问能减轻学生的压力，因为这样学生就不觉得自我夸耀，相反，他只是想象最好朋友的答案。

此外，在这些问题当中，注意在后面添加这个问题："还有什么别的吗？"这个问题至少问5遍！至少！每次问"还有什么别的吗？"你可能得等等，因为辅导对象正想着怎么回答，但你会逐步注意到他们的答案越来越深刻且有意义。

蒂萨雷凯乐·T.布拉德肖是得克萨斯州罗森堡的一名小学心理辅导员，对于"这会有什么不同？"这个问题，他写下了自己提问时的经历。他写道：

我正在辅导一名三年级学生，他不想远离父母，这让他伤心。我采用了焦点解决方案辅导学生，问他如果走进教学楼不伤心了，这会有什么不同？如果他可以不哭着走进教学楼，这对他爸妈会有什么不同？他跟我分享了他的想法。最后，我问他，我这里有什么可以帮助他走进教学楼不会感到悲伤的？

他想让我根据他的回答做一个等级问题来检验这一天：如果他给我竖起大拇指，意思是让我知道一切安好；如果他摇了摇他的大拇指，这是告诉我事情进展得还行，不过他还得努力做好；如果大拇指朝下，就说明他需要立马跟我见面。

每天我都看到了他的进步，我也提醒他做得很成功，他完全有能力来解决这个问题。好消息是他父母和老师们也是体系的一部分，大家一起努力解决这个问题。这个问题变得不那么重要了：目标是解决方案！

没错，对于蒂萨雷凯乐而言，目标是解决方案，如果是学生自己的解决方案，结果将不同凡响。

针对具体情境应用语言和提问

这里还有一些例子，讲述语言的应用及提出焦点解决方案型问题可以让一些棘手的情境有转机。

❶ 一名学生由于在课堂捣蛋被转交到办公室辅导

学生：我不知道自己想让事情变成怎样。

回应：我也不知道。假设你明天醒来后去上学，然后发现在汉老师的课堂，事情进展得更好。你可能会做什么，让事情进展得稍微好一些？汉老师会注意到什么？

❷ 一位老师对某学生的失礼行为感到担忧，她和学生一起来办公室。她想把学生转交给你处理

老　师：我只是希望她不要在我的课上这么调皮捣蛋。这不仅对其他学生产生困扰，而且我也觉得非常失礼。

回应老师：好的，如果让她别在课上捣乱，她能做些什么不一样的事对您和学生有所帮助？还有什么别的可以做的？您之前什么时候注意到她做过这些有用的事，甚至在过道或其他班级？当她开始尝试这些行动时，这对您来说会有什么不同？

回应学生：詹金斯老师怎样才能够帮助你尝试这些想法呢？她可以做

什么让你在班上保持好的表现？你自己能够做些什么？还有什么别的呢？

❸ 某位学生抱怨老师鄙视他

学生：多米洛老师讨厌我。他总是挑我的刺儿。我开始讨厌大学预修英语课了。

回应：这样啊，那杰克逊老师还没发现你的优点吗？

学生：他没发现我是个好孩子，真的想在班上表现很好。在大学预修班上课对我来说很重要。这是我第一次上这个级别的课程。

回应：我想你可以开始做点什么，让杰克逊老师知道你特别有动力把课程学好？我送你回教室时跟杰克逊老师谈一谈可以吗？

学生：我猜可以吧。

辅导员带学生回杰克逊老师的课堂，然后和老师聊了聊。

杰克逊老师，我刚才和劳尔谈话了。他告诉我能上大学预修课他非常开心，但他觉得您好像没把他当成好孩子，他想在您的班上好好表现。他刚才告诉我他决定尝试一些新行动。您可以关注他的尝试以及真正表现好的迹象吗？

这是在学校发生的典型情境，但每个情境的对话各不相同。注意在每个对话中，辅导员不是给一个具体的回应，而是根据辅导对象的回应提出一个新问题。这些问题引领辅导对象开始构建解决方案。

寻找解决方案时去发现 "例外"

焦点解决方案的理念是，洞悉一切不一定会带来转变。过多了解过错也许不能提供建议让事情好转，相反，这样的信息常常让教育工作者和学生感到挫败，因为它成了学生为何没能成功的所有理由。

但幸运的是，回想过去成功的行为，或发现一些例外的情境，反倒能够提供线索再次做好事情。这些例外成了构建解决方案促成转变的关键。

"例外"指的是：

- 某个问题不常发生的时候；
- 一个人能够控制自己不参与问题的时候；
- 一个问题不干扰这个人生活的时候；
- 问题看起来不那么严重的时候。

这里举个例子。某位高中足球四分卫可能会在录像室看他比赛时犯下的错误。他可能想知道自己哪些地方没做好。然而，看录像中他做得好的地方反而能给他更多的线索走向成功。

比如我想学弹钢琴，如果听到有人弹错音符我也许就不能学好。然而，听到正确的音符并练习，直到我能够弹这些音符，这也许能帮助我学会弹钢琴。

同理，跟学生聊他们的成功经历可以启发他们下一步做什么。提出以下问题能帮你和学生收集例外情境。

"你什么时候在数学课上表现得更好些？"

"那个班级开展了什么活动对你有帮助？"

"老师做了什么让你感到有所不同？"

"你在那个班级做了什么让你能够在班上表现很好？"

"去年有什么不一样的地方帮你在其他课堂也表现很好？"

"还有什么别的方法管用？"（至少问5遍）

例外是焦点解决方案的乐章。我的经验是，许多心理辅导没起作用是因为要求辅导对象完成一些新任务或对他们来说非常陌生的任务，而他们缺乏与完成这些任务相关的技能。而对于发生的问题，关注当前或过去的例外，让这些例外变成解决方案，反而能增加成功的机会，因为辅导对象经历过这些例外。

换言之，焦点解决方案从不建议校园辅导对象尝试新任务，更侧重发现之前在各种情境中奏效的例外，辅导对象很容易成功转变。

回收再利用：在其他情境使用"例外"

玛拉目前跟两个孩子相处困难。她说孩子们拒绝做家务活，不听话，不按时回家。她觉得自己不太会带孩子，这可能导致她失去两个孩子的监护权。她说她的目标就是"学会赢得孩子的注意力，让他们知道我对他们的期待是认真的"。我问了她的职业，了解到她教五年级学生快10年了。她告诉我自己收到过很多很棒的反馈，而且担任所在年级的教学组长。我问她怎么把班级管理得这么好，玛拉接着告诉我她的解决方案。

在我的班上大家得遵守规矩。开学的第一天，我就一直跟大家强调各种规矩，直到同学们非常清楚。我严格遵循设定的规矩。我是公平的，并且总是坚持原则。带五年级的学生你不得不这样，如此他们才不会僭越。我布置的作业也是公平的。如果有学生质疑我布置的作业，我会过去跟他们细说，有时做出点让步。我真的言行一致。如果我说打算做点什么，我就会去做——这也体现在奖励和惩罚中。

听玛拉描述自己如何管理班级后，我表扬她把班级管理得这么顺利，然后边想边说，不知在家里采取这些优秀的做法会怎样？这时玛拉变得非常安静。她说家里的情况很不一样，因为家人的关系跟师生关系不一样。我赞同她的观点，但这些技能也许可以有效地管教孩子们（10岁和12岁），因为他们就要上五年级了。她说她试试看。两周后她回来找我，说孩子们现在的表现好转，她没感到太多的压力了。

情境不同，语言相似

校园辅导对象和我讨论太多悲剧性或令人难以承受的情境，我承认自己时常感到不知所措。怎样才能对辅导对象有帮助？许多想法在我的大脑里像漩涡般转动，但是每次拯救我的是把自己的想法搁置一边，聆听！然后问："我们会谈期间你的最佳希望是什么？"或者"我们今天谈论什么对你最有帮助？"这时辅导对象马上带我进入他们想讨论的重点内容。这是焦点解决方案的效率和简练。

下面提供一些提问，帮助大家有效收集例外，这些问题可以应用于各种情境，每个问题都是根据校园辅导对象的目标精心设计的。

"跟我说说你冷静地跟妈妈说话的时刻。"

"你最后一次在学校表现比较好是什么时候？你那时做了什么？你是怎么做到的？"

"你最后一次注意到罗伯托安静地坐在座位上是什么时候？当时班级开展什么活动？他坐在哪个位置？还有什么别的不一样的地方？"

"你之前如何控制自己的愤怒？你做了什么控制住自己？"

"我看到你8门课中，6门通过了。你是怎么通过这6门课的？这些课堂的老师会对你说你是怎么做到的？"

"老师做了什么对你有帮助？"

"下次派对要喝酒，你对此感到担忧，这令人敬佩。没有多少孩子告诉我对酒精的恐惧。你看起来就是那种会照顾好自己的人。过去你是如何避开类似的问题的？"

"你真的很担心和男性朋友发生关系。我注意到过去的几个月你是非常小心的。你好像在选择朋友方面都很细心，而且你选修的课程是大学预修课程。之前你如何做出这些有效的决定？我在想你以前的做法是不是可以帮助现在的你？"

"扎皮罗先生，扎皮罗太太，你们肯定对于你家儿子被4所顶级大学录取感到非常骄傲。亨利，我很开心你被哈佛、斯坦福、莱斯和贝勒大学录取。要从这4所大学当中选一所就读多么艰难！你们仨以前在家里做过什么决定跟现在的这个选择很相似？"

"珍妮，过去3天你没划伤自己，对此我感到很满意。跟我说说还有什么别的方式可以帮你缓解压力？"

注意当下的"例外"

我记得担任学校辅导员时，时常有辅导对象由于发怒或不敬行为被转交过来。他们来到我的办公室坐下，打招呼后开始友好地跟我说话。这时我都会忍不住问他们："哇，看起来你的怒火和不敬并没有跟你一起来我的办公室。这里有什么不一样的地方让你能够控制怒火和不敬？"

以下还有其他一些案例可以帮你见证注意当下"例外"的力量。

"提姆，我注意到今天早上你没有让'精力'占上风，你一直坐在自己的座位上。你是怎么做到的？"

"陶德，你今天在法庭上的表现真是令人难以置信。尽管对自己失望，你是怎么在法庭上振作起来的？"

"拉蒂莎，你的老师把你送到这里来跟我谈话是因为她担心你在班上太过安静了。过去的20分钟你是如何做到这么自如地跟我说话呢？"

"雅各布，副校长送你到这里来，说你20分钟前排队吃午饭时非常不守规矩而且还发火。我在想你如何快速冷静下来？你是怎么做到的？校长看到了会怎么说呢？"

"安，你的祖母上周突然过世。当你谈到过去和她在一起的特殊时光时，你眼中流露出的平静使我感到惊讶。你是怎么做到如此平静地对待她的离去？"

请注意这些问题使用的语言传达的奇妙之处。奇妙之处变成了对辅导对象的一种间接赞美，他们会突然坐直，微笑着说："我不知道。"当这样的场景发生时，余下的谈话就会围绕着寻找学生更多的能力。当学生离开你的办公室时，问题看似变小，而学生似乎变得高大正常了。

表扬？不如发现

我女儿念二年级时，她有一位非常棒的老师。多年前开学的第一天，放学时我去接孩子。放学铃声响起之前，我发现老师柔和地对凯丽班上的孩子们说话：

"同学们，我教书这么多年还没遇见像你们这样美好的孩子，度过如此美好的开学第一天。这一学年我们将会过得非常棒。"

我走近老师，她转向我说："琳达，太不可思议啦，他们都是天使。"孩子们熠熠发光，排队等校车回家，看上去就像天使般飘出教室。大厅对面，我听到另外一位二年级老师的声音，显然这一天她过得不是特别愉快。她没有柔和地说话，而是尖叫着："这是开学的第一天，你们已经不遵守规矩了。到这里来！排成一队！不要说话！不要乱动！"

我看到这些孩子模仿老师发怒的样子，在过道乱窜，让老师疲于应对。她的言语传达了她的挫败感，孩子们也以同样的方式回应。看到那位老师阴郁地走向她的车，我在想她有没有考虑过在营造氛围让学生遵守规矩这一方面，自己发挥了什么作用。我很想这样对她说："看起来今天很糟糕。跟我说说您之前在这里教书时，有没有哪些时刻学生稍微能够遵守规矩？那些时刻有什么不一样的地方？班里的学生会说有什么不同？"

注意措辞，用"稍微更好一些"这样的话语把成功最小化，鼓励发现，即使是最小的例外。

解决问题是需要增强的一项技能

　　崔西亚·朗是一名学校辅导员，
他讲述一名年少的学生跟恶语相向的
母亲以及母亲的同伴住在一起的故
事。辅导员跟相关部门反映过发生在这个家庭的语言暴力，但孩子仍住在
母亲家。给孩子单独做心理辅导时，辅导员开始表扬孩子的勇敢，并问她
如何处理在家里遇到的困难。孩子描述说每当她伤心或妈妈对她大吼大叫
的时候，她就看书，给朋友打电话，听音乐，或抱抱她的毛绒玩具。

　　对于孩子保持冷静、让自己远离艰难情境的做法，辅导员表示赞许。
孩子每隔一周就去父亲那里，辅导员鼓励孩子跟爸爸说说妈妈的恶言恶
语。孩子以前都不愿这么做，因为害怕母亲知道后变本加厉。

　　两周以来，学校辅导员一直采用焦点解决方案辅导孩子。两周后，孩
子在周末见父亲时，终于说出母亲叫骂的事。父亲知道后赢得了监护权。

　　学校辅导员有时遇见的辅导对象需要面对非常可怕的境况，这个时
候，适当的语言和问题非常重要。我很感激自己在遇到类似崔西亚所述案
例时，有机会问辅导对象这样的问题："尽管情况如此糟糕，你是怎么做
到按时上学，让自己看起来不错，而且做好学习准备的？你真的很棒！跟
我说说你的秘密。"这是另外一种间接的赞扬，是给予学生构建能力和实
现自我解决问题的有力支持，这更是强化社会情感提倡的自我意识的最好
时机。在艰难情境中的学生常常陷入困境，这时如果我们保持关注并帮助
他们顺利走出这些困境，学生从挫败中恢复的能力就会变强。

对学生表示好奇，不要扮演专家的角色

　　一旦校园辅导对象在某些方面做得稍微好些，为了让他继续做得更
好，可以假装困惑，然后问他："你怎么知道这么做呀？"辅导员对学生

的表现非常好奇，学生会觉得自己很有力量，因为他的变化让一个有能力的成年人感到困惑了！他脸上焕发的光彩可能是无价的。

> 辅导员：伯德，你知道吗？你早上非常棒，完成作业并继续做任务。我感到困惑，也为你感到开心。你是怎么做到如此有责任感的？
>
> 伯　德：我不知道。
>
> 辅导员：我也不知道呢，但我迫不及待想看你下午的表现。你真的好棒！

注意辅导员是怎么表扬伯德的。如果他只是单纯地表扬伯德，他可能会说："伯德，你早上作业完成得不错。我为你感到骄傲。希望下午你也有这样的表现。"这么说有什么不同之处？这样的表达传递的信息是学校辅导员是专家，对学生的表现表示赞同。而前面的对话透露的信息则是辅导员主要是好奇，学生本人才是主角，辅导员只是旁观者。这样学生的信心和动力也就构建起来了。

不要把问题内在化，尽量将它们外在化

怀特和爱普斯顿对把问题的外在化描述成："一种治疗的途径，鼓励人们客观地看待问题；有时遇到比较压抑的问题，将问题拟人化。这一过程使得问题变成一个独立的实体，因此对于个体或人与人之间的关系而言，问题是外在的。"

每当我走进学校会见辅导对象或辅导员时，经常听到这样的描述：

他患有小儿多动症。

她患有躁狂抑郁症。

这些标签牵绊着我们，让我们担心怎么做才能帮上忙。而在这些案例

中，把校园辅导对象和问题分开大有益处，孩子们喜欢置身其外来讨论问题。一位少年通常容易理解他的"态度"如何妨碍他和老师建立良好关系。一个孩子通常能够理解"爱说话的习惯"使得他被留堂。当辅导对象看到问题侵犯了自己时，他们就会开始远离问题，回到正轨。

当麦克·怀特践行问题外在化这一方案时，他发现辅导对象的家庭常有的挫败感，因为每个人都尝试过各种方法来解决孩子的问题。怀特主要为问题孩子做辅导，他把孩子们的问题当成外在的独立实体，是可以处理或消解的，所以，当他向家庭提出这个建议时，孩子们感到了自己的力量，决定把问题外在化，去消除问题对他们生活的影响，也绝不允许问题随意产生影响。

问题的外在化，帮助校园辅导对象把问题和自己分离开来，看到自己没有失败，而只是被某个问题侵犯了。怀特提出的把问题外在化需要做到以下几点。

减少人与人之间毫无结果的冲突，包括争论谁应该对问题负责。

许多人尽管尝试解决问题，但问题仍继续存在，问题的外在化可以削弱由此产生的失败感。

为人与人之间的合作，团结起来努力解决问题，以及逃脱问题对生活和关系的影响铺平了道路。

让人们得以采取行动让他们的生活或关系从问题和影响中恢复过来。

让人们得以解放，采取更轻便、更有效、压力较小的途径来解决问题。

由于焦点解决方案不去过度关注问题，而是聚焦辅导对象的目标与愿望，所以，很多时候我会转向叙事治疗，通过问题外在化，让辅导对象赞成他们的人生需要某种改变。比如，辅导对象由于最近的不良表现、怒火或创伤感到非常灰心，以至于无法回答"你的最佳希望是什么？"这个问题，当这种情况发生时，我会走进辅导对象的世界观，创造机会让我们把问题和辅导对象分离开来，如此辅导对象才能够：

a 不再认为自己是问题所在。

b 发现问题给她的人生带来什么影响，列出一份清单（把问题的影响做成一个图表）。

以下步骤，展示辅导某位学生和老师时是如何开展这个过程的。

● 问题外在化和解决方案内在化

1　注意听辅导对象使用的词语，包括诸如"它""我的问题"或"愤怒"这些词，把问题和学生联系起来，一起给问题取个名字。如果你愿意，也可以用平板、马克笔把问题画出来。

2　让辅导对象描述问题太靠近自己时发生了什么，这是把问题外在化的一种方式。比如，当愤怒占上风时，辅导对象会怎样？讨论谁会注意辅导对象发怒，他们会有什么样的反应。

3　让辅导对象想象如果某个更有帮助的新事物出现会是什么样。或者有什么技能出现可以让问题变小。仔细讨论事情如何变得不同，谁会注意到，谁会感到惊讶。

4　想出一个计划让问题离开一小段时间，帮辅导对象具体说明她将做什么远离问题。

5　经过辅导对象的同意，跟老师分享学生正尝试打败困扰她的问题。让老师关注学生做出的尝试。

6　当辅导对象有所成功时，画一张成功证书，宣布她比问题更有力量。

● 问题外在化——与老师的一个谈话

有位老师认为自己由于抑郁无法在课堂上保持最佳状态，于是有了以下这个对话。对话中，我们把"抑郁"这个词改成"悲伤"，这么做是想让问题正常化，但又能针对这个问题展开讨论。

辅导员：这个悲伤如何妨碍您有效地教课？

老　师：它让我无法跟学生愉快相处，让我没能像过去那样把假期的活动设计得很有创意，而且也让我不再期待明天的到来。

辅导员：这样的悲伤还从哪些方面困扰您，让您没法成为理想的自我？

老　师：呃，我回到家就坐着不动，或者到学校就想自从吉姆离开我，事情变得多么糟糕，或是想着事情再也好不了了。

辅导员：一天中您会让这样的悲伤干扰您多少小时？

老　师：早上的时候比较糟糕，大约一小时，然后到了晚上是3小时。

辅导员：那就是大约一天4小时？

老　师：是的。

辅导员：一天当中其他醒着的时候呢？还剩下多少小时？

老　师：我猜大概8小时吧。

辅导员：在这些时间里悲伤也同样困扰您吗？

老　师：不是的，这些时间我不是在学校上班就是在家照顾孩子。

辅导员：您怎么让悲伤不困扰您，如此能为孩子们做些事，或者在学校完成工作？

老　师：我不得不这样。我得做一些事让自己活下来。

辅导员：这样很好啊——哇——都发生这样的事情了，您还能够提前思考，想到生存，不得不克服自己的悲伤。

老　师：是的，孩子们依赖我。

辅导员：您肯定对别人对您的需求很敏感。您刚才告诉我您在一天的8个小时里不让悲伤困扰您，那么您觉得还可以让悲伤再远离您一个小时吗？也就是一天9个小时不受悲伤困扰。

这个对话把语言的重要性整合起来，展示出把抑郁这个问题外在化，并把它重新描述为悲伤，呈现如何向一个人传递力量。把悲伤外在化使得悲伤成为可以打败的目标。既然抑郁没让老师的生活完全瘫痪，没降低她去学校上班以及照顾孩子和自己的能力，辅导员认为她至少有部分时间能够打败悲伤。辅导员只是指出她的能力所在。把处理悲伤当成一件正常不过的事，这样也鼓舞着她，因为这意味着她没被悲伤的影响压倒。会谈后不久，辅导员给老师写了一张字条。

亲爱的塔玛拉：

很高兴今天和您见面。在我的印象中，您对教学总是很投入，今天和您会面之后，更加证实这样的印象。您真的能够做到将重要的事情摆在第一位。您想让生活中的事情好转，尽管您正遇到一些伤心事，但是您勇敢地往前走，说："我不得不这样做。"您如此决心做一些大不相同的事，我为此感动；您能够这么好地打败悲伤，在漫长的一天中，您只是短暂地受到它困扰，我也为此而惊叹。我期待听到您学会更多的方式摆脱悲伤，不让它干扰您想享受的时刻。

索尼娅

● 坏脾气变成一条蛇

6岁的凯西在学校和家里都发脾气，她被学校通报之后，妈妈带着她和另外两个孩子来拜访心理辅导员。凯西的妈妈汇报说由于孩子的爸爸酗酒，她最近刚跟他离婚，现在因为凯西乱发脾气破坏了家庭秩序，大家都很不愉快。妈妈描述两个哥哥"嘲弄"凯西，这引发了凯西的脾气爆发。凯西在会谈室都没法安静坐着，试图引起大家的注意。全家人有个目标，那就是"更好地相处"。

当被问及如何实现这个目标时，母亲描述了一个可能实现的情境，即凯西冷静下来，哥哥们对她友好。

辅导员给凯西一些填充动物玩具，让她选"脾气暴躁的动物"和"冷静的动物"。凯西很快选了一条色彩明亮的蛇作为"脾气暴躁的动物"，一只柔软的白色大象作为"冷静的动物"。辅导员跟凯西说"冷静的动物"具有魔法，只要她紧紧抱住这只动物，它就会让她冷静下来。辅导员让哥哥站在凯西身边，经凯西同意后，辅导员告诉他们，只要凯西抱着"冷静

我的解决方案

◇◇◇◇◇◇◇◇◇◇◇◇◇◇◇◇◇◇◇◇◇◇◇

姓名：

日期：

给问题取新名字：

_____

如果问题解决，对我而言将会怎样：

_____

"问题"对我来说不那么严重的时刻：

1._____

2._____

3._____

4._____

5._____

根据我之前做的，今天（这一周及将来）我将如何克服这个问题：

1._____

2._____

3._____

的动物"，这就意味着他们不可以嘲弄她。哥哥似乎对这个想法非常感兴趣，听到自己该做什么后，他们就离开凯西待的地方，各自安静地玩耍。母亲喜欢这个主意，并答应万一凯西忘了，就提醒她记得"冷静的动物"的魔力。凯西很快感到自己在生活中更有力量，她的哥哥们也意识到她的变化。结果，她不再发脾气，变得非常喜欢这只白象。

以上是一份学习单，题目是"我的解决方案"，这份学习单可以和问题外在化的对话一起使用。学校辅导员可以用这份学习单，然后给学生一份，提醒学生面对问题。

此外，如果是小组讨论，也可以发给小组成员这份学习单。当小组开始确认其他人的问题在学校没带来干扰的时刻，凝聚力就发展起来了，这一点很有帮助。以小组为单位的同学们也可以应用之前描述的外在化步骤处理各种各样的情境。

通过外在化让创伤的等级下降

在身体、情感的虐待中幸存下来，和依赖药物的父母住在一起，或者目睹暴行的孩子们，他们常常从心理辅导员这里得到很多安慰，辅导员经常说他们的存活技能是她见过最棒的。有些家长没钱带孩子到校外做心理辅导，这些孩子依然来上学，他们的情感和学业都受到影响。

至少和学生一对一会谈一次，利用这次会谈构建一个时间轴（见下面的描述），学生可能从这个时间轴上看到自己能够战胜某个事件。在辅导对象心中业已发生的虐待伴随漫长的人生，可在时间轴上，虐待这件事只占很小一点点，于是辅导对象就会改变原先的观念，自己无须一生都停留在虐待那一部分的故事里。此外，会谈时帮助辅导对象觉得虐待的影响可以跟她本人分离，认为自己可以有更多的自由，完全可以逃脱、远离虐待。

帮助校园辅导对象面对创伤的一个方式，是在一张纸上甚至是黑板上画一个时间轴，如以下示例。辅导员可以帮辅导对象把她的生日放在时间轴左边开始的地方，然后问她家里最长寿长辈的年龄。这个信息添加之后就让辅导对象给发生的事命名，给创伤命名（这是问题外在化的一种方式），然后把事件名写在时间轴上的圆点下面。

辅导员开始向辅导对象展示她很长的一生还有多少年。他们开始做头脑风暴，如果辅导对象每天远离这件事，情况将会怎样。一般来说，想象一下辅导对象逃离这个境遇带来的解脱。辅导员和辅导对象每周都一起看一眼时间轴，谈论辅导对象已经在她的人生中向前走了，什么事情变得更好，可以在时间轴下面的部分添加这些笔记。

·	·	80
生日	事件	家庭生活

治愈的时间轴

13岁的露丝被一个年龄大一点的男孩性虐待后，来做心理辅导，她基本上以胎儿的姿势坐在我办公室的沙发上。露丝拒绝谈论发生的事，所以我小心翼翼地通过不同方式提及这件事。我画了一个时间轴，让露丝告诉我发生的这件事对她来说像什么。她听了几个小建议后，描述说这件事就像一个非常深的黑洞。我在时间轴上，在事情发生的时间点画了一个洞，然后让露丝边想象边沿着时间轴往前走。她从沙发上慢慢坐起来，对我们的谈话更投入一些。我一边随着时间轴移动马克笔，一边对露丝说，发生这样的事情我感到非常抱歉，但是这件事跟她本人一点关系都没有。

我们一起把黑洞涂得非常黑，然后开始谈论下周她可以做点什么，并嘱咐她什么时候受黑洞困扰都可以随时来找我。关于下周能做的事，她说："玩电子游戏""出去骑自行车""看电视""和爸爸一起玩耍""玩滑板""听CD"。

露丝每说出一件她能做的事，我就惊呼能想到这么好的策略来逃离黑洞非常棒，露丝听到我的评价后继续列她的清单，而且整个人放松多了。会谈结束时，她也不那么阴郁了。我把时间轴和露丝的解决方案清单复印了一份，在她离开前递给她。我让她下周用自己打算做的几件事来逃离黑洞。

经过两周多的心理辅导，露丝的情况好转，于是我们同意接下来的几个月，每个月见一次面来跟进情况。露丝的爸爸跟我汇报说露丝偶尔还是很依赖他，但他只需说："好的，那我们现在怎么把那个黑洞变小呢？"

语言在焦点解决方案中可以让事情变得大不相同。你只需细心聆听，记下校园辅导对象使用的关键词，给问题命名，然后根据辅导对象重构生活的希望来构建解决方案。

我现在宣布你荣获证书

校园辅导对象打败问题，并让情况有所改善，这时最后一个支持他们的方式，是给他们颁发证书。证书可能包括对问题的描述，有助于解决问题的例外，以及教育工作者的签名（第六章最后有一份可以复制使用的证书模板）。怀特和爱普斯顿平时会给他们的校园辅导对象和家庭颁发证书。这个证书是一个惊喜或一份承诺，只要内容妥当就行。而且和学生一起制作证书也很有趣。诸如Word等软件有证书模板，如果学生喜欢电子游戏，从网站上找一个令人喜爱又擅长面对问题的人物，然后裁剪从网上找的图片，把图片粘贴在证书上。证书的制作没有特别要求，重要的是你们一起制作。

成长仪式可以通过若干方式呈现：小组讨论、师生会议、家长会或一对一会谈。小组或班级可以每周投票，选出在自我管理方面表现最成功的一名学生或对班级和小组有贡献的学生，等等。提名可以包括一些例外，这样大家可以进行推选。听到其他人表扬你做得很好通常能够鼓舞士气。当然，老师们也喜欢证书！

小　结

若干年前的某个星期五下午，我正要回家，这时副校长来找我，问：

"您是怎么做到的？您每周末都带着学生的问题回家，为他们担忧吗？"我听到自己很快地回答她："没有，我没这么做。"随后我感到非常尴尬。为了掩饰尴尬，我快速地跟她分享我相信每位学生都知道如何照顾自己。"他们拥有的成长技能让他们快乐生活这么久。我相信他们周末可以平安度过的。"我说着自己微笑了起来，自信地意识到焦点解决方案不仅对校园辅导对象有帮助，我们这些学校心理辅导员也因此受益。

　　当你开始使用这一章建议的语言，以及问题外在化这个有用的想法时，你可能发现自己做心理辅导的担子变轻了。你也可能发现每一天结束时感到更有希望了。

══ 焦点解决方案培训练习 ══

今天，考虑给你正在辅导的某个人写一张字条。想想你曾经收过的某一张字条，这张字条让你产生什么感觉或你因此做了什么？注意这是侦探的活儿！例外就在身旁，但有时人们不太在意。今天，注意某人做得好的地方，把它看成是例外。

- 总是能够得到学生注意的某位老师
- 长时间工作的校长
- 在过道对学生微笑和开玩笑的门卫
- 等最后一位学生上车的校车司机
- 非常忙但仍然能参加班级活动的家长
- 在最忙乱的日子还能够保持冷静的秘书

使用以下形式写一张字条，描述你注意到他或她做了什么大不相同的事。注意对方的反应！

亲爱的＿＿＿＿＿＿：

我为你感到非常惊奇！你是怎么做到的？

＿＿＿＿＿＿＿＿＿＿＿＿＿＿＿＿＿＿＿＿＿

＿＿＿＿＿＿＿＿＿＿＿＿＿＿＿＿＿＿＿＿＿

"秘密仰慕者"签名

亲爱的＿＿＿＿＿＿：

你比谁都做得更好。认识你我感到骄傲。

＿＿＿＿＿＿＿＿＿＿＿＿＿＿＿＿＿＿＿＿＿

＿＿＿＿＿＿＿＿＿＿＿＿＿＿＿＿＿＿＿＿＿

"秘密仰慕者"签名

第三章　焦点解决方案的谈话

　　有天早上在学校，一个九年级女生"误入"我的办公室，她是这么与我说的。朱莉看起来非常焦虑，不确定找谁的办公室，但她需要跟人聊聊，因为她准备在食堂跟另外一个女生打架。显然，另外一个女孩在学校欺负她，朱莉为此感到厌烦。

　　我向朱莉自我介绍，告诉朱莉看到她走进我的办公室很开心，因为我喜欢认识校园里的学生。几分钟后，我问她可以跟我聊聊吗，她说："我猜可以吧。"我很快了解到朱莉3个月前从另一个城市搬过来，这一学期初来我们学校读书。起先，她看似不愿过多谈论以前的学校，后来她告诉我在以前的学校她经常遇到麻烦。以下是我们的谈话。

　　琳达：那么，跟我说说自从你搬到这里来，有没有发现不一样的事。

　　朱莉：哦，我没遇到什么麻烦。去年，我每周都有麻烦。过了一阵子，我不在意了。我在这里表现很好，不过今天是我最后一次表现好了。那个女生让我在朋友面前丢脸。

　　琳达：你肯定是受够了。但是跟我说说过去的3个月你是怎么维持尊严的。

　　朱莉：嗯，去年每个周末我都被禁足。我想出来，所以到新学校表现好一些。

　　琳达：你真的被禁足了？

　　朱莉：是的。只有上个周末，因为我在外边多待了一个小时，除了这个，我在这里进展得还挺不错。

　　琳达：你有勇气和毅力改变自己的生活，这真的很棒。这一学年谁注意到你的变化？

　　朱莉：我猜妈妈注意到了。我们和妈妈、祖母住一起。她们都跟我说过，自从我表现不错，最近都不那么担心了。

　　琳达：你知道吧，我真的想知道你最后是不是决定不去食堂和那个女

生打架了？我明天会在这里，你如果路过就告诉我，最后你的
决定是保持自己的尊严，然后我就给你妈妈打电话，夸她拥有
你这么一个令人喜爱的女儿。

（朱莉沉默着，然后做了个奇怪的表情！）

朱莉离开我的办公室时冷静多了。第
二天她来到我的办公室，告诉我昨天离开
这里就去食堂了，但她决定去另一张桌子
吃饭，远离那个欺负她的女生。我立马给
她妈妈打电话，向她描述朱莉非常珍视她
的尊严，在解决问题方面懂得如何做出睿
智的决定。我给朱莉妈妈打电话时，朱莉在旁边微笑着。

之后，她说："谢谢您，梅特卡夫博士。昨天我遇到麻烦，与您交流
对我很有帮助。"

聚焦问题与焦点解决方案

如果当时我关注的是问题本身，那么我可能会跟朱莉说在学校打架的
后果；我可能会说她已经在学校成功度过3个月，现在正故意让自己功亏
一篑；我可能还会询问她在其他学校都做了些什么，但所有这些信息都
不能帮我更有效地处理目前的情境。

相反，我把朱莉看成一名重视老师指导的学生。我没有她过去的信
息，我只需跟她见面。当我们结束谈话时，朱莉似乎能够通过不同的方式

看待自己，整个人的状态比刚进我办公室的时候好
多了，她有了一个新的描述。我猜她自我描述时不
会用"尊严和正直"这样的词语，当我一边思考一
边大声说出这两个词的时候，她确实把我的话听进
去了，然后就开始这样表现。尤其是打电话也没坏
处，打电话给妈妈，让家人知道朱莉在新学校做出

的转变，同时帮家人意识到她现在的样子，这增强了家庭体系，朱莉在新学校作出的转变也让她的家人意识到她正努力成为理想中的自己。妈妈流着泪说从没接到过女儿学校打来这样的电话。我告诉妈妈希望她继续观察女儿作出的转变，每次注意到这些转变时都要告诉朱莉。可喜的是朱莉读到九年级一直都没有任何不当行为。

本章都是谈话的案例，使用焦点解决方案处理每天在学校发生的各种困境。目的是跟大家分享焦点解决方案基本上能够应对任何情境与困扰，不管是学业、行为、精神健康或是学生在学校参加的日常活动。焦点解决方案的谈话有三个步骤，有些步骤可以根据不同困境交替使用。

发展焦点解决方案的谈话

我和朱莉交谈时，主要以寻找"解决方案"的心态听她诉说自己所担心的问题，从中发现一些例外。我听到她说想停止一些欺凌行为，后面又听到她说开学以来的前3个月她的表现一直很好，我想这是增强她优点的好方式。她一直忍受那个女生的欺负，保持自己的正直。就像我们在第二章讨论的那样，重新描述朱莉的问题，然后听她讲这一学年遇到的麻烦，从她的诉说中寻找"例外"，这样我就可以和朱莉对话，得到新结果。朱莉的行为发生转变，我跟她一样好奇她是怎么做到的，如何保护这样的转变。我试着用3个月的时间增强她转变行为的能力，值得注意的是我对此好奇，并且我想帮朱莉意识到她可以写另外一个版本的故事。

以下是焦点解决方案谈话的指导步骤，供你和校园辅导对象谈话时使用。一般先和辅导对象会面，听他们讲述一个故事或听他们向你抱怨什么。但不要问辅导对象"为什么会发生这种事？"这种聚焦问题本身的问题，也不要对他们说"看上去这门课你会过不了的"这样的话，这样的提问或评述只会拖后腿。相反，焦点解决方案的谈话让你向前寻找解决方案。

❶ 问最佳希望这样的问题

听辅导对象讲述故事后，提出这样的问题：

"通过我们今天的谈话，你希望实现的最佳希望或愿望是什么呢？"
（目标）

"如果你今天找到解决的办法，而且事情好转，接下来会发生什么？"
（未来）

"明确地跟我谈谈你做这件事时会发生什么，其他人会如何看待。"

学生转交给你辅导时，你被告知的情况常常跟你现在提问后听到的答案有所不同，所以这些问题特别有趣，或者通过提问，你听到了期待的目标。这个目标必须是辅导对象自己的目标，而不是他人的目标。当辅导对象说出自己的目标时，他追求这个目标的概率会更高。

当你问辅导对象的最佳希望时，他们可能不知道自己想要什么。你可能听到"我不知道"或"我不在乎"这样的回复。如果遇到这样的情形，你也不要改变你的辅导途径或对学生做出诸如"难处理"或"无可救药"这样的评价，而且最重要的是不要由此断定聚焦解决方案这一途径对这个学生不管用。相反，把这种情形看成挑战，让你找到让学生配合的方式。你的工作就是找到学生能够回答的问题，然后有创意地提问。克里斯·艾弗森（2016）建议对于这些没能想出最佳希望的学生，问他们最好的朋友希望他们是什么样的。反思他人说的话是提问的好方式，因为思考他人的想法没有反思自己的想法那么吓人。

当你跟校园辅导对象会谈时，记住目标必须具体化，甚至具体到你可以给学生录像的程度。比如，假设学生这样回答最佳希望的问题："我会开心。"

那么你就得说："如果你开心了，会有什么不同呢？"

学生可能说："这样我就会有朋友。"

你就得说："那我能看到你做了什么事才交上朋友的？"

学生可能回答："我猜我得说一些友好的话吧。"

你们注意到了吗？最后一个答案多么具体、可行。最佳希望这样的问题就像指南针，指引你迈向确切的目的地。除非你有具体的目的地，不然会谈期间你们将在整张地图上漫游。找出目的地，那么你就可以上高速公路啦。

❷ 构建一个更好的未来

一旦有了目的地，就可以构建更好的未来，或者思考如何顺利抵达目的地。更好的未来可以跟一幅画比较。如果学生说他想更开心些，你就画一张笑脸。微笑不会自行存在；一般在某些地点，与别人互动或做活动的时候发生。因此，我们必须给画添加地点、互动、活动等，如此更好的未来就会呈现最清晰的画面。每次辅导对象为更好的未来添加一个特征，画面就变得更清晰，这样辅导对象就可以带着他们非常清楚的目的走出办公室。这样练习起来容易多了。复印一份与更好的未来相关的言语。比如在学习单上，把目标和解决方案放在后面，这样前面就有空间列出辅导对象关于更好的未来的描述。然后复印一份，给他们原件。

构建更好的未来也是"奇迹问题"发挥作用的地方。比如：

"假设这一天放学前，事情都进展得不错。你离开我的办公室后，开始学习友善说话，这时谁会注意到呢？友善的言语对他们来说会有什么不同？反过来，这对你又有什么不同？你认为什么样的友善言语效果最佳？"

"还有什么别的呢？"这个问题问10遍。

然后，列出清单。

❸ 找出例外：事情进展较好的时刻

不会每时每刻都出问题。若是如此，大多数人就没法起床、工作或照顾孩子了。问题的例外为解决方案提供线索。

比如，你的辅导对象可能是一位家长，第一次来咨询时，强调她女儿之前绝未有过不良表现，直到今年才出问题。这位家长描述女儿参加的活动，以及她的责任心，而且女儿还关心校外人员。家长描述的两个句子中有两个重要的例外：（1）女儿现在才出现行为方面的问题。（2）女儿在校外跟他人的关系是成功的。

如果你细心地听出这些例外，那么这意味着问这位母亲诸如以下的问题：

"帮我回忆您女儿在学校表现不错的时刻，就像她在别的地方也表现不错那样。"

"跟我说说那时有什么不一样的地方。"

"对于这些表现不错的时刻，您女儿会说那时有什么不一样的地方？"

你也要帮老师和家长学会关注例外。帮指导老师或家长为不被接受的学生找出例外的情境，下面的陈述和提问会有所帮助和启发。

"让我们回到过去，回想一些您和他人比较能够接受这位学生的时刻。那时有什么不一样的地方？您或他人当时怎么跟他交谈，所以他比较能听进去？学生对你们做的尝试都说了什么？"

"这一周，在某个安静时刻问您儿子，他觉得待在家比较舒服的时刻，这些时刻有什么不一样的地方？"

"史密斯老师，这周注意观察莎莉在班上不是那么调皮捣蛋的时刻。"

"在过去的13年6个月，您成功地把孩子养到14岁，只是过去的几个月事情偏离正轨。您过去抚养孩子成功的经验是什么？"

这些提问关注的是问题不太严重的时刻。通过强调"稍微""不是那么经常""好一点点"这样的词语，鼓励家长或校园辅导对象观察更多的例外。这些细微的变化能够促使家长通过不同的视角看待孩童或少年，从而创造一个新氛围。

以下这份"焦点解决方案的谈话步骤"清单，旨在帮助你尝试三个步骤。随后还有个"校园辅导对象学习笔记"图表，你和辅导对象可以一起填写。

焦点解决方案的谈话步骤

开始会谈时，向辅导对象表示欢迎，聆听他们诉说并对其描述的情境共鸣。没必要问辅导对象出了什么问题或有什么事情困扰他们。相反，你只需当一位好听众，听辅导对象诉说。然后开始以下三个步骤。

❶ 找出校园辅导对象的最佳希望

"我们今天会谈，你的最佳希望或愿望是什么呢？"

或者"那么，你想让事情发生什么转变，如此与现在的情境不同？"

或者"一会儿你离开时，如果认为我们的会谈有帮助，那么你觉得我们谈论些什么对你来说最有帮助？"

❷ 和校园辅导对象一起设计更好的未来

"假设你离开我的办公室后，事情开始好转，就像某个（奇迹、魔法棒、五彩尘）一样解决了一切的问题。（这个下午或明天）会发生什么让你知道事情变得好一些？"

"（这个下午或当天）你会做什么让我和他人了解事情变得更好？还有什么别的？"这个问题问10遍（列个清单）。

"像这样的一天会给你带来什么不同?""还有什么别的?"

❸ 发现例外,建立获得成功的信心

"跟我说说,你之前是怎么做到这一点的?"

"对于你之前做得好的地方,老师或朋友会说什么?"

"还有什么呢?"这个问题问10遍(列个清单)。

注意:经过校园辅导对象的同意,跟老师、家长及行政人员分享学生计划尝试的一些新行动,如此上面的提问就形成一个体系。你可以陪学生回到教室跟老师聊聊,或者给老师写封电子邮件,你和学生都在邮件上签字。

校园辅导对象学习笔记

姓名:＿＿＿＿＿＿＿＿＿＿＿＿＿＿＿＿＿＿＿＿

日期:＿＿＿＿＿＿＿＿＿＿＿＿＿＿＿＿＿＿＿＿

担忧:＿＿＿＿＿＿＿＿＿＿＿＿＿＿＿＿＿＿＿＿

目标:＿＿＿＿＿＿＿＿＿＿＿＿＿＿＿＿＿＿＿＿

更好的未来:

1.＿＿＿＿＿＿＿＿＿＿＿＿＿＿＿＿＿＿＿＿＿＿

2.＿＿＿＿＿＿＿＿＿＿＿＿＿＿＿＿＿＿＿＿＿＿

3.＿＿＿＿＿＿＿＿＿＿＿＿＿＿＿＿＿＿＿＿＿＿

例外:

1.＿＿＿＿＿＿＿＿＿＿＿＿＿＿＿＿＿＿＿＿＿＿

2.＿＿＿＿＿＿＿＿＿＿＿＿＿＿＿＿＿＿＿＿＿＿

3.＿＿＿＿＿＿＿＿＿＿＿＿＿＿＿＿＿＿＿＿＿＿

4.＿＿＿＿＿＿＿＿＿＿＿＿＿＿＿＿＿＿＿＿＿＿

以一张好的字条收尾

"谈话的本质转瞬即逝。在某一次特别有意义的会谈之后，辅导对象带着一些鼓舞人心的新想法，容光焕发地走出办公室，但也许就走了几个街区这样的距离，会谈中那些切中要害且意义深远的话语已经很难确切地回想起来。然而，写在信里的言语是不会像谈话那样消退或消失的；它们能够在时间和空间中存留下来，见证治疗的历程并使之不朽。"

——爱普斯顿、弗里曼和洛伯维茨

根据你们的会谈，给你的校园辅导对象写一张字条，这是一种间接的鼓励，确保转变会持续下去。据麦克·怀特说，一张字条对辅导对象的影响相当于6次辅导。字条只需重述会谈的要点并写一些鼓励的话，促动辅导对象与你会谈后到将来再次见面这段期间做一些不同的事情。

亲爱的拉马尔以及拉马尔的爸爸妈妈：

我想让你们知道今天与拉马尔谈话我很开心。我了解到拉马尔的目标是交一些新朋友，所以他打算尝试用友好的话语让自己变得"更友好"。拉马尔也告诉我他在校外有朋友。拉马尔，你的目标是在学校交朋友，这看起来真的对你很重要。我期待你告诉我你如何开始行动、实现这个目标。

你真挚的琳达·梅特卡夫

解决不同困境的焦点解决方案的谈话

下面将列举各种跟学校有关的议题，并通过对话的展示来讲解焦点解决方案如何协助你辅导校园辅导对象。

● 解决打斗的方案：成为朋友吧

第一个案例来自新加坡，许多年前，我为新加坡的教育工作者做焦点解决方案的培训。大家都很可爱，都想学习另外一些方法以便帮孩子们更好地表现、更有动力地学习。新加坡的文化氛围倾向于聚焦问题本身，所以许多参加培训的老师一开始都不适应新方法，导致诸如以下的故事出现。

一位新加坡纪律主任（类似校长助理）给我在新加坡教过的一个小组讲述了一个故事。

我知道你们觉得琳达正在谈论的焦点解决方案听起来太柔和。但我想让你们知道，上个月我如何处理两个男生放学后打架的事件。这两个男生打架后被送到我这里，他们可能认为我会严重地惩罚他们。相反，我采用了不同的方式。我知道他们曾经是朋友，因为我总看到他俩放学后在一起。所以我告诉他们：

"我知道你们有段时间是朋友。你们成为朋友有多长时间了？（他们回答说已经当了3年的朋友了。）这样的话，你们肯定忘了以前是怎么成为朋友的。你们离开我的办公室后，回想一下需要做什么事才能重新成为朋友？"

两个男生对望了一眼，感到很困惑，他们期待我告诉他们该做什么。不过，接着他们开始告诉我他们之前都做了些什么事所以成为朋友。我一直问他们："还有什么呢？"他们就一直跟我说他们之前的友谊。我跟他们说你们回去就做这些事，然后就让他们走了。

我想着是不是很快还会在办公室见到他俩，但已经过去一个月了，他俩没被送到办公室来。后来我见到他们了，两个男生还是朋友。

● 日程安排的解决方案：弄清楚什么是奏效的

我回想自己曾作为高中辅导员，为十年级的学生制定日程安排。当时第一时间告知，让他们做好上高一的准备，并且问他们现有的课程最想学哪门；让他们告诉我如何在参加其他活动或完成其他课程任务的同时，学好这几门预备课程。提前把简单的情境和要求告诉学生，让他们自己去作出决定，这么处理现在看来是正确的。学生经常感到惊讶的是我让他们自己作决定，

而不是告诉他们该学哪门课。如果某位学生选修了一门太难的课，他们过后就明白自己当时的决定不是特别好。不必担心，在我管理的区域，如果选了一门难度太大的课程，学生有4周的时间重选，这意味着学生得找办法处理他们的决定。同时，我们还开展了一个焦点解决方案的贴心会谈。

> 琳达：这么说选这门课证明是太难了。跟我说说你做了哪些准备后通过这种难度的课程。
>
> 学生：事实上，我之前没有选过这样的课。现在只是勉强通过。我习惯考取A或B。
>
> 琳达：是挺难的，但你还是通过了。你是怎么坚持到现在的？
>
> 学生：我一直都在努力学。
>
> 琳达：那么再跟我说说，在别的情境遇到挑战时你都是怎么做的？
>
> 学生：我寻求帮助。这门课有什么不懂的地方我就请教我继父，这是有帮助的。
>
> 琳达：还有什么呢？

问10遍"还有什么呢？"来帮助学生清楚地确定他们的目标是什么。

> 琳达：那接下来几天你打算怎么办呢？
>
> 学生：我不得不坚持学。现在妈妈知道我选了这门课，就一直盯着我，这会促进我学习。

对学生而言，继续学自己选的一门课，并探讨之前如何度过其他艰难

情境，这是一个可教导的时刻。学生很可能因此记住这门课的挑战，下次选课时就会更细心。我们知道经验是最好的老师。给学生提供选择和信息，只要可能的话就让他们自己作选择，通过这样的方式来帮助学生。学生总是需要选一些具体的课程学习毕业，可以问他们需要什么策略来帮他们通过。

作决定的技能是从作什么决定当中发展起来的，帮助学生认识哪些决定是奏效的。

● 解决难以实现的请求：表示赞同

假如某位学生跟你说她想让妈妈别再大吼大叫；假如某位家长跟你说她想让学校全部的纪律政策都改了，因为她觉得这些纪律太过严厉；假如某位老师跟你说他想让一个学生离开他的班级，如此他能够顺利教课……对于这些难以实现的目标，你该做些什么？

首先对每个这样的目标都表示赞同。

这个答案是什么意思呢？意思就是配合你的校园辅导对象是迈向成功最快的道路。焦点解决方案的应用过程中，配合如同游戏。这么做不是说我们最后要实现难以完成的请求，毕竟，这是不可能的。但这意味着我们可以询问：

"这会对你产生什么不同？"

当我们得到答案时，我们再问：

"这会对你产生什么不同？"

对于这个答案，我们还可以继续问：

"这会对你产生什么不同？"

我们一直真诚地、饶有兴趣地问同样的问题，直到辅导对象给你一个可行的答案。他们终将会有这样的答案。你只需要一直问这个问题。

比如，最近给老师们做焦点解决方案的培训时，我让他们分成小组，某个小组成员告诉大家他们希望达成的愿望。其中一位老师和他同事的一个对话如下：

同事：你最近想实现的愿望是什么？

老师：我想多锻炼身体，但好像挺难的，因为学校日程安排很满，家里孩子又有活动。

同事：多锻炼身体对你产生什么不同？

老师：我的身体应该会更健康，感觉会更好。

同事：身体健康、感觉好对你产生什么不同？

老师：我的体力会更好，就不会每天都感到很累。

同事：体力好对你产生什么不同？

老师：这样我回到家就有更多的时间陪孩子，而不是回来就感到筋疲力尽，只想看电视。

同事：多陪孩子对你和孩子们会产生什么不同？

老师：我会成为自己心中理想的父亲，就像我父亲一样。不管他多累，回家后总是陪我打篮球。

同事：成为你理想中的父亲对你产生什么不同？

老师：这有很多意义。就像我教他们怎么成为一位好家长。

谈话的末尾，老师的情绪有些激动。一遍又一遍地问同样的问题引领这位老师抵达一个充满意义的地方，甚至他从未想象过有这么一个地方。有些人批评焦点解决方案，说这个方法不够深刻，没能带来持久的变化。我的经历证明情况恰恰相反。聆听这位作为父亲的老师和同事之间的谈话，见证学生和家长和好等等，我从中看到的是参加者身上发生了从未想象过的转变，而且转变的方式是真诚的。当谈话带你到一个有意义的地方，把隐藏的某些价值从你身上挖掘出来时，好似一股新鲜的血液注入你的身体，你如同脱胎换骨。

● 辅导失去亲人的案例：告诉我他是谁

曾经有位学生父亲突然过世，之后他来找我谈话。他和父亲非常亲近，在情感上也常依赖父亲。父亲的过世对他打击很大，母亲尽最大的努

力让生活回归正常。可孩子很想谈论父亲，母亲却不喜欢这样的谈话，常跟他说他得成为男子汉，面对这件事。

谈话一开始我问学生他父亲是谁。接着我们的谈话这样进展："如果你爸爸还活着，这对你有何不同？"然后我就坐下来聆听。问了几个问题之后，他说："我会觉得还有人再次支持我。"这将引导我们问还有谁可能会给他一些小小的支持。这些问题都带着共情、支持对方，但也非常鼓励学生自己掌控命运。

至于那位母亲经常大吼大叫的学生，你先赞成学生的观点，跟她说母亲确实没必要对她吼叫。帮她回想母亲没对她吼叫的时刻。探讨如何不让她生活中的其他成人对她吼叫。总有大人对孩子吼叫，不过当孩子意识到他们对大人的反应有时能够改变大人的行为时，孩子就清楚自己应该做什么，更可能尝试某个新策略。下面这句评述也许对这位母亲吼叫的学生有帮助："虽然我们无法改变你母亲，而且她也不在这里跟我们聊，但我们能做的一件事，就是看看她没对你吼叫或她吼叫比较少的时候你正在做什么。跟我说说这些时刻。"

那么，对于希望学校的水平高于或超越她孩子的那位家长呢？学校老师经常被这类型家长提意见或投诉不满意，当大家都变得有所防御，什么事情都改变不了时，受害的是学生，最后导致家长以更多的行为方式去自我防御。然而，如果学校老师一开始以不同的方式看待这样的家长，比如认为家长只是"热情地关注"，并邀请家长参加讨论解决方案，事情的结局可能大不相同，就像后面描述的这则故事一样。

● 面对期望过高的父母：了解他们的职业

学校辅导员让这位家长来学校，是因为她念三年级的儿子被转交给辅导员，这孩子在课间向其他孩子扔石头，学校对他管教之后转交给心理辅导员。辅导员一开始采用聚焦问题的方式讨论所发生的事，试图让母亲知晓自己的儿子所做的错事。辅导员告诉母亲，她儿子不可以在课间扔石头，下次如果再发生这样的情况，他会被送到另外一所学校管教。

母亲拒绝相信儿子扔石头。她解释说儿子是名幼童军，而她是幼童军的领头人。儿子参加社区项目，获得很多徽章。由于儿子参与社区项目以及在幼童军的出色表现，母亲否认儿子扔石头，然后转身就离开办公室。

这孩子继续在校扔石头。

辅导员和我商量后，决定采用焦点解决方案。我给母亲打电话，让她来参加一个关于她儿子的"不一样的会议"。在会议上，我们了解到母亲是男生幼童军的引领者，母亲说儿子在幼童军中表现很好，我们对此表示感兴趣。显然，男孩知道在某些情境中如何好好表现。

因此，我们这样跟母亲说：

"我们学校这边需要您的帮助，尤其是您有指导幼童军的宝贵经验。确实有些时候需要引导幼童军里的一些男孩回归正轨。（她点头赞成。）您是怎么让他们回归正轨的？"

母亲说她会跟孩子们谈话，保证督导每个男孩。我们接着让她这一周来学校督导儿子一两天，帮学校教职工了解如何帮孩子更好地表现，就像她让幼童军保持正轨一样。母亲说她很高兴过来帮忙，特别是她认为这样学校教职工就不会认为她儿子犯错了。

母亲没来学校督导她的儿子。男孩再也没有扔石头了。

发生了什么？我们不得而知。但我猜我们对母亲表示尊重，并强调我们能够看到她的能力，于是她通过自己的方式运用这些能力教导了儿子。

● **师生之间发生冲突怎么办？一起会谈**

遇到某位老师向你或管理者发出强烈要求，必须调走她班上的某个学

生，这样才能正常教学，这该怎么办呢？建议这么处理：赞成、协助、合力应对——只是这三点需要老师、学生在场一起完成。如果你只是和学生见面，你可能把学生辅导得很好，然后送他回班级，还是跟不接受他的老师见面。猜猜接下来会发生什么？同样的师生关系会把学生拉回老问题。

相反，邀请老师和学生与你同时会面。你一旦尝试这个方法，以后可能再也不用见这位学生了。真的！

琳　达：杰克逊老师，您的最佳希望是更有效的课堂教学，这真的令人敬佩。因为我没法把雅克布从您的班级调走，我们就聊聊您需要他做什么吧。雅克布从现在开始在您的课堂上需要做些什么，而且之后还要持续多做这些事？

老　师：他不再冷嘲热讽，这干扰了班级其他同学集中注意力，也打断了课程。

琳　达：那么如果雅克布不冷嘲热讽，他能做什么不一样的事？

老　师：他可以听课，等轮到他发言时再发言。

琳　达：雅克布，杰克逊老师可以做什么来帮助你注意听课，轮到你说话时再发言？

雅克布：我不知道。我觉得他从来就不喜欢我，所以我也不在乎是否听课。

琳　达：我明白了。那么，如果他开始喜欢你，会有什么不一样的？

雅克布：这个我也不知道。我猜应该是他不会一直走下来找我吧。他走下讲台，朝我走来，这时我得站起来。

琳　达：明白了。跟我说说你觉得自己可以做点什么，这样老师就不会一直走下来找你。

雅克布：我想应该是不要对他说一些俏皮话。

琳　达：你觉得杰克逊老师还会说什么呢？

雅克布：我想应该是让我听课然后完成作业。

琳　达：听起来很不错啊。杰克逊老师，您觉得雅克布的想法如何？

老　师：嗯，如果他能做到这些就好了，但我不太确定他能否做到。再说，雅克布，我没有不喜欢你，我只是不希望有人破坏课堂纪律，班级的现状让我没法好好教课。

琳　达：好的。那么让我们做个实验。雅克布，这一周剩下的时间，我希望你能够做到你刚才提到的，听杰克逊老师的课，做作业。杰克逊老师，您如果看到雅克布正尝试做您需要他做到的事情，请告诉雅克布。

提示：现实中的会谈也可以稍微有点不同，可以在会谈前先做点什么。比如，辅导员可以给杰克逊老师捎一张字条或发一封电子邮件，让他注意雅克布是否做一些他可以接受的事情。此外，跟雅克布说你给杰克逊老师写了一张字条。等到他们一起来办公室会谈，很可能师生之间经历了一些不一样的事，这样会谈的争论就更少。我们时常需要为解决方案的实施设定不同阶段，因为学校经常通过聚焦问题本身的方式来处理问题。但如果某位老师在会谈之前注意例外的情境，就可以创造一个更冷静的谈话。

● 学生和学生之间的冲突——创造竞争

通过不同的方式使用等级问题有时可以把冲突情境变成竞争。比如，两个男孩一直在操场上扭斗，老师或辅导员跟他俩说这个"打斗恶习"似乎已经掌控了他们，导致他们没法一起玩耍。运用"打败坏习惯的练习"，问男孩们学习单上的问题，让事情往积极的方向进展。复印学习单，经学生同意后，给每个学生的老师一份。当老师们了解学生的改变计划后，学生得到支

持，知道其他人正在关注他的表现。这也是不动声色地向学生传递自信的一种方式。

打败坏习惯的练习

"这个困扰你的习惯我们叫它什么好呢？"

"在打败（这里写的是对习惯的命名）方面，你俩谁认为他或她更强大？"

"这个习惯是怎么困住你俩的？"

"我正准备给你俩画一个等级图。这个等级的中部代表没有习惯。等级的始末端意味着有很多习惯。如果我要把你俩放在等级的两端，你俩应该分别放在哪里呢？"

学生的名字   学生的名字

————————   1   2   3 4 5 4 3 2 1 ————————

"你们这周如果每人往上挪一个位置，我会看到你俩都做了点什么不同之事，如此你们没被这个习惯困住？其他人注意到你们做了什么？"

"如果你俩克服了这个习惯，这对你俩有什么不同？"

"你们认为谁会先抵达中部？"

"我期待知道谁第一个抵达。我明天会再来问你们。"

做这个练习之后，跟进反馈这些学生的变化也是很有必要的。

"你如此快速地移动到等级中部，这是怎么做到的？"

"当你那样反应时，你注意到自己正在做什么吗？如此反应，你做了什么？"

"做这个练习对你俩有什么不同？"

● 面对悲伤的解决方案

一个年纪尚小的小学生由于祖母最近过世，在学校的某个下午开始哭泣，老师把这孩子送到心理咨询处。和小女孩见面后，辅导员才了解祖母一直和女孩一家一起生活直到过世。女孩哭着告诉辅导员她很伤心，因为祖母不再和她一起了。辅导员问女孩她的悲伤有多大，小女孩抬头说："它充满了这个房间，穿过天花板，一路到天堂。"

辅导员让女孩说说祖母以及她喜欢和祖母一起做的事。女孩描述说玩玩偶，到外面去荡秋千，这些时候祖母都会看着她。她说起节假日，祖母喜欢给她读故事。说着说着女孩就不哭了，辅导员注意到女孩回忆祖母时微笑了起来。她接着对女孩说："你看起来好像很喜欢谈论祖母的事，我也很喜欢听你讲。我注意到你不怎么哭了。现在你的悲伤有多大呀？"女孩从椅子上站起来，把手放在腰部，说悲伤已经缩小了，"现在有这么大。我真的非常喜欢聊我的祖母"。

辅导员把孩子送回她的班级，经过学生同意，跟老师说让孩子聊祖母对她有帮助。老师告诉女孩任何时候只要她想聊祖母的事，都可以找她。开展焦点解决方案的心理辅导，例外成了构建策略的基础。这些例外之所以奏效，是因为在当前情绪尚未产生时它们已经起作用了。

● 当辅导对象不知道他们想要什么时：许一个愿望

辅导员有两种类型的辅导对象：由于表现差被送到办公室来辅导的学生，还有一些主动来办公室辅导的学生。第一组人比较棘手，因为他们不想来辅导员的办公室。了解这组人的顾虑很关键，辅导员需要促使他们谈论导致他们被转介的原因。问以下问题有所帮助。

"你希望老师怎么看待你？"
"如果你可以按自己的方式来上学，这对你而言起到什么作用呢？"

"你希望你在学校时事情如何进展？"

"你希望大家都知道你需要他们什么吗？"

"我们在这里谈论什么会帮到你呢？"

"您希望学生了解您什么？"

"您希望儿子或女儿能有什么转变？"

奇妙的是提出这些问题后，你经常听到不同版本的故事，跟学生被转介的事由有所不同。因此，先听辅导对象诉说这一点很重要，然后再迈向他或她设定的目标，如此对辅导对象以及转介的人都很关键。

● 需要一些视角给问题分等级

当那个小女孩描述由于失去祖母自己的悲伤有多大时，实际上她正给影响自己生活的问题分等级。这个解决方案涉及两个方法：把问题外在化以及分等级。

给问题分等级，通过使用一个等级有助于关注任何的小转变。根据贝尔格和斯坦纳的理论，分等级帮助辅导对象了解问题对他们生活产生的影响有多大，"我们发现相比词语，孩子们能够很好地使用数字交流，因为数字是他们能够理解的"。使用类似以下这种分级法对于辅导对象有帮助。

1	2	3	4	5	6	7	8	9	10

问题占上风　　　　　　　　　　　　　　　　问题在辅导对象的掌控之中

听完辅导对象的诉说之后使用这个等级提问，设定目标并发现例外，如下：

"从1到10这样的等级，1意味着问题控制了你，10意味着你能够掌控问题，我们开始谈话之前你觉得自己处在哪个级别？"

"你现在处于哪个级别?"

"我们再次见面之前你想处于哪个级别?"

"接下来几天如果你要达到这个级别,你会开始做些什么?"

对于那些不擅长口头表达、觉得无法掌控自己命运的学生,也可以使用等级提问。比如,某个年纪尚小的小学生可能在操场上被欺负。通过使用这个等级提问,谈话能够变得更有成效。"从1到10这样的等级,10意味着你掌控整件事,再也不会被欺负,1意味着你不断被欺负,你处于哪个等级?"

问辅导对象:"你没处于1的那些时刻有什么不同?你现在处于哪个等级?你周围都有哪些人?有什么不同?"通过这样的方式提问让你得以了解欺凌事件发生的频率,并了解哪些时刻不怎么发生欺凌事件。这些例外将变成解决方案。

有心理专家指出:"家长和老师可以教孩子们调整等级问题,然后把等级问题应用于各种情境来督导自己的行为。"这一类型的问题也让大多数孩子感受到自己的能力及成功。他们觉得有人关心自己,而且应对事情也自信起来。在孩子遭受虐待和创伤的案例中,等级问题让学生关注虐待(外在化之后)对他们影响较小的时刻。这传递了一个思想,即他们有能力不让这件事困住自己。

对于年纪很小的孩子,他们可能不会口头回答问题,这时可以用另外一个方式提出等级问题,即摊开双手,说:"这样说明发火这个习惯占据了你一天(将双手分得很开),而这样说明怒气根本影响不到你(紧握双手),你早上是在哪个等级呢,用手比划给我看看?"

4岁的孩子很容易回答这个问题。接下来如果事情脱轨,把这个活动作为某种信号,说:"嗯,我在想现在的怒火有多大呢?"提问后得出的解决方案与本人相关,这也是学生能够成功地使用这种方法的原因。

● 修复父母与子女关系：回忆之前的亲近时刻（例外）

克丽丝的妈妈丽娜，带女儿来做辅导；克丽丝14岁，正读七年级。克丽丝的成绩突然下降（以前克丽丝的所有成绩都是A，现在有些成绩变成B），而且和家人有点疏远，妈妈为此感到担忧。丽娜说克丽丝现在更喜欢打电话跟朋友聊天，而不是找妈妈聊天，而且和妈妈在一起时两人总是争吵，这也让妈妈担忧。丽娜说克丽丝的爸爸也认为家里发生的一切让他感到沮丧，尤其是每天晚上回家就被叫来当妻子和女儿的仲裁员。

丽娜说她之前吃处方药，最近正在做治疗康复，她琢磨着克丽丝是不是因为这个缘故生她的气。不过，克丽丝抱怨的是妈妈总是批评她的朋友、学业以及装扮。克丽丝坐着，用手指捂住脸上的一个斑点，她解释自己对某些抗生素过敏，前天晚上忘了涂护肤霜。克丽丝生气地指责妈妈也不提醒她，妈妈看上去很愧疚。母女在心理治疗室身心相隔很远，两人不断愤怒地对视，每次回应都带着怨恨与防御。

在孩子成长的这个阶段，当家长和孩子开始意见不一致时，孩子经常被贴上叛逆的标签，于是，许多家长带孩子来做心理辅导，希望修复亲子之间的关系。在学校，师生之间也发生这样的冲突，甚至老师和管理者之间也会产生类似的矛盾。学校心理辅导员可能跟像克丽丝这样非常生气的少年见面（责怪父母引发冲突，又担心辅导员不过是站在父母这一边），而家长感到自己被嫌弃，非常无助、沮丧。家长和孩子相互指责表明，父母希望孩子能够看到他们的年纪，是有智慧、有责任感的人，而少年希望外界也认为父母有好多不合情理的言行。对于辅导员来说，要做到不偏向某一方却能帮助家长和孩子"把事情处理好"，这样的交流很可能是一场灾难。辅导员和学校其他老师经常陷入这种冲突的僵局中。

即使水落石出，大家都了解冲突为何发生，事实和解释仍然不能帮助双方明白如何解决问题。在这个节点上，许多辅导员、老师、管理者和家长觉得自己陷入困境，结果常常是学校老师提供针对大多数学生适用的解决方案。收到这些信息的人可能拒绝这样的建议，也可能尝试。我的经验是大多数心理辅导失败的原因，是人们被叫去做一些跟他们平时行为大相径庭的事，而他们并不知道怎么做。

根据丽娜所述，问题在于她和女儿之间的冲突。她们的目标是解决冲突，发展一个良好沟通及互动的关系。妈妈也担心自己药物康复的过程是否是导致克丽丝远离的原因。在我们的会谈中，我主要帮助克丽丝和丽娜回忆她们之前的亲近时刻（例外），并表示她们现在也可以建立这样的关系。

琳　达：克丽丝，你觉得妈妈和你相处，她最怀念哪些时刻？

克丽丝：我不知道。问她。她让我来这里的。

母　亲：这跟在家里一样：她不愿意看我一眼或跟我说话。我不知道哪里出错了。

琳　达：这样的情况经常发生吗？

母　亲：每次我们一说话就这样。

琳　达：每天，还是每周？

母　亲：每天。

克丽丝：每次她批评我的朋友，告诉我在学校要像她一样好好学习，我们就会闹矛盾，她每天都在批评。

琳　达：这样的情况持续多久了？

母　亲：6个月前开始的。两个月前我去做康复，因为我自己出了点问题，所以这几个月情况很糟糕。

琳　达：你现在怎么样了？

母　亲：现在好多了。我不再吃止痛药了。大夫只给我开了一点肌肉放松剂缓解背疼。

琳　达：你俩希望事情变成怎样呢？

母　亲：我希望我俩能交谈而不是吵架。

克丽丝：我希望她不要一直管我！

琳　达：克丽丝说您批评她。您能跟我说说您欣赏克丽丝的一些事情吗？

母　亲：不能。我现在没法想起喜欢她的哪些方面。她对我很残酷，她的朋友不是我希望她结交的类型。

琳　达：克丽丝，关于你妈妈，你能说一些积极的方面吗？

克丽丝：不能。她觉得我因为她就医发生改变。其实不是。我只是厌倦了自己总被批评。

起初克丽丝和妈妈希望在减少抱怨的基础上构建这些目标性的陈述。使用焦点解决方案时，很重要的一点是让这些初步的陈述发展成父母、老师和学生确实想要的目标。使用焦点解决方案型目标经常会演变成当前抱怨的情况的例外。接下来的对话试图实现这一点。

琳　达：克丽丝，带我回到你和妈妈相处得好一点的某个时刻，那时你没觉得自己被批评。

克丽丝：很难想起有这么一个时刻。已经很长时间了。

母　亲：（打断）两年前是完美的。

克丽丝：（表情稍微缓和一些）对，那时我读五年级，我俩相处得很好。

琳　达：再跟我多说一些，丽娜，两年前您喜欢女儿哪些方面？

母　亲：她和我一起做很多事。我们一起购物、散步。她那时不太关注男孩，我俩之间非常亲近。我喜欢她很多很多方面。

琳　达：克丽丝，你喜欢两年前和妈妈在一起的哪些事情？

克丽丝：她说得没错。我们一起度过很多时光，我乐意跟她聊天。她就像我的朋友。这让我们在家里待着很轻松。（瞄了一眼）她也没让我失望过。我能感受到她为我骄傲。我们的聊天时常很愉快。

琳　达：那时与妈妈相处好吗？

克丽丝：妈妈为我感到骄傲，我们一起度过时光、聊天，而且她喜欢我的朋友，那些时刻我和妈妈相处得很好。

母　亲：我很享受我俩在一起的时
　　　　光，购物、散步，感觉很
　　　　亲近。

目标发展的相似性显而易见。母女
俩之前亲近过，彼此享受在一起的时光，
相互肯定，接受、欣赏彼此。心里带着这些目标继续谈话，现在聚焦的是
涵盖她们目标的例外。

琳　达：妈妈，跟我说说两年前您注意到女儿哪些很不错的事。
母　亲：她很漂亮，她现在也是，而且她跟我聊很多。她在学校功课
　　　　不错，她的朋友也很令人愉快。那时跟我一起做事似乎对她
　　　　来说很有意义。她很爱笑，在家里帮这帮那。
琳　达：您说的这些特征现在还在吗？
母　亲：我有一阵子没注意这些特征了，因为我们常常吵架，但我还
　　　　是认为她很漂亮。就是我们现在没法像过去那样融洽相处。
琳　达：您如果还能想起你俩当时做的一些事情，您能描述一下当时
　　　　您做了些什么让女儿与您亲近？

这个案例里有许多重要的议题。做心理辅导时虽然可以探讨母亲过度
治疗、克丽丝孤立的行为或来自父亲的干涉，但探讨这些方面可能会放大
母女之间的问题，增强相互指责的感觉，从而导致和解的希望减弱。然
而，询问过去的成功，并发现当前的例外，母女俩不再相互怨恨，而是回
想过去的美好时光，在一小时的会谈中回想过去令人愉快的经历，如同在
沙漠中发现了一片绿洲。母亲重新发现两年前女儿的样子，这也勾起她当
母亲的回忆，这显然对她而言很珍贵。女儿，正逐渐长成年轻女子，当前
需要得到别人的肯定与接受，她能够回想起两年前妈妈对她的表扬，然后
把这些表扬放在当前的情境，仿佛立马有了这样的机会——她妈妈会再
次接受她。

随着母女之间开始发现积极事件，每个人把情况较好的时刻归于彼此身上的特别之处。随着更积极、更有希望的焦点出现，这时提出一些问题，鼓励母亲承诺自己后续将努力培养与克丽丝的亲密关系，鼓励克丽丝思考她的行为问题。

让母女俩各自回想过去相处融洽的时刻，这样可以避开问题，消解指责，母女俩的谈话就可以侧重于她们解决问题的能力上。

母　亲：可能是我找时间和她相处吧。

琳　达：克丽丝，如果你还能想起两年前妈妈没有批评你的时刻，你觉得自己当时做了什么所以妈妈没批评你？

克丽丝：可能我没一直责怪她，而是多跟她说话。

琳　达：那么，两年前你和妈妈经常聊天，有比较多的时间跟妈妈在一起，而且妈妈没批评你。你俩之间相处愉快多了。这么说对吗？

母　亲：对的。

克丽丝：对呀。

通过询问，母女俩达成一致，在过去，母女一起聊天，这是管用的。母女俩的冲突似乎涵盖生活的全部，但现在她们都赞成一起聊天是美好的。换言之，她们根据先前的成功经历完成当前需要开展的任务。

我建议母女俩应用她们描述的行为做一个小作业，母女俩多做"管用的事"。这个任务的重要性在于它直接源于先前探索的成功和当前的例外。换言之，让母女俩多做过去她们一致认同的成功之事，这比我给她们设计一些不同的事情让她们尝试更容易赢得成功。

以下对话，展示如何发展及布置这个任务。

琳　达：你们知道，令我感到安心的是你俩曾经有过在一起的美好时光。难怪你们想再次拥有这些美好时光。听起来这些时光对你俩来说很宝贵。丽娜，既然您说了关于女儿如此美妙的事

情，我想让您根据女儿的表现每天表扬她一次。您注意到的
任何事都可以。克丽丝，你愿意一天留出额外的30分钟给家
人吗，尤其是给妈妈，如果她不再批评你？

克丽丝：我可以试试。

琳　达：克丽丝妈妈，您能够同意一周之内不要批评女儿，从今天开
　　　　始直到下次我再见你们？

母　亲：好的。

一周后，妈妈、女儿还有妹妹和爸爸都一起来会谈。妈妈一开始就说
自己和女儿度过很棒的一周。爸爸主动说自己享受了一周的自由：他不
用管教克丽丝或一整周给妻子和女儿当仲裁员。他说家里的氛围有很大的
转变，自己和克丽丝也度过很有趣的时光。

丽娜说，起先克丽丝每晚只是从房间出来一小段时间，但到了这周
末，她大部分时间都和家人度过。她还评价说，让她惊讶的是其实自己
之前就喜欢女儿的许多方面，只是没有注意到。她一开始觉得表扬克丽丝
感觉有点不真实，但发现女儿更多的优点后，她就一直表扬，克丽丝欣然
接受。

妹妹珍妮告诉我过去的一周她和姐姐一起玩，她很喜欢家里这么安
静。"尽管克丽丝仍然担心她的肤色，但她经常笑，而且开始和我以及爸
妈谈论更多关于朋友的话题。"

第二次会谈克丽丝和父母更加坦诚相待，一起谈论某位遇到困境的朋
友。家人的关系从冲突转变为对彼此的关心。

这个案例充分展示了如何使用焦
点解决方案的提问方式，修复父母和
青少年之间的关系。他们成功相处的
能力在心理辅导会谈期间被挖掘出
来，而实际上他们之前的经历就完全
具备这一能力——在人生中的某个时
刻，母女之间的爱太过美好而留存在

记忆中，现在她们只需回想起这样的美好。回想过去的美好时光，使得她们从聚焦问题本身转变成焦点解决方案。

小　结

　　焦点解决方案的谈话是沟通的另一种方式。学校辅导对象来找心理辅导员，跟辅导员说自己的生活很可怕，希望有人聆听。当辅导对象离开你的办公室时，她应该觉得事情没她想象的那么糟糕。她应该带着自己发现而不是你给她的具体工具离开，因为她知道什么才是合适的。致力于运用焦点解决方案的谈话，可以帮助辅导对象发展更好的人际关系，学习改变自己的内在，掌握如何以最好的方式学习。重要的是，学校辅导对象在解决问题之前本身就具备这样的能力，只是需要被激发、提醒、再次发现。

焦点解决方案培训练习

列一张个人清单。以下的问题设计将帮助你辨认自己当前的能力。请重新书写你希望其他人在学校看到你的样子。

你和学生做得好的事情是什么?

_____

和家长呢?

_____

和其他同事呢?

_____

你是如何做到的?

1._____

2._____

3._____

4._____

5._____

你的同事如何描述你最宝贵的品质?

_____

你希望学生、家长和老师在学校如何看待你?

_____

你之前是什么时候做这件事的,在学校还是在个人生活中?

_____

你是如何做到的?

1._____

2._____

3.＿＿＿＿＿＿＿＿＿＿＿＿＿＿＿＿＿＿＿＿＿＿＿＿＿＿＿＿

4.＿＿＿＿＿＿＿＿＿＿＿＿＿＿＿＿＿＿＿＿＿＿＿＿＿＿＿＿

5.＿＿＿＿＿＿＿＿＿＿＿＿＿＿＿＿＿＿＿＿＿＿＿＿＿＿＿＿

关于实现你在学校的目标，如果按1到10的等级来看，你现在在哪里？

＿＿＿＿＿＿＿＿＿＿＿＿＿＿＿＿＿＿＿＿＿＿＿＿＿＿＿＿＿＿

| 1 | 2 | 3 | 4 | 5 | 6 | 7 | 8 | 9 | 10 |

这学期期末你想达到哪个级别？

＿＿＿＿＿＿＿＿＿＿＿＿＿＿＿＿＿＿＿＿＿＿＿＿＿＿＿＿＿＿

你之前如何实现这个目标，现在又将如何做到？

1.＿＿＿＿＿＿＿＿＿＿＿＿＿＿＿＿＿＿＿＿＿＿＿＿＿＿＿＿

2.＿＿＿＿＿＿＿＿＿＿＿＿＿＿＿＿＿＿＿＿＿＿＿＿＿＿＿＿

3.＿＿＿＿＿＿＿＿＿＿＿＿＿＿＿＿＿＿＿＿＿＿＿＿＿＿＿＿

4.＿＿＿＿＿＿＿＿＿＿＿＿＿＿＿＿＿＿＿＿＿＿＿＿＿＿＿＿

5.＿＿＿＿＿＿＿＿＿＿＿＿＿＿＿＿＿＿＿＿＿＿＿＿＿＿＿＿

第四章　焦点解决方案的体系化

在冈萨洛·加尔萨高中，学生一进入教学楼就能感受到不一样的氛围。教学楼原先是一所建立于1930年的小学，当时学生在教学楼的墙上创作，校长一般会在过道跟学生打招呼，以支持、尊重的方式跟学生说话，老师被称为学习的促进者。学校的使命，从创立开始就是让辍学、被开除或毕业前放弃学业的高危学生有机会获得成功。

坐落在得克萨斯州奥斯汀的"加尔萨"是一所采用焦点解决方案来管理学校的高中，并因此获奖。我拜访这所学校时，校方邀请我参加他们的周团会，这是跟行为干预（RTI）类似的一个会议，大约10名学生被转交到这里考察一周。这个团队有12名教育工作者，校长和心理辅导员讨论大家的担忧，大屏幕上正放映某位学生的照片。这些讨论的独特之处在于无论提及什么问题，比如学生缺席、考试成绩差或缺乏学习动力，两小时的会议当中大家都没说任何一个跟诊断或聚焦问题相关的词。相反，当提及某个担忧时，校长通过这样的话语引导大家：

"我们怎么帮这位学生变得更成功些？我们需要做什么来帮学生更好地进展？"

校长说这句话后，在场的每个人都相信学生是有动力的，因为他们大部分时间都来上学。

在校长发言的引领下，教职工开始讨论各种想法，比如倘若学生学到午夜，隔天上学迟到一小时，是不是可以灵活处理，允许学生晚到一小时，之后再补上功课。那些目前看似没有什么动力的学生，教职工的想法是寻求并提供机会探索他们的兴趣，这个目标引导教职工思考如何让学生积极投入学习。

顺便提一句，我没把他们对不良表现、不尊重师长、发怒以及暴力等的担心包括进来，这是因为，在加尔萨高中没有这样的纪律问题。

没有。

这所学校大约80%的学生被列入高危群体，这些学生曾经辍学或被开除，然而却没有纪律问题，而且80%的学生毕业后继续念大学，这怎么可能呢？

如果这所学校有这么好的秘诀，那为何不让每所学校都采用这个模式？

因为这不是一所传统学校，而且加尔萨高中的校长和每位教师的思维方式与众不同。他们认为学校不要紧逼学生，帮他们规划如何成功，相反，学生自己能够更好地实现他们的教育目标。老师们在学校将焦点解决方案落实到整个教育过程，由于学生创建了自己的独特道路，给自己的进展打分，发展自己的策略，他们便更有动力来实现个人目标。事实是他们确实做到了！

如果让学生来开车会怎么样

"让·皮亚杰（瑞士心理学家）认为孩子的教育非常重要。作为国际教育部的主任，他在1934年宣称'只有教育能够拯救我们的社会免于可能

发生的坍塌，不管是逐步的还是猛然的'"。

让·皮亚杰关注的是人类如何在经历与想法的互动中挖掘出意义。记住这一点，我们能够看到我们和学生的互动如何进化为学生在班里看待自己的方式。我常在心理辅导过程中遇见儿童和少年，他们告诉我他们被安排在"问题组"，或者老师告诉他们"你们不值得我忙活"。或者学生在准备州能力测试的时候变得很焦虑，那是因为老师很焦虑。老师为学生设想的境况变成学生不得不让自己适合这个境况，如果哪个学生没做到，老师的回应有时是"我已经尽力了。他需要更努力、更用心"。然而，这种情形却不会在加尔萨高中发生。相反，老师一般是这样谈话的，如以下所示。

老师：克丽丝滕，我注意到你这周的成绩跟上周相比有点下滑。你跟我说说上周做了什么保持好成绩，我应该怎样帮你。

或者：

老师：布雷克，政治学课程的这个项目好像对你来说很难。需要我做什么来帮你继续做这个项目吗？你认为可以做什么来开启这个项目？

创建一所运用焦点解决方案的学校意味着放弃以往的思维方式，即只有老师知道最好怎么做才能帮助学生成功。当然，老师熟悉课程和教学法，知道基本的课堂管理策略，知道怎么写教学目标，甚至许多老师不同凡响，基本上没有班级纪律问题。但如果学生没成功或表现不好，不是因为他们不可救药，而是他们没有处于一个得以成功的恰当情境。我们的工作就是在他们的配合下帮助他们创造合适的情境。

建议采用焦点解决方案的学校遵守以下原则。

1. 总是把个体关系以及关系的构建置于首位。
2. 教职工应该强调构建学生的强项和资源，而不是聚焦学生的不足之处。
3. 教职工应该强调学生的选择和个人责任。
4. 学生应该承诺努力学习，学有所成。
5. 教职工应该相信学生的评估并尊重他们的想法。
6. 教职工应该关注学生当前和未来的成功而不是过去的困难。
7. 教职工应该祝贺学生迈向成功的每一个小步伐。
8. 教职工应该设定目标、开展活动、追踪学生随后的进步。

增强优点可以带来转变

根据上述原则，老师应该努力从学生身上发现强项而非不足之处，这一点很关键。看到一个人的不足很容易，而发现优点则需要更多的时间和特别关注。有时候，对于有的学生来说，能够安静地待在教室、坐在自己的座位上就是一种成功。如果老师注意到了，也许一开始的想法是"他今天在班上，让我们看看他的表现"，但只要转念一想"他来了，尽管面对挑战，这意味着他付出了努力。我今天怎样才能增强他这样的努力呢？"运用后一种不同的思维方式将给学生带来不同的路径，产生一个完全不同的结果。

以下所举的案例，是描述关注学生的强项、学生的小小进步，通过焦点解决方案的对话帮助学生（甚至连低龄的学生都能做到）充分认识到什么是管用的成功结果。

● 让时间飞起来

卡瑟琳·瑞维斯是得克萨斯州罗森堡小学的心理辅导员，她已经在学校担任咨询师21年，在教育领域工作32年。她告诉我焦点解决方案帮她重新富有活力！她说："这个方法给了我一个非常强大的基础，在每个孩子的每个情境中，体验都可以使用。作为心理辅导员，我也变得很自信，而且真正感受到这个方法让我通过从未经历过的方式找到学生、老师和家长的许多成功之处。"在她告诉我这个方法如何帮助她之后，我问她这个方法是怎么影响她的工作的。她写了下面的回复。

我要跟你讲昨天辅导某位学生的经历。这位学生是一名三年级的男孩，去年由于课堂表现的问题，遇到很大困难。他非常聪明，属于天赋型学生，但他很难集中注意力完成作业。他也特别爱在班上发出声响，干扰其他同学的学习。去年他经常躲在自己的书桌下，或者制作手工，而不是做作业。今年，他不怎么干扰课堂秩序，但他在完成作业方面还是很费劲。

昨天实际上是很有挑战的一天。我跟他谈话，问他真正想要的是什么。

我问："如果你今天可以实现最佳愿望，那会是什么？"

他回应说："我想让时间过得非常快，这样我就可以直奔周末了。"

我问他要是如愿以偿，他打算做什么，他回答说他想买一只宠物蜥蜴，所以只想着过完上学时间，这样很棒的一天就会来临，他就能跟蜥蜴玩耍。

我问他之前有没有经历过这样的情境，时间好像过得非常快，他回答说他玩耍的时候，时间过得真快。他说他喜欢玩乐高，有时非常投入，甚至都没看时钟一眼，也没注意时间已经过去好几个小时了。我告诉他有这么一句谚语"当你玩得开心的时候时间飞逝"，这似乎跟他说的很搭配。他表示赞同。这时我说："我在想为什么玩得开心能让时间过得这么快？"

他想了一会儿，然后说："因为我的大脑当时正忙着做事。"

我回应说："多么棒的发现！当你的大脑正忙着做事时，时间好像过得更快了！"

我告诉他这个答案几乎就像魔法！我问他待在学校的日子是否有那么一部分时间过得很快。他回答说数学和科学课通常过得很快，因为他喜欢这些科目，社会科学课这一周过得也快，因为他们正在学哈丽特·塔布曼，他觉得这个内容有趣。我问他学这些科目时都做了什么，他说他听着课，看着老师，然后完成作业。

我重复他说的话，强调这个神奇的想法，即当他做功课时，时间过得更快了。我又说有没有什么办法把这个想法应用于其他科目。他当然说在阅读和写作课上要做到这样就很难，因为这两个科目不好玩。

我送他回班级，结束谈话时我让他当一名"侦探"。我告诉他，我们试着解开这个谜底，发现什么办法对他管用，让他注意一天中他能够完成功课，让时间过得更快，他是怎么做到的。同时跟他说明天会再找他聊天，看看是不是发现了一些新办法。他回答说："我有个主意！如果我们能弄明白什么对我管用，可能我们就可以帮助其他像我这样的孩子！"你看，调动自主性多重要！

我说这是一个非常棒的想法，确实，其他小孩肯定需要这样的帮助。我后续花了不少时间和这位学生联结，在谈话中发现某个时刻能够导向伟大的发现，与他讨论今天是迈向正确方向的伟大一步。我跟他的老师分享我们的讨论，并期待我们的学生在这一学年对于自己有更多的发现。

请别让我演戏

若干年前，我在一所高中认识了玛莉亚，两天前她爸爸因为殴打玛莉亚和她妈妈被逮捕了。玛莉亚用化妆尽可能掩饰许多擦伤和淤青，她拒绝在戏剧课上读一段台词，老师当时不知道她的情况，于是认为她不尊重课堂把她转交学校处理。

那天早上，我路过副校长的办公室，他拉着我说他很担心，不知该如何谨慎处理玛莉亚的情况。玛莉亚在他的办公室啜泣，很伤心，她告诉我那周发生的事，以及在学校被大家看见感到尴尬。我直视她的眼睛，看到玛莉亚不仅身体受伤，内心还有许多隐藏起来的情感伤口，这些都向我透露玛莉亚需要理解与支持。我带着玛莉亚走到戏剧课教室，她的老师罗伯茨女士正在指导戏剧。

罗伯茨老师穿过过道，朝我们走来。

罗伯茨老师：嗨，有什么我可以帮忙的？

琳达：是的。我想跟您分享关于玛莉亚一些非常私人的事情。她同意我告诉您。

我跟罗伯茨老师解释玛莉亚同意我跟她说明几天前她家发生家暴，她身上有伤痕，为此感到尴尬。我解释说这就是她不愿站在全班同学面前读台词的原因。罗伯茨老师马上抱住玛莉亚。

罗伯茨女士：玛莉亚，非常抱歉。如果我知道发生这样的事，我不会让你读台词的。谢谢你让梅特卡夫博士跟我分享这个信息。我们接下来这么做好吗？今天你可以坐在剧院里头任何你觉得舒服的地方，直到你准备好再次参加我们的戏剧排练，我随时欢迎你。

玛莉亚:（哭了起来）我非常喜欢这个主意。我想到了周一我就会
好的。

过后，我给罗伯茨老师发了一封电子邮件，感谢她对玛莉亚的同情。我夸她非常有见解的做法，并告诉她如果需要跟我聊天我随时都在。玛莉亚周一就回归课堂了，她说整个学期余下的时间和罗伯茨老师都相处得很好。到了年底，罗伯茨老师到我办公室来感谢我"让她参与进来"。她说自己有时常怀疑学生受到了伤害，但她无法解读哪些是真实的。她也表达了我联系她是对她的认可，作为老师她可以随时出手帮忙。

相比我刚开始写这本书的时候，焦点解决方案的体系化在这本书第三版时谈论得比较多，而且当前也应用得更多。我去教课和做心理辅导的每一个地方，老师们之前都不在谈论的体系内。而一旦让他们进入体系，老师不仅感到自己是团队的一部分，而且他们的感知与投入也得以脱颖而出。因此，一定要让老师进入焦点解决方案体系，他们是你在教室的眼睛和耳朵。

师生在一起通过不同的方式谈论，很重要

注意到我和玛莉亚的老师说话时，对话是如何转变的吗？正如我在第三章提及的，我的做法一直是，如果转交给我某个学生，这时建立包括学生、老师和学校职员的体系。作为家庭治疗师和学校心理辅导员，我明白如果不建立这样的体系，先前导致问题产生的相互接触会让问题复发。我也见证了在新的关系情境和与他人互动中表现的转变与持续。想想你给学生做的心理辅导进展得很好，然后你把学生送回班级——然而班级什么也没改变，不可避免地，他还是跟之前一样表现，因为在学生的体系中各个角色还是跟之前相似，学生怎么会想着转变？除非老师开始以不同的方式思考，和学生谈话的内容不一样，否则转变很难持续。

以下是一封发给老师的电子邮件，它展示了让教师进入体系化的谈话方式。

亲爱的约瑟夫老师：

　　谢谢您最近让斯蒂芬妮·布朗来我这里做辅导。我跟斯蒂芬妮见了一面。因为您最了解她，请您方便时回信告诉我什么时候请您跟我和斯蒂芬妮聊聊，大概需要10到15分钟。这个谈话与往常的不同，我们想为您和斯蒂芬妮寻找一个更好的方向。为了更好地谈话，请先看看您的成绩本，斯蒂芬妮什么时候什么任务做得稍微好一点，并请记下来。您的帮助对我非常宝贵，因为我现在正帮她提升表现，希望您今后也能按自己希望的方式开展课堂教学。

　　如果会谈简短，并且提前告诉老师会谈流程，他们一般都会答应参加。使用焦点解决方案的会谈不会令人感到胁迫，老师也会以不同的思维方式对待学生。这将导向新的互动和持久的转变。通常学生看到老师乐意帮忙，师生关系也会因此转变。

　　不得不承认，世界上大部分学校主要采用聚焦问题的方式来处理学生的问题，这常常让学生和教师陷入困境。但焦点解决方案跟不断关注问题的方式有很大不同，焦点解决方案让学生感到如释重负，这样的感觉常常会发展为个人转变的动力。

　　有位老师申请参加我所在大学的校园心理辅导培训项目，在录取面试中，我证实了这个想法。我问他：

学生对您做出什么评价，让您觉得自己作为老师是成功的？

他回答：

很简单，我和他们建立关系。需要做的就是去看一次他们的足球比赛，参加他们的戏剧或在食堂叫住他们，跟他们说校友日装饰做得非常棒，这样你就赢得他们的信任了。接下来班级管理就很容易。

当学生在不同的情境看到老师虽然威严但平易近人时，师生之间的关系就能够往好的方向发展。想想你所在学校，受学生青睐和信任的老师，很少转交学生到校长办公室或心理咨询室，相反，他们自己和学生聊，学生也尊重老师的付出，事情变得更好。

如果你有转交过来辅导的学生，把老师和学生一起叫过来，开展一个焦点解决方案的谈话，学生可以听见老师描述自己乐意做出一些不同的事，于是学生也有动力来做一些不同的事。

糟糕的现实状况是，总会有老师被某个学生弄得筋疲力尽，所以一开始觉得难以开展焦点解决方案的谈话。你可能听说过玛吉，她是一名学校辅导员，跟许多学生有过非常艰难的时刻。如果只是跟她简单谈话不管用，需要强调她想要的是什么。试试使用以下方法来帮助她，该怎么说更管用。

琳达：玛吉，我知道乔伊很难管。我也知道您已经教书15年了。相信这一路您遇见过很多很有挑战的学生，但您一直都能找到某个方法来面对他们。跟我说说，您希望乔伊在您的课堂如何表现？

如果老师描述的是她不希望发生的，再继续问。

琳达：那么，既然您不想让这样的事情发生，您希望他能够做什么来帮您成为理想的老师？

琳达：到目前为止您都尝试了什么办法让他做到这一点？

这个问题的答案常常是各种不管用的策略和行动。接着我邀请老师（没错，我说的是邀请）尝试一个新方法，即和乔伊一起来我的办公室会谈。我让老师注意听乔伊说一些对他管用的策略，然后跟老师保证我会问她需要乔伊做什么。这个准备阶段很有用，因为这样给老师提供：

- 共情
- 投入
- 尊重
- 机会

多年来我在学校使用这个方法，共情和尊重这两点不会有错。焦点解决方案的应用过程在相互尊重和信任的基础上创建关系。记住这一点，当我们付诸实践时，上述这些特征就变得有感染力。

下面的师生谈话学习单可以用在所有年级的师生会议上。如果学生年龄小，语言可以稍微改变或简化。这些问题采用焦点解决方案的基本思

师生谈话学习单

你们希望事情如何进展? (制订目标)

老师:

学生:

如果给你1到10的等级, 10意味着你们的目标 (或愿望) 就快实现, 你俩现在处于哪个等级?

如果接下来几天我路过您的教室, 我会注意到你们正在做什么让刚才标识的等级往高分挪动?

老师:

学生:

你们俩就这几天尝试这些想法会产生什么不同?

老师:

学生:

路，将它们设置在一个容易遵循的过程中。可以复印学习单，会后发给老师和学生。在家长会上，也可以把学习单当成一个宝贵工具，不仅告知家长什么管用，而且也证明老师真诚的付出可以解决学生的担忧。

让学生参与课堂管理和课程设计

斯蒂芬妮·罗登堡-路易斯是得克萨斯州罗森堡学校的心理辅导员，她应用焦点解决方案给学生做心理辅导。她想把这个有用的方法介绍给老师们，她下载了一份很可爱好用的课程设计，这个设计是全身心校园辅导中心写的，题目为"希望之树：焦点解决方案悬挂比例尺"。

这个课程设计有个练习：某间教室放了10棵树。每棵树上挂着不同数目的叶子。每一片树叶代表一项能力或成就。第一棵树有一片树叶，而最后一棵树有10片小叶子，中间树木的树叶数量少于10。老师可以指导学生每天都看一眼这些树，然后决定：这一天他们想当哪棵树，或者哪棵树代表他们一天的表现或进步。

树和叶子的这个例子很不错。除此之外，我也常建议老师周五下午问学生"我们这周做的事情你们觉得哪些有用或有趣？"。学生可能需要几分钟来思考他们喜爱的活动，但最后他们会分享一些见解，这样老师就知道一周活动的效果。我能想象学生的反应，他们会意识到自己的观点是重要的，这将带给他们动力。作为研究生院的教授，每次课后我都会问学生觉得课堂进展如何。我想让学生知道他们的观点对我而言很重要，往往是我们做的一些事情，自己都没意识到会有帮助，而是学生指出来的。这真是惊喜！我常常在听取了他们的反馈后，将反馈意见融入下一次课堂。到了期末，事情的进展往往跟我原先计划的不一样，但是更好。

请认同你们学校的老师是专业人士，他们正尽自己的能力做到最好，让他们参与进来，尊重他们，这样更有利于引导他们逐渐加入焦点解决方案的领域。我刚开始使用这个方法时，有些老师认为我请他们关注学生比较遵从的时刻，觉得有些奇怪，他们本来认为学生的表现有问题，我为何让他们寻找学生好的表现？后来我搞明白了，首先得对老师表示赞同，与老师共情，然后向他们保证我为学生也为他们工作，这样的结果是我赢得了更多的配合与合作。

与老师随时通报的重要性

采用焦点解决方案的学校辅导员身兼数职。有时由于老师不了解某些学生的精神健康需求，而辅导员鞭长莫及，有时对学生的关爱无法做到及时到位。下面这个故事讲述某位学生处理自己的事情时，突然无法掌控，只得面对危害他精神健康的后果。你读这个故事时，请思考采用焦点解决方案的学校辅导员会如何把这位学生从绝望沮丧中拯救出来。

15岁的肯尼还未升入高中二年级就有不少人生经历。仅在那个学年他至少和家人搬了4次家，最近的一次搬家是由于房子被收回，肯尼为此愤愤不平。他讨厌现在全家住在流浪汉收留所。他讨厌不知道下次全家要搬到哪里。当收留所的人盯着弟弟看时，弟弟感到伤心，他也为此担心。这是他人生中伤心的时刻，但他决定不要让学校的任何人知道。

他上学的时候常常环顾教室，看到其他学生的家境比他家好得多。他们穿得比他好，而且他们有手机和MP3。所以，当肯尼的姑姑给他一个廉价的CD播放机时，他非常激动。这不是最新的科技，但播放机是他自己的，在他家独自拥有某样东西非常罕见。他很珍爱这个播放机。播放机让他觉得自己似乎跟其他孩子没什么两样。他把播放机放在书包里随身携带，直到有一天，放学铃声即将响起时发生了一件事。那天他在最后一节课完成功课后，注意到其他学生拿出自己的设备听音乐，等放学铃声。他往椅子一靠，像同学们一样把耳机塞进耳朵，他的CD播放机放在书包里，这样可以掩饰这个看上去像古董的机器，令他惊讶的是洛克老师朝他走来，靠近他，瞪着他的脸，要求肯尼交出CD播放机。

洛克老师：交给我，在课堂上不允许这
　　　　　么做。

肯　　尼：但其他同学也在听他们的播放
　　　　　器，所以我以为是可以的。

洛克老师：我才不管其他人做什么，你不
　　　　　可以用你的。

肯　　尼：我不理解。我已经做完功课，
　　　　　而且其他同学也在用播放器，
　　　　　您没必要收缴我的。您不必命令我上交。

洛克老师：你是在威胁我吗？

　　肯尼生气地靠近洛克老师。老师快速抓起肯尼的CD播放机，藏在背后，笑着说："你别想把CD机要回去。现在就去办公室。"

　　肯尼手里拿着违纪条，而他的CD播放机还在洛克老师的手里。肯尼来到办公室碰巧遇上校长助理。显然助理这一天过得不好，他看到违纪条上写着"威胁"这个词，就把肯尼送到另一所学校接受6周的管教。

　　我听到这个故事感到非常难堪。我一直挂念肯尼和他的CD播放机。我问学校辅导员，肯尼从另一所学校回来后怎么样，辅导员说他拿回CD播放机，但精神非常低落。接着我又了解到肯尼之前从未去过校长助理的办公室，这是他第一次被转交管教。学校辅导员担心之后会不会发生更多转交的情况。我也这样想着。我问辅导员对于肯尼的这个情况他了解多少，他说肯尼从另一所学校接受管教回来后他才知道。我问了老师的情况，并问辅导员是否愿意跟副校长讨论老师的行为。学校辅导员说他不知道怎么跟老师交谈，但他打算未来多看望肯尼几次。

首先，不要伤害

　　像肯尼这样的学生，由于住在流浪汉收留所，可能衣衫褴褛、有时不够整洁，被洛克先生这样的老师看成对人有威胁。显然，洛克老师只通过

127

一个视角看待学生。但如果洛克老师和肯尼的其他老师收到肯尼的心理辅导员发出的一封电子邮件，事情会有转变吗？

亲爱的老师们：

　　肯尼·斯迈思明天就要上你们的课。我得到肯尼的许可，告诉你们他和家人正处于困境，如果你们能给他任何情感支持，他都会很感激。他和家人在这一学年已经搬了4次家，尽管搬家这么频繁，肯尼在每所高中都保持B这样的成绩。他说他不需要任何特意的关注，此时此刻他和家人正处于艰难境况，如果你们能够理解他，我将不胜感激。

　　作为他的心理辅导员，我有时会跟他谈话，帮助他，支持他。不管什么时候，如果可以，请给肯尼爱与关怀。

学校辅导员

　　我猜肯尼的老师们能够理解这样的字条。作为学校辅导员，我总在学生赞同的情况下给他们的老师写一张这样的字条。没有学生拒绝过。而且老师也经常给我回电子邮件，感谢我费心告知他们困扰学生的事情，并表达对于这些情况他们也猜测过，只是不是很清楚。

　　其实，现今的老师都有亟待挖掘的潜能。一方面，关于如何帮助学生学习，他们有很多信息和专业能力；另一方面，关于如何帮这些学生营造舒心的环境学习，他们了解得不多。学校辅导员只需提一点点建议就能帮助受误导或不知情的老师问候学生，仔细问学生是不是需要什么帮忙，或者如果学生看上去心事重重是不是先别管他，随后再找机会慢慢来。

　　对需要帮助的学生，学校辅导员帮老师改变他们的看法之后，师生互动就会有所改观，而且也给学生带来机会，这才真正落实了有所不同，实现了差异化。

允许态度"温和"

现实中存在这样的可能，你所在学校的老师可能需要行政层面的许可才能做到有更多的同情心，足够开放、灵活地构建与学生的关系。比如，当我鼓励老师们参与进来，开放、灵活地对待学生，问学生需要从老师这边得到什么帮助时，老师们感到惊讶。毕竟，这是他们的课堂，他们掌控着课堂，担心这样有失权威与声望，担心态度"温和"——他们认为我的请求对他们来说属于温和方式——会导致学生表现不好和品行不端。

有一次，我在一个教职工会议上谈论起对学生使用焦点解决方案，还真的遇到了这种文化氛围。有位老师说："如果我开始问学生他们需要我提供什么帮助，这样等于让自己变得更容易受伤。"她很诚实。这时校长站起来，看着所有老师说："如果我们无法真诚，无法对我们的学生敞开胸怀，无法同情他们，那么谁会这么做呢？我们许多学生的父母都做不到。但是，我支持你们这么做。"

我看到勇敢提问的这位老师害怕她下一步要做的事。大多数教师培训项目没有给老师提供解决问题的技能，提高他们的能力去有效解决学生存在的个人困难或精神健康问题。更可悲的是，学生每天都带着希望看着老师，希望在事情变得艰难的时候可以向老师求助。正是由于他们的老师缺少处理困难议题的技能或缺少参与的信心，学生没能与老师产生很好的联结，因而导致学生的不良行为。

每次教职工会议花15分钟训练教职工开展一个焦点解决方案的谈话，或者讨论某位老师使用这个方法和学生交流获得成功的案例，让老师掌握这个工具，获得鼓励和信心，相信每位教职工每天都会开心地用上焦点解决方案。而当他们的学生开始以不同的方式回应后，家长会变得更积极，老师处理各种情境时也会感到更自信更可控，课堂管理必将得到快速改善。

帮助老师拥有美好的感受

彼特森老师主动来我的私人办公室做个人心理辅导，因为她对"侮辱人、引起混乱、破坏她课堂的学生"感到厌倦。她说教学这么多年从未发现如此刁难的学生。我们一起探索她觉得自己在学校感觉不错的各种时刻，她跟我汇报说在那些"她拼命工作让课堂变得有趣"的日子里，她的学生是听话的。接着她看着我说："天啊，你觉得我需要每天都这么做吗？"答案不言而喻。没错，确实需要更多的付出。想想现在有这么多的事物跟我们竞争：让孩子们觉得自己"身临其境"的电子游戏，电视节目、电影、音乐——这些对年轻、有想象力的头脑而言有趣的事情。现在要赢得学生的注意力并不容易。

我让彼特森老师当天晚上回家后翻阅她的课程计划，把看上去会比较有趣成功的讲座、活动、作业和阅读材料标出来。下一周她过来告诉我，一周5天当中有3天很不错，学生能够配合，捣乱的很少。她说她意识到一天的时间与注意力持续的时间以及配合有关系。比如，学生在她下午的课堂中捣乱的最多，所以她意识到应该先让学生看一部电影，然后根据学生的理解进行一个有趣的讨论，这会让学生静下来，保持注意力。我表扬了她的领悟力，并让她做更多在管理学生方面起作用的事，到她的学生里寻找答案。

打破思维定式的快乐

我当高中心理辅导员的第一年，经历了惨痛教训才学会不能事先没沟通就直接到老师的班级。某位学生来我的办公室说他觉得有位老师很不公平，不允许他退出她的跳级班。由于安排错误，他来了这个班，但他想去另外一个班，这样他就能通过考试。这是秋季学期，他正好参加足球队。在得克萨斯州，课程没通过意味着在接下来的9周都得学习直到每门课都通过。这位小伙子是个明星运动员，而且现在是学期初，我当时非常乐观而且也相当天真，我跟他说也许我们一起去跟老师说这件事，她可能会答应让他变换班级。于是我建议学生一起去她的班级。

因为我刚来这所学校，所以跟老师打招呼后自我介绍了一下，然后向老师求助，这让她大吃一惊。我说吉米想转班，因为他觉得自己没能跟上这个班同学的进度。她看着我，非常大声地说："你为什么到这里来？我从没见过辅导员像你这样来到我的教室。他得醒醒，上课时更得保持清醒，只要完成作业就能通过这门课。再见！"老师在过道跟我说话，我注意到学生本来站在我旁边，现在往后退，脸上露出惊恐的表情。后来在办公室，我跟某位同事说了这件事，同事微笑着猜出这位老师是谁。"她对自己的课程非常认真。这位学生不会得到退课批准的。"

这位学生确实最终还是留在她的班级，最后勉强通过这门课。一周后，老师来到我的办公室，对于我请她关注学生更好的表现这件事，她表示非常生气，尽管她知道这位学生正努力学她的这门课。我突然明白，我需要找一种方式来应对她严厉又坚定的言语。所以，我坚定地跟她说由于她太过严厉，这位学生在她的班上还是学得困难。他需要一些鼓励，除非他受到鼓励，不然他肯定不能表现得让她满意。她若有所思地离开办公室。

又一周后，她让我参加一个家长会，学生的爸爸也参加。我不仅为此感到惊讶，而且对于她开始支持我的努力也感到吃惊。这对我来说是一个大教训，我也因此记住我的校园辅导对象不仅是学生，也包括老师。通过走进老师的世界观，我尽最大的努力以她的言语方式与她沟通，她从某种程度上视我为她的同盟，然后开始配合我的工作。尽管我们从来都没有成为亲近的朋友，但我们开始尊重对方。

年级越高，阻碍越大

学校心理辅导员肩负着很多责任，而且没有哪个地方比中学更明显。经历了和这位中学老师的接触之后，我跟校长见面，校长告诉我向高中老师求助得小心

点。他说："他们不是特别好说话，因为他们的任务很多，你也必须照顾他们的需求。你不能径直到教室，让他们再做一件事。"我一直记着这些话，直至今天，每当我到学校跟校园辅导对象会谈，我总是感谢老师们的时间，问他们需要什么，告诉他们我也记着他们的兴趣点，他们不用迁就我，而是我来适应他们的日程安排。

有了这样的经验，我也懂得了需要找某种方式跟老师合作，从而保证事情有效进展。第一个多事之秋后，我可以诚实地说通过学习焦点解决方案并勇于运用，我确实学会了合作，跟他人的合作。每当去某位老师的班级或和某位感到沮丧的老师会面，我都会提醒自己，必须做到以下几点。

1. 步入老师的世界观，配合他们，注意他们的表达方式。
2. 让老师知道我不仅给学生做心理辅导，也关照着老师的需求。
3. 问老师对于班级和学生的最佳希望是什么。
4. 在学生面前，保持非常尊重老师的姿态。
5. 确保加入学生会谈时，给老师和学生的任务是平等的。

下个学期，不管什么时候，需要老师观察学生做得更好一些的时刻，我都会采取这些指导方针：先跟老师见面，了解老师，表扬老师的教学，并告诉老师我不仅给学生做辅导，而且我也会关照老师的需求。我会跟老师分享我与学生的会谈，帮他实现理想班级的想法。我养成了以下这样的习惯：

1. 老师发电子邮件请求我跟某位学生会谈，我会回复并感谢老师发邮件。
2. 给老师写感谢字条，感谢老师的付出。
3. 联系答应几天后和某位学生会面的老师。

采用焦点解决方案，在高中做心理辅导的这一年末，我重建了自己的声誉：从一开始让老师关注管用的（我仍然这么做，只是方式有所不同）到采用独特的方式与师生沟通、解决问题，最重要的是我也站在他们这一边。

协助老师帮助天赋型学生获得成功

　　有另外一类常被转交给学校辅导员的学生，有时最令辅导员感到困惑。下面的这个故事是许多老师会描述的最大绝望之一：聪明的学生"不好好表现"。

　　肖恩的爸爸是单亲家长，他带15岁的儿子来做心理辅导，肖恩一月份的成绩报告单写着由于课程没通过，他落下4学分。肖恩显得害羞，彬彬有礼又有点怯生，我问他想聊什么，他没怎么开口。大部分时间都是爸爸在说话，爸爸还说觉得肖恩可能有注意力缺乏症。他说儿子喜欢阅读，经常放学后待在自己的房间读好几个小时的书，但需要做作业时，他很难保持足够的注意力来完成作业。他断定只要我给他儿子开药，学校的问题就会消失。我告诉爸爸我不是"那种大夫"（我不是医生），不过我有些办法帮助他儿子，爸爸有点失望但还是同意继续聊。

　　肖恩和爸爸先制定目标，即肖恩通过课程，并开始为毕业积累学分，之后我开始问肖恩和爸爸一些关于发现"例外"的问题。

琳达：跟我说说以往肖恩比较轻松就能完成作业的时刻。

爸爸：这简单，肖恩念小学的时候。事实上，念中学之前他一直在光荣榜上。他每年的州能力测试都考很高的分数。

琳达：肖恩，你那时为什么更容易完成作业，是有什么不一样的情况吗？

肖恩：我不知道。

爸爸：我知道。那时候的老师们都很棒。他现在的老师只教能力测试。他们没有真正关心孩子。我对这个州的学校体系厌烦了。

琳达：那么，肖恩，如果你可以按自己的方式来，需要做些什么让事情好转呢？

肖恩：我真的不知道。可能是课程更有趣吧。

　　谈话进展到现在都没怎么谈开，我开始想是不是肖恩爸爸对学校的描述影响了肖恩的动力。但因为我们的会谈聚焦解决方案，我没直接说出这个担忧，而是继续让肖恩和爸爸挖掘例外。会谈结束时，我很怀疑爸爸说的注意力缺乏症妨碍肖恩学业成功。毕竟，肖恩上中学之前都很成功，他能够专注地阅读历史长卷和科学书，而且在他的一些课程上，也能完成更有挑战的项目和文章。但我需要发现更多的"例外"，而且这些信息只有学校才能提供，所以我让肖恩的爸爸帮我签一个许可书来联系肖恩的学校，跟学校心理辅导员谈话，以及尽可能多召集一些老师开会。

　　跟肖恩的学校辅导员谈过之后，我请她安排肖恩的老师和我会谈，我确保老师的时间方便，而且我只需占用大家15分钟的时间。我知道高中老师都很忙，所以对他们宝贵的时间表示尊重。我也请肖恩参加这次会谈，但不是一开始就参加，而是让他在大厅等我找他再加入会谈。

　　那天早上跟我会谈的3位老师很好奇我这么一个外来者来学校。我介绍自己是肖恩的心理治疗师，很想了解肖恩在他们的课堂什么时候表现得稍微好些。我跟老师们解释我想关注肖恩成功的时刻而不是表现不好的时候。老师们马上查阅成绩簿，几分钟后各自描述肖恩的情况，有些描述令我感到惊讶。

英语老师：　他是我英语课上见过的最聪明的学生之一。有些材料我没能读明白，他读懂了。他提出的话题其他学生没法参与讨论。书面作业他完成得更好些，富有创意。他能够真正地写作。我们讨论小说时，他很有见解，能够说出非常深邃的想法。就是遇到学生捣乱时，他好像有些不知所措。这时我会看到他把书盖起来，将脑袋埋到书桌上。

生物老师：　我看了他的作业成绩，10项作业他只交两项，但

他的生物课考试成绩却是100分。我知道他很聪明。我真的喜欢他在我的课上。他从不捣乱，总是很有礼貌。我真想知道如何让他交作业。我问过他这个作业该怎么办，他承诺完成作业，但从来没完成。

计算机老师：我是他的计算机老师，过去他常坐在教室后面，直到昨天，我让他挪到前面的位置。我的课程没有作业，只有一些日常任务。上周我发现他在教室后面上网，所以让他挪到前面来。自从他坐到前面就开始完成任务了。

这次会谈信息丰富，而且令人激动。我辅导的是一位聪明、睿智但感到无聊的学生。老师们赞成如果他能完成作业，是可以到高级班学习的，但如果不付出努力也没法推荐他。我决定这个时候让肖恩加入会谈。

我请肖恩加入和老师们的会谈，他看上去很害怕。他等我的时候，学校心理辅导员一直跟他聊如何恢复学分。他看上去像是正要面对行刑队，不知等待他的是什么。

琳达：肖恩，刚才我一直跟老师们聊你的情况。我很受触动，而且也了解到他们很欣赏你。你知道你的老师怎么看你吗？

肖恩：不知道。

琳达：那么我让他们告诉你。

老师们再次表扬肖恩学业方面的成功，而且他们认为肖恩有很大的潜能。他们说如果肖恩需要的话，他们很乐意帮忙，包括布置一些更有挑战的作业。老师们这样说话，肖恩开始微笑，而且在简短的会议期间都满脸笑意。会议快结束时，我问肖恩的英语老师如果肖恩这学期能够提升成绩，她是否愿意推荐肖恩到跳级班英语3上课，老师答应了。肖恩再次难以置信地看着我。

那天离开学校之前，我问肖恩觉得这次会议如何，他说："我一点都不知道老师们那样看我。我不知该说什么好了。"我们约好一周内在我的办公室见面，然后我问肖恩这时他觉得自己应该做点什么。他说："我能做的至少是开始为他们努力学习。"

　　一周后，我接到另一位老师的电话，他当时没能参加会谈，他说肖恩完成所有的作业，变得更有动力而且更专心。经过肖恩同意，我请学校辅导员转发这封电子邮件给肖恩的老师们。

敬爱的老师们：

　　感谢你们上周百忙之中来见我和肖恩·史密斯。关于肖恩的学校作业我还将继续关注。肖恩告诉我你们这么在乎他，他非常惊讶。他也说为了向你们表示感激，他计划这周在你们的课堂上更加努力听课、完成作业。请老师们注意他表现稍微好一点的时刻，如果方便也请你们跟肖恩说这些时刻。在你们关注这位未来跳级生的行动时，欢迎随时给我发邮件，跟我说说你们的想法。

你真诚的琳达·梅特卡夫

　　下一周的会谈，肖恩说上次和老师的会谈"很棒，感到惊喜，非常美妙"，这时他变得更爱说话一些，人也显得比较活泼。他说有一些课程他基本都能完成作业，说毕竟这是自己欠老师们的。我问他处在等级哪个位置：在一个1到10的等级，10意味着他充满动力完成作业，1表示他一点动力都没有，这也是我们第一次见面时他的情况。他说上次会谈自己处于"3"。我问他今天在哪个位置，他说"我现在处于8"。

　　诸如肖恩这样，和老师们会谈的时间不用太长，但要保证高效，并且让大家关注例外。会谈的目标通常是行为转变或提升学业。因此，学校辅导员的角色变成帮大家描述目标，并花时间辨认例外。与肖恩的老师的会谈中，我们讨论了肖恩的优点和例外，而且作为奖励，让肖恩进入跳级班，这看起来很有逻辑性。如果大家纠结于肖恩这么有能力为什么不好好表现，那么这个会谈大不一样，很可能是肖恩会后比他会前感觉更糟糕，而且老师们可能更没法帮助他。但是会谈聚焦解决方案，对于每个人而言，一切皆有可能。

不要针锋相对

当人们被指责做错事时，他们经常变得有所防御，而且回应有时变成指责另外的人。学生，尤其是青少年，经常对别人（家长或老师）的期待感到失望，并且回应常常带着防御。

以下的想法是迈克尔·杜兰特在《学校问题的创意策略》中建议的，帮助学校辅导员辅导某位觉得自己"受迫害"的学生或老师。

1.当学生或老师抱怨或寻求正义时，和他们形成同盟，这将减轻抵制。试着说：

"经常听斯科特老师这么说你肯定非常不好过吧；难怪你想让事情变好些。在他的课堂，你怎么知道你的情况好转？这个时候我会看到你在做什么？"

2.假定学生或老师的论点有效，而且说这样的论点只是自我防御，而不是试着打败某人，这样的假定会让学生或老师的视角变得"正常"：

"我很理解你为什么这么伤心，你妈妈为什么担心。你能跟我说说你觉得自己没这么伤心的时刻吗？这些时刻你都做了什么来帮你保持冷静，而不是被'这个问题'困扰？"

3.大声地说出什么样的新表现可能改变"指责者"对学生的看法，这将停止指责，让学生负起责任。

"我想着在不久的将来斯科特老师会看到你正在做什么真正改变了他对你的看法？我觉得他没有真正看到我今天会面的你。你好像非常担心上学。你认为自己得做什么才能让斯科特老师不紧盯你不放？你之前让老师放心过吗？你是怎么做到的？"

4.假定学生在其他相似的情境完成一个相似的任务，这会鼓励他或她再次成功：

"这是这一学年我第一次和你见面，并且你告诉我自己知道如何让老师在比较长的时间开心。你是怎么做到的？其他老师说过你在他们课上什么样的表现是好的吗？根据你刚才跟我描述的，要不你在斯科特老师的课上先试几天，看看这样他是不是就不再紧盯你不放？"

如果老师或学生不自我转变呢

先前的问题随着师生会谈并讨论各自需求，因此把转变的责任放在学生和老师身上。然而，虽然我们总希望老师能配合，但事情不一定如我们所愿。可能某位老师只想让学生转变，但忽略尝试不同的方式。我承认焦点解决方案大多数时候是有效果的，尤其是慢慢推进这个方法的时候，老师也以此获得了她想要的课堂。但我还是得说仍有些老师抵制尝试一些新方式。没关系，如果是这种情况，以下的问题既实际又有帮助。

"如果另外一个人没有转变怎么办？"

"你是怎么做到适应并度过这个情境、班级或困境的？"

"之前没人帮你时，你是怎么渡过难关的？"

"你还做了什么别的事？还有什么别的你想说的吗？"

看看这些问题如何引出辅导对象的专业才能，寻求例外。以下对话在探索心理辅导对象没发生转变的原因及后果，原因可能是解决方案没包含学生想要的（比如更换老师或让家长参与），但它通过询问学生自己能做些什么，因而在未来的互动中可能让其他人发生转变，开启了一些转变的可能性。

辅导员：杰克，你为什么来这里呀？

杰　克：西蒙老师又把我从代数课踢了出来。那个蠢人！

辅导员：真的啊！发生了什么事？

杰　克：他每次都这么做。他不在教室的时候，全班同学都在说话、打闹。等他回来，他会对谁吼叫，并把这个人赶出去？没有别人，就是我。他说就我这成绩没资格胡闹。他让我在全班同学们面前很难堪。我希望可以有那么几次让他难堪。我不想回那个班级。

辅导员：嗯。那你打算做什么呢？（带着好奇）

杰　克：我不知道，他就是很蠢。他第一天就决定看我不顺眼，现在只要有机会他就整我。他应该退休了。他年纪这么大教不了书。

辅导员：我猜你是觉得他太老了没法转变，对吧？

杰　克：你这是开玩笑吗？他老得生锈了。如果他尝试转变的话，关节肯定咔哒响。

辅导员：你可能说得没错，他难以转变。他可能已经固定了自己的方式。那么，如果他不可能转变，你会做些什么？（接受他的框架，问假设性的解决方案，预先认定他会做点什么）

杰　克：我的代数可能会不及格。

辅导员：噢，然后你还会重修？

杰　克：对啊，但我不能这么做。我爸妈肯定会很生气。

辅导员：是啊，不能这样。如果不让刚才说的事发生，你打算做什么？（预先认定他将会解决问题）

杰　克：我猜我得忍受这一切，然后在西蒙的课堂上不说话。

辅导员：这个管用吗？

杰　克：不，他还是会找我麻烦。

辅导员：他会说想让你做什么吗？（假设性解决方案，为他人汇报）

杰　克：西蒙吗？他可能会说他想让我在课堂上"配合"。

辅导员：你认为，如果按照他的思维方式，你配合的迹象是什么？（假

　　设性解决方案，为他人汇报）

杰　克：但我就是一个配合的人。

辅导员：那么按西蒙先生的眼光来看，你得怎么做才算是"配合的"？

杰　克：我猜他会说我不要他一转身就胡闹。

辅导员：那你就不要这么做。相反，你会做什么？（引导一个积极的表现，一个定义好的目标而不是协商）

杰　克：我猜我会做功课或至少闭嘴不说话。对，他可能会说他希望我能够多主动回答问题。（进一步的描述）

　　在这个对话中，大家有没有注意到对于杰克希望西蒙老师不要再把他赶出教室的愿望，辅导员表示尊重。这跟站在老师这边的立场很不一样。

辅导员：这些是西蒙先生会说的？

杰　克：没错。

　　暂且不提供一个解决方案，先跟杰克结成同盟，如此辅导员引导杰克得出一个结论，他必须负起责任来帮西蒙先生转变。结果呢？一名学生发现自己只要在课堂上好好表现就可实现不被老师赶出教室的个人目标。

　　对于这部分我想添加的一点建议是会谈后，经过杰克同意，发送一封电子邮件给西蒙先生，内容如下：

西蒙先生：

　　我今天和杰克谈话，讨论了你们的担忧。他有一些想法可以尝试，这样在你课堂的表现就能提升。请注意接下来几天他可能作出的尝试。

　　谢谢！

琳达·梅特卡夫

要是老师现在就想让学生转变呢

有学生可能随时被转交辅导，但最后问题解决了！思考以下对话。

琼斯老师：我需要您跟苏珊妮见面。她这一
周在我的课堂上不断破坏课堂纪
律，班级其他同学一直在看她，
很难集中注意力。需要您跟她谈
谈，看看出了什么问题。

辅导员：好的，我下午和她见面。您离开
前，我想问一些事情。您提及苏珊妮这周特别捣乱。过去
的几个月她的情况怎么样？是不是也一样调皮捣蛋？

琼斯老师：嗯，她也爱不停说话——你知道八年级的女生是什么样的。
她有一些朋友，就是不能闭上嘴。

辅导员：那么，这意思是不是她学年初期有所不同，不这样捣乱？

琼斯老师：可能吧。我记得我们两个月前学习一个关于莎士比亚的单
元。她真的喜欢《罗密欧与朱丽叶》。那个时候，她会跟
我沟通，而且很好地参与课堂活动。

辅导员：好的。您注意到苏珊妮还有什么时候没干扰课堂，并参与
课堂活动？

琼斯老师：她一直做得不错，直到两周前。之后就越来越这样了。

辅导员：捣乱吗？

琼斯老师：是的。

辅导员：好的。今天下午，以及这周剩下的时间，您会为苏珊妮做
点什么吗？以此看看她和我如何一起努力解决破坏课堂纪
律的问题。

琼斯老师：当然啦！

辅导员：给您一份教师转交学生表。如果可以，请您关注苏珊妮克
制自己不捣乱的时刻。我想让您寻找她能够让自己不受干

扰、保持注意力集中的时刻。您明天下午如果能把表格放
到我的信箱，我将非常感激，便于我协助您。

这个对话再次展示对老师的支持与共情，然后快速转变到请老师做点
什么不一样的事。一旦知道辅导员是同盟，老师一般心里就会放下防御。
上述这个案例，老师后来没把苏珊妮转交给我辅导。相反，后来我找老师
聊了聊，问她事情进展如何，老师说："我不知道发生了什么，但她现在
表现很好。"

以不同的方式记录成绩

老师们每周可以使用等级问题做一些简单的心理干预，让学生充满动
力。之前当过学校心理辅导员的艾伦·博摩尔简化了等级问题，方便老师
们使用。她把一个等级复制在小卡片上（见下面示例），然后把卡片交给
有转交生的老师，跟老师和学生解释1代表问题占上风，控制了学生，10
代表学生能够自己控制问题。她建议老师和学生一周合作一次（他们自己
选择哪一天合作）讨论学生进展的方向，评判学生的行为、分数以及在学
校学习、参加活动的程度。卡片的便捷鼓励师生参与，因为大家只需在一
个数字上画圈，并注意事情进展。所有老师只需问：

"你认为今天自己在哪里？"
"你是怎么从这里挪到这里的？"

老师：＿＿＿＿ 班级：＿＿＿＿ 年级：＿＿＿＿
学生：第＿＿＿周
1　2　3　4　5　6　7　8　9　10
问题占上风控制了学生　　　　　学生能够自己控制问题

如果学生一周做得好，下一周又退步，问题不要变成"这周出了什么问题？"，相反，问题变成"你上周都做了什么这周忘了做？"。保持焦点解决方案的思维方式意味着聚焦成功时刻，不管这些成功在别人看来有多么微不足道。

找对方法终结抵制

当人们遭到反对、指责、错怪或拒绝的时候，有些人开始抵制。在学校，同样因各种体系因素引发老师、学生或家长的抵制。多年观察处于校园环境的老师、学生和家长之后，我注意到，当我们不太尊重对方的观点又没邀请他们参与时，很容易产生抵制。

斯蒂芬的母亲多次发现自己16岁的孩子喝醉酒后，主动把孩子送进心理科医院，母亲本人也在努力克服酒精问题。我每周给斯蒂芬做心理辅导，然后我们一起关注他在学校的成绩（非常出色），以及他参加单元小组活动的情况。有一周在治疗团，大家一般聚在这里讨论诊断和进展，我听着根据他们的诊断斯蒂芬还需要做什么，在听了一长串的抱怨和病理描述后，我问治疗团，斯特芬最近哪些地方做得好。

护士长有点猝不及防，回复说斯蒂芬"从未做好事情，事实上，他吐痰，他没去参加匿名戒酒会而是去体操房，很少参与小组活动"。我已经用了各种方式重复问这个问题好几遍，所以现在决定采用一个不同的方式与护士长沟通。我跟护士长说，毫无疑问她在这个团队是最有观察力的，因为她看到斯特芬这么多表现不好的地方。然后我让她为我做一点事："下周注意观察斯蒂芬表现好的时刻，然后告诉他。"她安静地回应自己会试试，但对能发现什么不同表示怀疑。不过，治疗团会谈结束后，她转向我说：

"我忽然想起来，今天早上他在小组活动中表现得非常好。正好来了个新病人，斯蒂芬有点关照新病人的意思，给他拿了把椅子。"

听了这句话，我非常隆重地感谢这位护士长，说她的观察能力特别棒，请她继续这样观察斯蒂芬。然后我发现我的辅导对象也开始表现更好。有一次我问斯蒂芬，他的行为等级提升得非常好，他是怎么做到的。他说护士长跟他有了更多的交谈，而且有时还表扬他。

准备好：会有很多困惑的表情

就像老师需要时间和耐心来理解焦点解决方案，学生也需要时间相信自己的能力。听到有人夸他们做得好而不是责备他们，这对学生而言是个不同寻常的经历（而且是非常愉悦的经历）。如果反复告诉某位高一学生他在英语课上的回答非常有趣，然而其他老师却觉得这学生很烦人，那么他脸上可能出现困惑的表情。当英语老师表扬他的幽默及有深度的评价时，学生就会想老师想做什么，师生关系随之发生转变。

尽管如此，一些校园辅导对象一心关注问题，非常不愿意注意问题的例外情境。我们要坚持应用焦点解决方案的基础方法，但没有什么是百分之百完美的，有时需要采用不同途径来应对那些非常消极看待问题的人。如果遇到这样的情况，学校辅导员可以配合辅导对象先关注问题本身（即和辅导对象一起先消极地看待问题），因为这是辅导对象当前的世界观，这时可以提问：

"这听起来很糟糕。最糟的是哪个时刻？"

"隔天如何变得好一点？"

"我可能见到你做些什么？"

"其他人注意到你做些什么了吗？"

校园辅导对象会感激辅导员这样配合他们，因为他们觉得有人聆听自己，自己做的事情有效。焦点解决方案是积极的处理方式，但不仅是表扬和谈论例外，还要从情感上和精神上都与校园辅导对象联结，一旦有了这样的联结，尤其是师生之间，那么引导师生前往例外之旅会更加令人愉快且富有成效。

80公里和25年

我想分享和某位高中老师的谈话，当时我在这所高中当学校心理辅导员。这个谈话是我最喜爱的谈话之一。在我们谈话之前，老师已经试过几种策略来应对某位高三学生，用她的话说"这个学生一直在找我的麻烦"。这位老师任教25年，不仅资深而且尽职，她告诉我自己每天开车80公里来这所高中上课，常为这样的勤奋感到自豪。因此，当某位学生时不时对她不敬时，她感到沮丧、愤怒，很受伤。在我任职的高中，有些老师对我的工作方式感到有点困惑，她就是其中一位老师。所以那天她走进来说："好，我现在有个转交生给您。"

我知道我要迎接挑战了！下面是我们的对话。

● 第一步：最佳希望

琳达：您和这位学生已经经历了很多。跟我说说，我们现在谈论哪些对您有帮助？

老师：我想你指导我下一步该做什么吧。昨天发生了另外一件事。我站在过道跟一位老师说话，这个学生偷偷溜到我背后，在我的脑袋后面挥舞"兔子耳朵"。这是最后一根稻草。

琳达：我知道。他这么做对你而言就像什么？

老师：实话说，我觉得挺受伤的。这是羞辱人的行为。

琳达：我在想他知道这一点吗？

老师：可能知道吧。他没良心。

● 第二步：设计更好的未来

琳达：您看您已经尝试许多方法了。事实上，我很少见到一位老师像
　　　您这样对学生如此尽职。现在您想努力改变一个境况。如果您
　　　可以按自己的方式改变这个境况，您希望看到自己和这个学生
　　　之间发生什么？

老师：尊重。我想让他尊重我。

琳达：他尊重您看起来应该是什么样？

老师：我想应该是他能听我的话，不再消极回应。

● 第三步：例外

琳达：这听起来对您非常重要。跟我说说，在过去，当有人伤了您的
　　　情感时，比如您的朋友、亲戚或同事，您会做些什么让他们听
　　　您说？

老师：事实上我非常直接，就跟他们说他们伤了我的情感。

琳达：您是怎么做的？

老师：我会变得非常安静、严肃，然后就告诉他们。有时觉得尴尬，
　　　我就私下说。

● 最后：谈话是这样结束的

琳达：既然您尝试所有方法来管教这名学生，我想鼓励您跟学生说他
　　　是怎么伤到您的情感，就像您直接跟朋友、亲戚或同事说明事
　　　由一样。

老师：您是说告诉学生，他伤到我的情感吗？

琳达：对的，就像您跟其他人说的一样。

老师：我觉得我们不该在学生面前表现得这么脆弱。

琳达：嗯，有些人会这么想，但您看起来是那种可以处理好一切的老

师。毕竟，您过来告诉我这个故事，也告诉我您是可以应对脆弱的。

老师：我想我可以试试。我真的不知道可以这样。

我们告别。老师开始上课。一个半小时后，下课了，这位老师几乎跑着来到我的办公室，气喘吁吁地跟我说尝试后的效果。

老师：管用了！管用了！

琳达：好的，是怎么管用的呢？

老师：上课前，我让这名学生来过道，那里安静且不受干扰。我告诉他昨天他在我脑袋后面挥舞兔子耳朵时，我感到很受伤。我告诉学生他的不敬也真的伤到我。我告诉他自己每天开车80公里来这里教课是因为我爱我的学生。您知道他做了什么？

琳达：什么呀？

老师：他垂下头，盯着自己的鞋子，而且我发誓那男孩开始哭了起来。我们回到教室后，整节课他都没跟我说一句话。事实上，他成了一位模范生。但谁知道这样的状态是否会持续下去？

琳达：谁知道呢？但是，您知道吗？您不仅做了一些不一样的事情，还做了一些之前对您来说管用的事。这是非常睿智的。

老师：我想是该做一些不一样的事了。

随着学期时间的流逝，老师又来访好几次，她每次都跟我表明她的课堂进展得非常好，她和那位学生也相处得很好。但每次她都担忧地说："这样的状态也可能不会持续。"每次我都回复说："谁知道呢，但不管您做什么，到目前为止都是管用的，所以继续做！"

这个故事非常令人喜欢的地方，是当我刚刚应聘到这所高中当心理辅导员的时候，这位老师对我的方法表示怀疑、挑剔，她一度批评我说的到

课堂观察学生表现更好的时刻。然而，随着时间的推移，她成了一位好朋友，结交了不少学生让我辅导。她这一学年也过得很好。从教25年，她值得这份美好。她只是需要有人注意她的品质，就像学生对她的认可。

小　结

不管通过什么方式，比如电子邮件、字条、卡片，甚至在教职工会议上偶尔颁发一次"焦点解决方案奖"，让老师们知道他们多么有价值，那么你改变的不仅是他们的态度。某一个人在体系中发生转变而产生的涟漪效应非常宝贵。要让老师们知道你不仅给学生做心理辅导，而且也配合协助他们的工作，他们可以按自己想要的方式教学。老师跟你每天会面的学生和家长一样都是你的辅导对象。当老师向你求助时，让他们使用焦点解决方案，这样将帮助他们迅速成长！他们将变得独立、有能力，他们的学生将受益。甚至你还会发现自己每天的压力在减轻，这一天过得更愉快，你值得拥有这样的感受。

亲爱的引路人小姐：

我想感谢您协助我辅导学生。在学生的赞同下，我将一直告诉您她的进展。我知道您是一位尽心尽力的老师，参加很多活动。感谢您在过道跟我谈话。作为这所学校的心理辅导员，我的目标是满足您和学生在课堂上的需求。

我期待有更多机会与您共事，助您成为理想中的老师。

一位特别的学校辅导员

—— 焦点解决方案培训练习 ——

　　和老师、学生分别交流，这对你辅导学生的工作将产生直接影响。辅导学生时采用焦点解决方案的体系化更高效、更省时。

　　写下你所在学校老师名字的首写字母（出于隐私的考虑），这位老师正面临挑战，可能影响你正在辅导的学生。按下面的提示填空。

　　姓名首写字母＿＿＿＿＿＿＿＿＿＿＿＿

你会关心老师的什么特征?

＿＿＿＿＿＿＿＿＿＿＿＿＿＿＿＿＿＿＿＿＿＿＿＿＿＿＿＿＿

当前对这位老师采用的策略是：

＿＿＿＿＿＿＿＿＿＿＿＿＿＿＿＿＿＿＿＿＿＿＿＿＿＿＿＿＿

＿＿＿＿＿＿＿＿＿＿＿＿＿＿＿＿＿＿＿＿＿＿＿＿＿＿＿＿＿

策略奏效吗?（在以下答案上画圈）

是的/不管用/有时奏效

其他同事做了什么赢得老师的注意或配合?

＿＿＿＿＿＿＿＿＿＿＿＿＿＿＿＿＿＿＿＿＿＿＿＿＿＿＿＿＿

＿＿＿＿＿＿＿＿＿＿＿＿＿＿＿＿＿＿＿＿＿＿＿＿＿＿＿＿＿

当老师来找你或你自己去找老师时，老师的语言是什么样的：批判的、沮丧的、无助的、线性思维或别的特征?

＿＿＿＿＿＿＿＿＿＿＿＿＿＿＿＿＿＿＿＿＿＿＿＿＿＿＿＿＿

＿＿＿＿＿＿＿＿＿＿＿＿＿＿＿＿＿＿＿＿＿＿＿＿＿＿＿＿＿

＿＿＿＿＿＿＿＿＿＿＿＿＿＿＿＿＿＿＿＿＿＿＿＿＿＿＿＿＿

老师会说她或他从你这里需要什么?

_____

_____

老师的需求满足之后，这将如何帮到老师?

_____

_____

通过使用他或她的语言以及其他人成功地接近他或她的方式，你将做什么开始帮老师实现目标，而且老师对你的帮助也表示认可?

_____

"一周结束之前，写一张简短的字条"，把字条放在老师的学校信箱，如此老师隔天就能收到这张字条。

第五章　焦点解决方案的奇迹问题

假设今晚你睡觉时做梦有一个奇迹发生了，第二天当你走进学校时，告诉你真的发生了一件奇迹的事，你希望是什么事？

"作为学校心理辅导员，你一直想做的事情是什么？"

"奇迹发生的这一天老师们会注意到你什么？学生们会注意到你什么？"

"如果大家都注意到了，这对他们而言有什么不同？当你拥有不一样的一天时，对你而言有什么不同的意义？"

我用这些问题开启这一章，是因为我知道作为学校辅导员你有很多责任，希望你的每一天都能体验到通过焦点解决方案产生思维转变的力量。我们往往容易忽略事情不是特别棘手的日子，但其实你应当更多地关注和留意你做了什么事帮学生和老师发生转变，让焦点解决方案的运用更自如更得心应手，效果将会成倍增长。

奇迹问题是焦点解决方案整个过程中非常关键的一部分。每当我问这个奇迹问题，校园辅导对象的答案常常是我从未想过的，这总是让我感到吃惊！这就是奇迹问题背后的魔力。这个问题的答案一般是辅导对象内心的渴望。不管是老师、学生还是家长，这个问题的答案让心理辅导员稍微了解对于辅导对象而言什么将产生不同。当你帮辅导对象获得非常清晰的奇迹画面时，你也就出发，朝解决方案飞奔过去。本章谈及奇迹问题许多不同寻常、独特的应用，你也能成为奇迹问题的专家。

奇迹问题与不想去上学

以下案例展示了奇迹问题的另一个版本。

有位高二学生成绩非常差，陷入药物滥用、心理治疗、逃学和悲惨的家庭生活这样的困境。16岁的特拉维斯整个秋季学期大部分时间都逃学。

他一般一天4节课只上一节，只要他出勤的课程分数很高。午餐时间，他到自己的卡车里喝酒。某位心理医师给他做了好几次诊断，认为他患有抑郁症及双相情感障碍。他的药物治疗断断续续，有时吃太多药而整节课都在睡觉。

某个早上，特拉维斯来上学了，副校长让我跟特拉维斯和他父亲会谈。我从父亲这边很快了解到他跟特拉维斯的母亲离婚了，而且母亲基本不管他。父亲是在特拉维斯面前说的这番话，我注意到当父亲继续描述母亲滥用药物而且"一点用处都没有"的时候，特拉维斯看上去非常悲伤。特拉维斯接着说，这一学年刚开始的时候他参加了棒球队，后来队员发现他母亲的问题，他感到非常尴尬，所以就退出棒球队。接下来别的一切似乎也开始走下坡路。

副校长想知道特拉维斯要如何处理他的学业，他说要退学去工作，"我的朋友年纪都比较大，我和他们的关系比较好"。他说自己没什么动力留在学校。

我开始和特拉维斯谈话，试着了解他。特拉维斯因为和爸爸相处得不太好，目前跟爷爷奶奶住一起。他告诉我在祖父母家里不需要守什么规矩，大部分时间他们都不管特拉维斯，但只要一开口就批评他，所以他基本上都独处。我思考着这位年轻人去哪里寻求支持呢？看上去似乎他需要一个奇迹。所以我问他这个"奇迹"问题：

假设晚上你睡觉时，梦到奇迹发生了。第二天早上你醒来时想："嘿，我今天可以去学校！"那么你在学校的这一天希望有什么不一样的地方告诉你奇迹真的实现了？

听到这个问题，在我们会谈期间，我第一次看到特拉维斯坐直身体，看上去饶有兴趣。接着我们谈话的方向跟先前完全不一样。

特拉维斯：我能确切地告诉你将会发生什么。我不用跟那些愚蠢的新
　　　　　生待在同一个班级。他们都太差劲。我是因为去年几门课

不及格所以才留在这个班级的，但他们真的太不成熟了。

琳　　达：还有什么呢？

特拉维斯：我会遇见更多像弗雷泽老师这样的老师。我总是去上她的课。她教的是心理学。我喜欢了解自己，还有大家对我的评价都是错误的。

琳　　达：关于弗雷泽老师，还有什么别的因素让你一直去上她的课？

特拉维斯：每次我走进教室，她都会朝我走来，说："特拉维斯，看到你来这里，我很开心。"然后她会拍拍我的肩膀，我就坐下来学习了。应该有更多像她这样的老师。

琳　　达：还有什么别的呢？

特拉维斯：我将会有朋友。我现在没朋友主要是因为我跟新生一起上课。

琳　　达：谢谢！你让我有了个主意。现在已经是12月，学期几乎要结束了，所以我们看看你下学期的安排，让安排变得更符合你的需求，我觉得这个主意不错。现在跟我来办公室，让我们弄清楚可以做些什么帮你让事情好转。

特拉维斯同意看他的课程安排，对于我这么乐意帮忙也感到惊奇。我给特拉维斯的课程安排做了一些变动，这样他可能遇见更多像弗雷泽老师这样的老师来多关注他。我也在他的同意下，安排他担任办公室助理，他可以和心理辅导部门的秘书一起做一些办公室文职工作，这样可以获得半个学分。我们有一些低年级和高年级的学生都在办公室当助手，他们也许可以和特拉维斯成为朋友。部门的秘书是大家的"祖母"，特拉维斯恰恰需要某位成年人关照他。

根据特拉维斯对奇迹问题的回应，我产生了这个想法，特拉维斯看似喜欢这样的安排。因为下周就进入假期前的最后一周，我让特拉维斯春季学期开始时，在他去上第一节课之前先来办公室找我。我仔细地跟他说："上第一节课的时候先不要自己去。你对我来说很重要，我想把你介绍给你的老师们，然后你再到班级里去。"接着我给他未来的老师发电子邮件，请他们在下学期第一天开学、上课之前过来开一个10分钟的会议。

春季学期的第一天早上，特拉维斯出现了，他的4位老师也来了，我把特拉维斯重新介绍给他的新老师。他的第一板块课程老师拍了拍特拉维斯的肩膀，欢迎他到她的教室来。开学前一天，我给特拉维斯的每位老师都发电子邮件，请老师们关照特拉维斯，每位老师都很积极地响应。

学期过了一周又一周，有时我在过道遇见特拉维斯，跟他打招呼，随后让他的某位老师交给他一张字条，上面写着："非常开心在学校看到你。"我安排特拉维斯帮忙的那位秘书很快成了他的"祖母"，把她的书桌让给特拉维斯当锁柜。特拉维斯很快跟在办公室帮忙的其他学生成为朋友。学期顺利进展。特拉维斯只有一天没来上学。

到了夏天，特拉维斯申请我们学区的跳级高中课程，结果被接受了。他在9个月里完成两年的高中课程，在班上以名列前茅的成绩毕业了，而且他写的一篇科幻小说文章还获奖。特拉维斯在那年的6月顺利毕业。

毕业后，他来看我，并带了一份大学奖学金申请表，说自己需要一个推荐人。"您可以当我的推荐人吗？"他问。我填了表格，然后有了以下的对话。

琳　达：你还记得吧，我跟你说过开设工作坊时我跟大家谈起了你。

特拉维斯：是的，您跟我说过。（微笑）

琳　达：我信任你的看法。跟我说说，如果你有机会告诉各地的教育工作者，你读高中时有些人为你做了什么让事情好转，你会跟他们说什么？

特拉维斯：我会告诉他们跟学生建立关系。有些孩子从来就没人关心过。让他们知道对于学生来说老师很重要，虽然学生有时没跟老师这么表露心意！

像特拉维斯这样的学生有着严重或悲剧性的问题，当他们来找我们辅导时常常需要一个奇迹。无家可归、移民担忧、被禁闭的父母、滥用药物、死亡、离婚、压抑、焦虑，所有这些都重重压在这些学生的心里，影响着他们的行动，我们许多人对于如何帮助他们感到困惑。一些好心的辅导员认为跟学生交谈就可以处理艰难情境。然而，当前的研究告诉我们，这样的对话会让学生重新受到伤害。相反，尊重学生希望讨论的内容可能更安全、更有敬意。神经科学家也发现，通过复述创伤性经历来处理问题，问题的一再描述只会加深大脑神经路线的裂缝，最终，如此反复重申问题让问题的解决变得更困难。奇迹问题常常可以帮我们把谈话引向学生的需求，以及他们希望从我们这里得到帮助。

奇迹问题原先是神经科学家因索·基姆·贝尔格创建的。故事是这样的：因索让辅导对象描述在自己未来的生活里不会有问题让她过来做心理治疗。这时辅导对象说："那得需要一个奇迹！"因索因此产生了一个想法。她觉得辅导对象的回应很独特、富有洞见，所以后来如果辅导对象不确定他们需要什么帮助，因索就开始问他们这个奇迹问题。近几年在伦敦开展的短期治疗法把这个奇迹问题改成"明日问题"，作为询问辅导对象想谈论什么内容的另一种方式。不管通过什么方式提出这个问题，奇迹问题后面的想法是寻求"更好的未来"或具体的当事情好转时辅导对象的世界看起来是什么样。为了得到一个更丰富、具体、细致的答案，辅导对象开始从视觉和情感上构建另一个可以在短时间内演绎的故事。

那么辅导孩子们的时候，帮他们确定他们想要发生的事情而不是帮他们指出问题所在，这样给他们机会选择更好的目的地，这么做是有意义的：就是这么一刻，想象一下奇迹对他们而言意味着什么。

我的奇迹是换一位"新"老师

穆罕默特是一名高中生,我有几位同事之前辅导过他,然后给他取了"爱发牢骚"的绰号。他是独生子,显然在家里有自己的声音,所以希望在学校也能这样。代数老师希望班里的学生安静、独立地完成作业,而穆罕默特似乎无法遵循老师的要求,他经常抱怨自己不想待在这个班级,然后就走出教室。当我跟他见面时,已经是期中了,这时给他换老师太晚了。于是我问了他关于奇迹的问题,他回答说奇迹就是詹金斯老师不要出现他的人生中。因为我没法帮他实现这个奇迹,所以我先问他这个奇迹会给他带来什么好处,他说:"这样他就不会一直批评我的作业,而且不断地给我爸妈打电话。"

穆罕默特的回答敏感而又重要。如果是聚焦问题的辅导员,可能会这样回应:"好吧,事情就是这样,你得学会处理。"好在焦点解决方案允许大家拥有梦想,听了这个奇迹对穆罕默特的益处之后,我们继续谈话。

琳　达:穆罕默特,我欣赏你的诚实。可是我没法把你带出詹金斯老师的班级,因为现在学期过半,已经过了申请转班的时间。不过,我们继续聊聊。假如詹金斯老师现在跟我们一起聊天,你觉得他会对你说今天你需要做什么他就不会批评你或给你爸妈打电话了?

穆罕默特:我不知道。可能是他正在板书、解释一个问题时,我不要说话。但是老师,你看吧,不管怎样他就是不喜欢我。

琳　达:好的。他还会说什么呢?

穆罕默特:应该是不要在他的课上打闹,完成作业并上交。

琳　达:这一学年我还没听到别的老师谈到你呢,现在已经是3月份了。其他课程你都表现不错吧?

穆罕默特:如果老师喜欢我,我就不会为难他们,我会试着在他们的课堂上表现好。

琳　达：怎么样你才能知道詹金斯老师喜欢你？

穆罕默特：如果我举手，他没有忽略我，而是叫我回答问题。而且不要批评我。

琳　达：我跟你说，我想让你和詹金斯老师明早上课前一起跟我聊15分钟左右。你现在开始注意詹金斯老师没有批评你的时刻。你看一节课有50分钟这么长，看看有多少分钟他没为难你。就今天的课，把这些时刻都写下来，好吗？

穆罕默特：我试试吧。

琳　达：我觉得你很棒，值得我们一起尝试一些新方法。

　　这个对话发生了什么？有人听穆罕默特诉说，而且他希望詹金斯老师不再批评他的愿望和担忧也得到尊重。接着我带着穆罕默特进入"责任之地"，让他描述在差不多6个月的时间里如何做到没有受其他老师的批评。这个谈话之旅让穆罕默特惊讶，也给他力量，因为他从没想过希望他人如何对待自己，对此他也有责任。这也同时给我提供了一些新信息，向我展示他知道自己得做些什么。和穆罕默特谈话之后，我们决定采用不同的谈话方式和穆罕默特的老师一起讨论现存的问题。第二天我请詹金斯先生来参加一个15分钟的会谈，然后告诉穆罕默特，老师答应过来会谈。

琳　达：谢谢您，詹金斯老师，这么早就过来。詹金斯老师，我请您过来是因为我知道您愿意做任何事情来帮助某位学生。

詹金斯老师：我希望如此。

詹金斯老师：(打断)我尝试很长一段时间了。

琳　达：您了解情况之后，接下来几天你俩会做什么来帮穆罕默特回归正轨，就像之前一样？

詹金斯老师：我解释完一个新问题之后，我可以来到你的书桌，如果你需要帮助，

你可以问我。

琳　　达：您知道，我正在给穆罕默特做心理辅导，我们试着寻找他在学校表现得更好一些的时刻。我得到他的同意跟您说说他对您课程的担忧。您在班上请注意穆罕默特表现得更好的时刻，我对此感兴趣。

詹金斯老师：最近这样的时刻不多。这一学年早些时候他有时表现得好。

琳　　达：早先他都做了什么不一样的事情？

詹金斯老师：他规矩地听课。

琳　　达：如果我在那些日子里看到他，我会看到他做了什么规矩的事？

詹金斯老师：他不会和朋友搞恶作剧或像他现在这样不做作业。这让我的工作变得非常艰难。我花太多时间管小孩的纪律，没有足够的时间解释作业。时间都不够用了。

琳　　达：好的。哇，我知道这肯定很难。穆罕默特今后应该如何表现才能帮助您而不是扰乱课堂？

詹金斯老师：说话前先举手，大部分时间都能交作业。他是名聪明的学生，他努力学习的时候，表现得相当好。

琳　　达：穆罕默特，詹金斯老师需要做什么让你说话前先举手并完成你的作业？

穆罕默特：他跟我解释作业，这样作业比较容易完成。我知道答案，就可以举手了。

琳　　达：老师该怎么解释让作业变得简单些？

穆罕默特：他可以问大家有问题吗，然后我举手，他就走到我的书桌旁。

琳　　达：你举手请求帮助是什么时候的事情了？

穆罕默特：嗯……

詹金斯老师：因为我们一直忙着准备下个月的能力测验，我想我也忘了为其他一些学生做这样的事。穆罕默特，到时你提醒我一下。我想帮助你。我想再提一件事。这一学年早些时候我们做了小组作业，我总觉得你是位天生的领导者。你真的有潜能。

琳　　达：哇，穆罕默特，你想过詹金斯老师这么看待你没有？

穆罕默特：（抬起头，很吃惊，很安静）

詹金斯老师：没错，你就是这样的孩子。

这个谈话共用15分钟，穆罕默特和詹金斯老师聊着离开我的办公室。穆罕默特的表现有了巨大的转变。下一周我给穆罕默特做追踪会谈时，我问他："什么事情变好了？"他告诉我老师对他好一些了。我说："你做了什么才会这样？"他微笑着说："我猜是因为我好好表现了。"穆罕默特不仅在代数课上继续表现很好，而且当班上其他同学脱离正轨不听课时，他开始纠正这些同学的行为。詹金斯老师觉得穆罕默特的新行动很有意思。我想他这是在进一步发展他的领导技能！

不可能实现的奇迹，但"不要吹灭学生的蜡烛"

奇迹问题可以帮学生定义他们的需求，尤其是当他们的请求或要求看似不可能实现时。

我爸爸还活着。

我妈妈没被关进监狱。

我不用坐在轮椅上。

我能成为足球队明星。我会受欢迎。

我可以长得更高、更漂亮、更瘦、更帅。

这时奇迹问题变成："假如不会发生这样的奇迹，你会怎么说？"

答案是这样的："听起来像是一个伟大的奇迹之日。"

是的，先赞成校园辅导对象的观点。让他们知道你支持他们的梦想、他们的奇迹、他们回答问题的答案。有一位很棒的老师曾经告诉我："不要吹灭学生的蜡烛。"

就30分钟

接下来的这个对话展示一位校园辅导对象，由于他很想和妈妈待在一起而发生了一些事。这个对话向大家解释提出奇迹问题时不要着急得到答案，要保持耐心，这一点很重要。

10岁的马库斯想念妈妈在家的时光，奇迹问题帮学校辅导员理解他的需求。

学生：我妈妈不该嫁给乔。她也不该工作这么忙。我觉得她只想挣钱。有时我心情非常糟糕，就待在房间里哭了一整个晚上。

学校辅导员：如果奇迹出现的话，会发生什么呢？

学生：她有更多的时间陪我。如果乔在，我就见不到她。他有一辆工作的卡车，他总是把她叫出去，他工作的时候妈妈坐在他旁边。妈妈让哥哥和我照顾自己。这不公平。

学校辅导员：如果奇迹发生，你能看到什么变得更公平些？

学生：因为爸爸过世了，所以奇迹应该是妈妈偶尔和我一起做事。这将是一个开始。

学校辅导员：这将怎么帮到你？

学生：我猜我会觉得自己没有失去一切。爸爸过世后，我感到自己也迷失了。他和我非常亲近。我们一起做过很多事。最近我一直在想我真的什么都没有了。

学校辅导员：噢，所以和妈妈一起做事可能意味着你没有失去这么多。

学生：确实如此。

学校辅导员：你觉得你需要妈妈给你多少时间？

谈话至此，辅导对象开始在他的奇迹里换另外一个人，结果令他失望。如果问他奇迹将"为他做"什么，他说出一些更具体的事情。一旦我们知道和妈妈在一起可以让孩子"觉得自己没有失去一切"，会谈就可以继续进展。接着辅导对象找出自己不觉得很失落的时刻，并且说出需要妈妈花多少时间陪他。

我经常问学生能不能给他们的父母打电话让他们知道孩子需要什么。如果家里没电话，另外一个选择是和辅导对象在你的办公室里写一封信，让他把信带回去给妈妈。这也有助于辅导对象学会口头表达情感和需求。以下就是这样的一封信。

亲爱的妈妈：

　　自从爸爸两年前过世，我感到非常没有安全感。我知道您爱乔，他对您很重要，但有时我觉得对您而言他比我更重要，因为他一直在家里，您不用工作的时候都跟他在一起。我非常希望您可以一周两次陪我30分钟左右。这将对我很有帮助。

马库斯

我的奇迹，就是回家

到目前为止，提出的问题都向大家描述在帮助学生构建解决方案方面，使用奇迹问题的意义。然而，学校辅导员非常忙，有时你是在过道说话或在餐厅外面说话，这样的情况下，不允许时间更长的谈话，使用奇迹问题也同样有效。

得州罗森堡的一名学校辅导员玛丽萨·比内克与我分享了故事，这个故事展示了一个简单会谈的力量。故事里的这位一年级学生很生气，只想回家，玛丽萨没和学生讨论他为何生气，相反，她帮学生想一些可以回家的办法！玛丽萨跟我说即使有些请求不可能实现，也要尊重学生的请求，这对她处理问题很有意义。

我辅导过一名一年级学生，发脾气，不想做任何作业，在班里非常爱捣乱。他被带来跟我谈话，看看我是不是能让他冷静下来。我们一开始说话，他就一直说："我想回家。我就不想待在这里。"

我问他："在家里有什么不一样的地方让你感觉更好些？"

他回答："我可以走出去。"

我知道他的班级当时就要上特色课了，而且那天只剩下两小时就放学。所以我问他："我们去特色课的路上不就可以到外面了吗？"

他说他想这么做。于是我们就绕着教学楼走了一圈，然后到艺术课教室。当我们走到教室时，他不想进去。

我问他："如果你走进去会有什么改变？"

他说："我可以更早一点回家。"

我们再聊了几句，他最终走进教室。他上完艺术课回到原来的班级时，我在过道看到他，他冲着我笑，我竖起大拇指。他的老师放学时告诉我，后来的时间都过得非常棒！此后，这位学生的表现越来越好。

学校辅导员不是告诉学生他得回去上课，而是做了与之大不相同的事：顺着学生的思路，聆听他的愿望，并找一个方式协助他实现愿望，比如绕着教学楼走一圈。这种协作的思维方式让学生觉得进入教室上课成了实现他回家这一目标的方式。

面对悲伤和丧亲的奇迹问题

以下对话中的学生，在我们谈话的前两年失去了父亲，当时他是高一学生，正努力跟上课程。他跟我说父亲在家里过世时他在场，这是他的一个创伤。他对于奇迹问题的回答是"我父亲还活着"。

琳达：如果你父亲还活着，这对你来说会有什么不同？

马克：他就是我的一切。他总是帮我学数学，而且鼓励我说未来会很美好。他过世后，没人这样对我了。

琳达：他跟你说你有一个未来，这对你来说有什么意义？

马克：我有很多时候会感到沮丧，但听到他说这句话，我就再次振作起来提升我的成绩。

琳达：他说的这句话对你还有什么别的意义吗？

马克：就像我刚才说的，我会再次振作，而且开始真正相信自己。这总能让我继续前行，让我有动力。

琳达：自从你爸爸过世后，你还有什么别的时刻相信自己？

马克：我不知道。

琳达：让我们想想除了学校之外的一些地方，你稍微相信自己的时刻，这样的信心帮你完成一些事。

马克：我妹妹有时让我帮她。她觉得我可以做很多事（微笑）。她并不了解我！

琳达：还有什么别的时刻你相信自己呢？

马克：工作上的老板好像觉得我无所不知。他让我周末负责检查信用卡终端。他说我擅长计算机，他又不懂计算机。真的是小事一桩。

琳达：哇！还有什么呢？

　　继续这样的谈话可以多问一些"还有什么呢？"，结果往往可以列一个清单。我复印了这份清单给学生，让他继续关注别人的信任以及自信的时刻。我也发了一封电子邮件给马克的老师，邮件是和马克一起写的。

敬爱的老师们：

　　我正和马克·史密斯谈话，他跟我说他想回归正轨提升成绩。马克和我分享说，当他认为别人信任他时，他更能产生动力完成作业。在接下来的几天，当你们看到马克试

着提升成绩或在班上做作业时，请让他知道你们正在关注他。

　　谢谢！

琳达·梅特卡夫，马克·史密斯

　　这封写给马克的老师的电子邮件告诉老师们一些信息，这样他们就能向马克伸出援助之手。除了花些时间经常关照马克外，尊重他的例外，并在学校支持他。

向小学生说奇迹问题

　　如果是问小学生这样的奇迹问题，可以根据学生的年龄，以及他们对未来这个概念的理解，换成不同的方式提问。帮他们弄清楚如何让"问题"变得不太像问题，是令人开心的一件事。我喜欢使用下面这样的问题。

　　"你晚上睡觉时，我到你们学校撒一把五彩尘，那么明天你去学校会注意到什么呢？"

　　"如果你有个愿望，希望明天在学校能够实现，这个愿望是什么呢？"

　　不管你听到什么样的回答，都尊重对方的想法，帮助他们把愿望变得更具体可行。

　　"那么在那一天，你做了什么事让你知道五彩尘起作用了？"

　　"这将如何帮你度过美好的一天？"

　　奇迹问题的目标是让辅导对象跟你分享他们的目标能让他们完成什么心愿。这有助于让目标变得具体、清楚。很重要的一点是，当某位年轻人跟我们说出他的愿望时，我们必须对此表示认可，并继续寻求这些最重要的愿望能为他们做什么。从那里开始，你可以进一步提出更多的问题来帮学生获得具体的行动和思路，促使他们步入一个更好的故事。不要着急，写下他们的想法，在他们离开你办公室之前把记下的想法复印一份给他们。学生可能会把处罚的字条或传达在学校出现问题的单子弄丢，但我很少见到学生把一张写着他们未来想法的字条弄丢。

这个问话的绝妙之处："那样对你有什么不同意义？"

"那样对你有什么不同意义？"这个问题对帮助学生进一步细致描述一个更美好的未来很管用。在焦点解决方案的谈话中可以应用的所有问题里头，这个问题是无价之宝，因为一遍又一遍地问这个问题，可以让难以实现的愿望得以实现。而且你的辅导对象可能都没意识到你只是重复问同一个问题。

在办公室跟你会谈期间，有那么短短几分钟，他们不仅免受问题的折磨，而且有机会步入一个崭新的故事。有时你可以考虑让这个愿望实现。某个幼儿园孩子表现一直很不好，就快被开除了。当克里斯跟她谈话时，问孩子自己能做些什么让她的奇迹发生，她说：

1. 分享
2. 坐直身子
3. 注意听讲
4. 按队形走路

克里斯接着让这个女孩向他展示怎么做到这四点，这样他也能学着做。于是女孩就展示了这四个动作。很快，她和克里斯都坐直身子，在他的房间里头按队形走路。奇迹问题如此巧妙地应用，不仅有趣、富有想象力，而且女孩得以练习。克里斯对她知道该做什么感到惊奇！这也让她妈妈开心，她本来担心女儿是否知道如何遵守规矩，当她见到女儿确实知道如何守规矩后，就不那么焦虑了。小女孩在学校的表现开始变好，没被开除。

　　我用过的其他策略包括用毛绒动物玩具来表现问题，然后找到解决方案。我的办公室里有一系列毛绒动物玩具，从怪兽、泰迪熊、老虎、蛇到大象。我问小孩哪只毛绒动物代表他们的问题，他们很快地抓起蛇、老虎或丑陋的怪兽。当我让他们用另外一只毛绒动物取代问题，以此帮助他们度过愉快的一天时，他们就会抓起毛绒动物，然后开始说话。我有时把毛绒动物借给孩子们，让他们带回家。我可能因此丢了一些毛绒动物，但采用这个策略后，一周内就能看见孩子们心中的目标。

屋顶上的奇迹

　　我回想起一位8岁的孩子，由于父亲变换工作，父母从另一个州搬到这里来。和母女会面时，母亲告诉我自己因为没找到新工作感到压抑。孩子在学校出现歇斯底里的哭喊，吵着妈妈带她回家，她也为此担心。母亲过来把女儿接走，然后带她外出吃午饭，跟她待在一起，希望这样能让她安静下来。

　　我注意到女儿紧紧依偎着母亲。母亲也提到女儿会一整个下午都跟她待在家里，而不是跟她10岁的哥哥去外面玩，但以前她常跟哥哥一起踢足球。诸如这样的情境，有许多事情需要考虑，于是我先把事情简化，问母亲她希望我们谈论什么。母亲简单地回答她想让女儿去上学，开心地待在学校。

　　我问女孩：

"假设今晚你睡觉时，我往你的学校撒五彩尘。我撒了好多好多的五彩尘，这样你明天去学校就想一直待在那里。然后这一天我就看着你，我会看到你正在做什么呢？"

女孩本来和我一起坐在地板上，这会儿她坐直身子，说：

"我会到教学楼的顶层吃午饭，看着天空。放学后，我会和哥哥一起跑到学校外面。这将会是很棒的一天！"

　　我还没来得及回应，母亲就说："哦，天哪，我一点都不知道。这样听起来她得跟我待在一起了。"我对母亲的解读相当吃惊，我看着母亲跟女儿说待在家里跟哥哥一起玩，这是个很不错的主意。然而，我怀疑女孩留在家里是想照顾妈妈，所以当时我让妈妈跟女儿说她找新工作的计划，还有她喜欢现在居住的这个城镇的哪些地方。

　　母亲跟女儿说她非常期待能够找到一份新工作，孩子你不用担心。我鼓励母亲每天早上送女儿上学时就跟孩子重复她的目标以及她一天的计划。接下来的两天，女孩没有突然哭喊，母亲也跟我汇报说自己更加努力找工作。

　　以下是使用奇迹问题去收集校园辅导对象信息的简单模板，适用于各个阶段的学生、父母和老师。这是焦点解决方案的第二步，辅导对象需要更多的时间去具体理解理念，所以这个拓展的模板将给你提供辅导对象的更多关于奇迹问题的信息。

注意奇迹

◇◇◇◇◇◇◇◇◇◇◇◇◇◇◇◇

生活可能会艰辛，而且有时非常有挑战，所以很难想到你希望有什么不同。在我再次见到你之前，我们将讨论这个：

当你度过明天或下一周时，关注事情稍微好一点的时刻。把这些时刻写下来。

_____

_____

_____

_____

对你而言事情好像有些好转的时刻?

_____

_____

_____

_____

这些活动对你有什么不同意义?

_____

_____

_____

_____

_____

_____

_____

问奇迹问题

"假设今晚你睡觉时，梦到一个奇迹发生了。第二天你醒来，会发生什么不一样的事告诉你，奇迹在你的生活中真的发生了？"

根据你谈话的对象，小学生、中学生或家长，相应地改变提问的方式。根据他或她想要的，还有不希望发生的，帮助辅导对象定义奇迹。让辅导对象看到奇迹。

_____

_____

_____

"跟我说说你的奇迹给你带来什么不同。"（问五遍）

_____

_____

_____

"跟我说说这样的事情有一点点迹象的时刻，甚至在其他地方或情境。"

_____

_____

_____

"就一天（小学生）或者一周（中学生）的时间，这些想法当中你愿意尝试哪些？"

_____

_____

小 结

记住：我们任何时候都可以使用奇迹问题。假如你这一天过得不好，希望事情有所不同，问自己这个奇迹问题，根据本章描述的步骤过一遍，这将让你如释重负，并且知道你真正寻找的是什么。如同焦点解决方案所承诺的，一旦知道自己真正寻求的事物，创造一个更好的未来就变得更容易些。

═══ 焦点解决方案培训练习 ═══

假设今晚，你睡觉时，你的学校开始运用焦点解决方案。

你明早到学校教学楼时会发生什么告诉你事情变得大不相同？

_____

_____

谁会用不同的方式做事？

_____

_____

还会发生什么让你的一天变得不一样？

_____

_____

那会对你有什么益处？

_____

_____

结果，你将会做什么并为此感到最自豪？

_____

_____

回答上面的问题，就在今天把上述某个问题的答案付诸实践。

第二部分

焦点解决方案的场景应用

第六章 适用于各种学生问题的焦点解决方案

5岁的泰勒是一名聪明、早熟的孩子，他在等候室翻了所有杂志，每一页都大声地读给妈妈听。接着他精力充沛地搭积木，搭建了一个似乎超出他年龄的建筑结构。从外表和行为来看，泰勒很有男孩气质，但我很快了解到一年级和二年级的男生都嘲笑泰勒，认为他是同性恋，因为他只想跟女生一起玩。泰勒似乎没有因此感到烦恼，但妈妈却深受困扰。她担心儿子显露的女孩气质，也担心其他男孩嘲笑泰勒时，他会发怒并带有暴力倾向。如果泰勒发怒或打架斗殴，就会被老师惩罚，这样别人对他的印象又不好了。

泰勒的老师经常这样处理他的不良行为，即对全班同学说泰勒是"隐形人"。如此导致泰勒吃午饭时同学们远离他就座，因为老师说他是"隐形人"。泰勒的妈妈曾跟老师甚至校长说过这种处理方式非常冒犯而且残酷，然而，校长和老师却以这是学校的政策为由打发了她。由于在学校遭受欺凌及羞辱，泰勒越来越不喜欢去学校，他不断地发脾气，所以妈妈考虑泰勒是不是失控了或者成了情感虐待的受害者。

我小心地走近泰勒，跟他在地板上玩了一会儿积木，一边跟他聊着天，问他在学校过得怎么样。我了解到他比较经常跟女生一起玩，是因为女孩对他更友好。他说，男孩们喜欢玩剧烈的运动，而他更喜欢跟女孩们一起玩过家家。他爱学校的一些地方，尤其是图书馆时间，他可以在那里读任何想读的书。他非常不喜欢别人叫他"隐形人"。在我和他玩耍的那一小段时间里，我让他想象他在学校新的一天过得特别好，就像我挥舞着魔法棒，为那一天创造了一个新故事，而他就是故事的主角。他跟我说在那样的一天里，他不会有麻烦，因为他不会生气，老师会喜欢他，其他男生也喜欢他。他说因为生气让他跟大家相处有了麻烦。

我不得不说学校使用这种"疏远"的惩罚来管教学生，令人心寒。然而，泰勒和妈妈第一次来会谈时我不想讨论这个问题，所以会谈期间我也没有提及。会谈之后，我确实跟妈妈说我为学校采用这样的政策感到非常担忧。妈妈记住了我的评述，泰勒和我后来又会谈了几次，继续做这种想象的训练。

泰勒认为愤怒"让他陷入麻烦"也给我一个理由，试着把愤怒外在化，帮泰勒写一个新故事。我们的谈话是这样进展的。

琳达：跟我说说你是怎么生气的。你生气的时候像什么样？

泰勒：我会真的很气，然后我就打人。结果老师就惩罚我。

琳达：然后发生什么了？

泰勒：我就有麻烦了，妈妈对我也很生气。

琳达：所以愤怒好像占据了你在学校的大部分时间，让你做了你不想做的事，对吧？

泰勒：对的。

琳达：我跟你说哦。这里有些纸。让我们画一画愤怒是长什么样的，在学校的时候，它到处跟着你，等着占上风。你可以跟我一起画吗？这样我们就知道愤怒的样子了。

我之前是名艺术课老师，喜欢和孩子们一起画画，而且常常发现这是一个让大家都参与进来的好办法。泰勒和我一起画了一个怪兽，咧着嘴大笑，露出丑陋的牙齿。他说："它戴着墨镜，因为外面有时光线太亮了。"当我们给怪兽戴上墨镜时，它让我想起电视剧《亚当斯家族》中的表兄。我告诉泰勒这部剧，说表兄的长头发盖住了他的脸，泰勒喜欢这个想法，跟我一起笑了起来。

琳达：那么这就是愤怒追随你时的模样。不是很有趣。而且记住，它不是你；怪兽才是问题所在。跟我说说如果怪兽开始远离你，这时会发生什么？

泰勒：我就不会遇到麻烦了，而且不会打任何人。

琳达：哇。那取代愤怒怪兽的会是谁呀？

泰勒：某个比怪兽好很多的事物吧。

所以，我们开始画这个"好很多的事物"，结果是一只面带微笑、眼睛柔和、皮毛柔软的泰迪熊。泰勒很喜欢这幅画，在纸的顶端写上了自己的名字。我把两页纸都给了泰勒和他妈妈，并让他妈妈每天都提醒泰勒下校车时在两张图画中选择一幅。

泰勒说他知道自己每天会选哪一幅画。他想把泰迪熊"带到"学校，想让我把怪兽留下。我对泰勒的选择表示赞赏，提醒说怪兽可能试着诱骗他发怒。然后我又说，但是泰迪熊和泰勒有个大好机会可以打赢怪兽。泰勒听到这句话，微笑着抱住妈妈。

为了保险起见，我给泰勒的老师写了一封信，描述把愤怒外在化的这个过程，请老师注意泰勒是否能够控制住自己的愤怒。两周后，泰勒和妈妈回到我的办公室，带着泰迪熊的图片。他微笑着说自己连续两周都没遇到麻烦。泰勒的妈妈仍对老师感到不满，但也说尽管学校是这样的氛围，泰勒在学校和家里都表现得很好。我为泰勒鼓掌，即使处境不好，他有能力让泰迪熊活着。妈妈告诉我她打算明年让泰勒去一所私立学校念书，在那里他能够被接受。

9年前当我写这本书的新版本时，发生了一件有趣的后续事件。有一位主修学校心理辅导的学生在我所在小镇附近的一所中学实习。有一天她走进我的办公室，说："梅特卡夫博士，您记得一位名叫泰勒的男孩吗？"我抬头看着她，一时没能回想起这个名字。她说："不久前的一天，我跟学生说自己上学的学校，提到您是我的老师。这时一位非常不错、彬彬有礼的年轻人朝我走来，他说自己叫泰勒，跟我说：'告诉梅特卡夫博士，怪兽还没到附近来呢。'"

尊重差异，善用天赋

我担任高中心理辅导员时，有一天很意外地接到桑女士的一个电话。她的儿子，一名聪明、深受喜爱的学生，现在正读高三，说自己下午放假不用上课了。他已经完成所有毕业要求的课程。我听桑女士说了她的忧虑后邀请她到学校跟我聊天，这样可以进一步理解她的担忧。

琳　达：桑女士，是什么让您犯愁啊？

桑女士：我对这所学校很不满。他们没教给我儿子上大学需要的东西。他读高三了，但还没上够大学预修课程，本来他毕业时可以成为班上的优等生。现在是9月，我要求你们春季学期让他学完所有的荣誉课程。在我们家，你得努力学习或工作。他白天在学校念书，晚上在我们经营的饭馆干活。他一直学到午夜，然后第二天上学。可是现在他跟我说因为他已经学完所有必修课，所以下学期有一个课程的休息时间，中午就可以放学了。他跟我说学校没什么别的课程可以学了。这真是荒谬。他得学习！

琳　达：这听起来对您挺重要的。我同意孩子得努力学习。但对于我们可以做的事情我有点困惑。我先问您一些事啊。如果您如愿以偿，学校按您的希望为孩子安排课程，就像您醒来时有奇迹发生了，您觉得我们会做什么事？

桑女士：你们会让我儿子学一些重要的课程，这样可以帮他明年申请大学。他不可以下午就开始休息。

琳　达：您跟我说说，您觉得哪些课程已经帮孩子为大学做准备了？

桑女士：他对物理非常感兴趣。他现在学得越多，在大学就会学得更好。下午放学后他经常和以前的物理老师约翰逊先生待在一起。他是物理俱乐部的赞助人。我儿子好像喜欢跟约翰逊老师聊天。老师还借书给他。

琳　达：既然我们这边真的没有你家孩子可以上的课程，让我们找找

别的方式帮他拓展知识，比如物
理方面的。您说他喜欢跟约翰逊
老师聊天。

桑女士：是的。

琳　达：我在想约翰逊老师是不是需要一
个助理，比如某个下午课程的
助理？

桑女士：我家孩子非常喜欢航空学。

琳　达：太棒啦。我想让您联系约翰逊老师，问他看看您家孩子如何
当他的助理。您离开前我现在就给约翰逊老师发邮件，让他
知道您这周要约他谈话。

桑女士：好的。我可以的。

　　桑女士和约翰逊老师谈话了，约翰逊老师接着就让她儿子提姆在那个
学期最后的一段时间担任实验室助理。提姆不仅享受和老师在一起的机
会，而且他应用了这个经验写他的大学论文。他现在在大学念书，我猜，
他非常努力地学习！

　　作为教育工作者，我们知道一致、支持、鼓励和安全的价值，我们
尝试每天都在班级实现这些想法。想象一下，如果一天24小时里头的8小
时，班级是学生能够体验这种舒适感的唯一的地方，学生该多幸福啊！

　　"联邦数据学年总结"表明，无人陪伴、无家可归的青少年群体的变
化最显著，增长了25%。此外，在28个州，无人陪伴的青少年占无家可归
学生数量的10%以上。

　　无家可归的学生常具备韧性、决心以及获得成功的渴望。作为学校心
理辅导员，我们准备好跟无家可归的学生会谈并分享资源吗？我们是否系
统地准备好促使他们和有家可归的小伙伴们一起成功？要做到这些，我们
必须再次强调不要关注学生没有的，而应该关注他现在有的。在这方面，

没有哪个地方比加尔萨高中更适合引导我们，这所学校采用焦点解决方案的思维方式对待所有学生。

对有风险的学生抱着高期待

加尔萨高中的学生常被认为处于危险境况，然而每当校长琳达·韦布跟听众谈起她的学生，她都会说如果我们遇见在困境中努力的学生，记住这么一句话：

"如果我们帮正处于危险境况的青少年简化课程，那么这将让他们遇到更多的危险。"

在加尔萨高中，学生入学前得应对各种公立学校一般无法解决的情境，但由于韦布博士的信念，加尔萨高中的教职工想方设法录取这些学生。学生想去加尔萨高中念书，必须先申请，然后参加一个面试。不仅老师面试学生，学生也对作为主面试官的校长进行面试。

"在这样的面试中鼓励学生诚实，因为面试中提出的问题，答案没有对错之分。与焦点解决方案的思维方式保持一致，校长努力找理由接收学生入校，而不是找理由拒绝个体。管理者不是想办法让学生循规蹈矩，而是思考学校是否具备可以充分支持学生毕业的条件。这位学生的人生在这所学校是否有成功的空间？有具体困难的学生，比如无家可归，学校怎样才能更好地支持他们，这需要一个具体的规划，规划可能包括联系学生所在收容所的社会工作者，制订一个饮食计划。管理者必须考虑学校的学生支持团队是否有妥当的资源在最佳程度上帮助这位学生。如果这些条件都具备，就可以录取这名学生。"

在面试期间，引导学生提问："这所学校适合我吗？"同时，管理者也考虑学生是否适合这所学校，重点强调学生的选择：学生想来这所学校学习吗？如果不让学生自己选，学校就会变成纪律中心，学生似乎是被遣送过来学习而不是自己主动过来。自我选择是新教育机会的一部分，解决方案因此得以构建。

在实际的面试期间，对学生提出这样的问题，比如，"你以前就读的高中哪些对你很合适？""什么是不合适的？""我们学校如何满足你的需求？"校长也将解释构建解决方案的途径，学校将如何关注未来，学生可以作为一块白板从这里开始，或者甚至说："不管过去你的教育是什么样的，那都已经过去了，现在你可以在这里选择成为一个崭新的人。"此外，校长对可能录取的学生强调学校的高标准以及尊重所有个体。学校对教职工要求高，也期待学生自我提升到更高的标准。加尔萨高中的荣誉准则精准传达了这样的期待。加尔萨荣誉准则是这么说的：

> "任何时候展示个人荣誉和正直，
> 选择和平而不是冲突，
> 尊重我们自己和他人。"

在加尔萨中学的迎新过程中，鼓励学生们想象一个未来，为自己设定目标。同时，问他们奇迹问题，鼓励他们想象如果伴随他们的问题没有了，这会有什么不同？对那些在无家可归、药物滥用以及其他困境中挣扎的学生，提出这样的问题：

> "有一天，当奇迹发生时，对你而言会有什么不同？"
> "在你的人生中其他人会开始看到你正在做什么？"
> "你希望看到谁开心？"
> "知道你让人生中某个重要的人开心，对你而言意味着什么？"
> "还有什么对你而言会是不同的？"

与此同时，多问问其他人看到学生做了什么，这样就能形成新的关系策略。

"对于一个还没有过高中毕业生的家庭，如果家里有孩子高中毕业，这意味着什么？"

"对于一位没受过教育的单亲妈妈而言，努力帮助女儿完成学业，让她继续上大学，这会是怎样的？"

加尔萨高中和其他更关注学生潜能而不是过去的学校，每天都在谱写这些新的故事篇章。

加尔萨高中的老师们受过很多焦点解决方案的培训，因此他们更容易和这些人生不如意的学生谈话。如果某位学生在学校有行为、遵守规则方面的问题，使用书中描述的三个步骤，任何老师或行政人员都可以和这位学生谈话。把学生看成暂时还没找到自己道路的另一个人，而这些奇迹问题就像清新的空气，努力让他们回归正轨。

指引困于精神健康问题的学生自我回归

6个青少年当中就有一个患有精神疾病或受情绪困扰。这些学生来到学校，身心苦痛，然而老师没意识到。作为学校辅导员，我们有机会跟学生谈话，试着寻找办法缓解学生的状态。把学生告诉你的"创伤""失去""悲伤""无家可归""感到异样"或任何其他类似的词语外在化，让他们暂且避开试图碾碎他们精神的问题。有时，学生需要面对的是家里的环境问题，或某位家长不愿跟学生积极交流。帮助学生意味着把问题外在化，因而学生不会觉得自己是问题，他偶尔也能把控自己，不与父母争执。

后面的案例向我们展示把问题外在化是如何引出例外的，从而增强了学生的自我价值，即便他的家长作出消极反应，也不影响学生的自我回归。

寻找信心

16岁的梅丽莎跟她的爸爸来做心理辅导。梅丽莎年纪尚小妈妈就过

世了。一开始她说自己在人群中感到不自在、
不安全。她爸爸接着跟我说他想让女儿跟我
讲讲最近和她男性朋友发生的事。我从梅丽
莎的沉默中可以看出也许单独跟她谈论会更
好些。于是我让爸爸休息一下，向他保证和
梅丽莎聊一会儿后肯定请他回来。

爸爸离开办公室后，梅丽莎说她不想谈她的男性朋友，而是想谈谈如
何变得更自信。她说自己的男性朋友挺好的。另外，她也担忧爸爸时常非
常粗鲁、对她又很挑剔。氛围不错时她是想多花些时间跟爸爸在一起的。
她觉得自己很糟糕，希望有信心以更好的方式和爸爸度过艰难时刻。

我们一边聊着，我一边让她跟我说说"缺乏信心"怎么困扰她，我们
为此列了这些事情的清单：

- 我不该总是把自己关在房间。
- 在学校我避开人群。
- 我感到非常伤心。
- 我有时不想跟我男性朋友外出，以及更多。

梅丽莎跟我描述"缺乏信心"这个问题占据了她的人生，于是我们开
始谈论如何勇敢地面对这个问题，她回应说：

"我希望平时我能够保持我做这份新工作的样子，这样我会做得更
好些。"

我接着问她的新工作，她说：

"我在一家餐厅当招待员。"

我坐着微笑着说："哇！你是餐厅的招待员！如果你是招待员的话，

你是如何做到把'缺乏信心'搁在一边的?"她微笑着说:

> "我只需推动自己。我在那里工作3个月了,我想这份工作对我是好的。"

梅丽莎分享这个关于女招待员职位的"例外",对于焦点解决方案的应用非常独特,这个例外让梅丽莎和我得以进一步讨论她的能力。我们也谈论如果爸爸变得粗鲁且挑剔,梅丽莎如何跟爸爸沟通。梅丽莎说之前她会跟爸爸争论,双方大吼大叫,这样他俩的关系就变得更糟。我们谈论她在餐厅作为女招待员有时得应对某位粗鲁的顾客,这时她怎么做。她微笑着告诉我她的方法挺成功的。会谈后,我们列了两大份清单。一份清单上列的都是"缺乏信心"给她带来的问题,另外一份清单列的都是她的解决方案。

会谈快结束时,我让梅丽莎的爸爸回来聊几分钟。经过梅丽莎同意,我跟爸爸说的第一件事是"您对您女儿而言很重要"。爸爸低下头说:"她对我来说也真的很重要。"接着我告诉他下周梅丽莎打算尝试一些新策略来建立信心。父亲看起来好像很开心。我问爸爸能否关注这些时刻,而且让女儿知道爸爸关注着她。他说可以的。

正在帮助学生处理精神健康问题或应对有挑战情境的学校辅导员,可以用以下的学习单。如果学生出现精神健康问题,一般建议学生找校外心理治疗师,但学校心理辅导员也可以和学生简短地聊一聊,至少帮学生度过那一天。学习单列出的这些步骤把问题外在化,使用学生的语言,帮学生找到应对问题的方法,从事情中解脱出来。整个过程对创伤、受虐、遭遇社会和环境灾难都有帮助,把学生解放出来,因为他们不再是有问题的人,而只是受某个问题困扰,只需在一段时间内找到一个途径来解决问题。

把问题推得很远、很远

学生姓名：

日期：

学生给困扰自己的问题命名：

第一步：这个问题如何妨碍你成为理想中的学生？这个问题让其他人怎么看待你？（至少写下10个答案！）一直问："还有什么别的呢？""别人还会说什么其他的话呢？"

1._____

2._____

3._____

4._____

5._____

6._____

7._____

8._____

9._____

10._____

第二步：想象一下，你走出我的办公室后，今天余下的时间（或者明天）你没有让问题占上风。出现这样的状态，你正在做什么？或者其他人看到你正在做什么？

1._____

2._____

3._____

4._____

5._____

第三步：为学生复印这张表格，约好下次谈话时间检查表格。经过学生同意，发一封电子邮件给学生的老师，让老师知道学生正在尝试一些新策略。暂且不用解释这些策略。

　　第四步：追踪。第二次会谈以"什么是更好的？""其他人会说什么是更好的？"这样的问题开始。然后再问"你是怎么做到的？"。

学生努力克服坏习惯：获取一项技能

　　本·富尔曼是芬兰精神病专家，他写了很多儿童读物。在他写的开创性专著《儿童技能教养法》中，富尔曼教人们使用焦点解决方案形成的认知来辅导中小学生。

　　比如，萨丽闲聊时不可以继续泄露朋友珍妮的秘密，但老师不要直接说萨丽你不可以这么做，而是认为萨丽只需学会如何成为一个好朋友，然后在课堂时间找一些机会让她练习。小孩需要学会在自己的房间睡觉，不能晚上总是偷偷爬进父母的房间，这时父母和孩子一起想怎么做到这一点。

　　富尔曼指出，"孩童"技能项目基于这样的理念，即孩子们事实上不存在问题，他们只是还没学到所需的技能。换言之，孩子们遇到的大多数问题，包括恐惧、坏习惯、睡觉、吃饭、大小便相关等紊乱，都可以看成孩子们还没掌握的技能。通过学习相关的技能，孩子们能够克服相应的问题。当其他人担心这些孩子有根深蒂固的问题时，使用这个别出心裁的方式重新描述孩子们遇到的问题。

　　富尔曼提到从培养孩童技能的角度思考，可以阻止"责备风暴"，由于孩子出现问题，父母常指责老师或相互指责。但如果使用孩童技能培养这个途径，"我们不要花大量时间寻找孩子问题的起因。相反，我们关注孩子需要学习什么技能，这样就避免一味地找错误，处理孩子问题的传统途径常有这种典型的找错误谈话"。

富尔曼列出对发展孩子技能很重要的15个
步骤。

1. 把问题转换成技能——找出孩子需要获
得什么技能来克服问题。

2. 对于要学习的技能表示赞同——和孩子讨论问题，让他知道自己
即将开始学习的技能。

3. 探索技能的益处——帮助孩子了解拥有这项技能的益处。

4. 为技能命名——让孩子给技能命名。

5. 选一个有力量的生物——让孩子选一只动物或一些人物形象来帮
她学习技能。

6. 召集支持者——让孩子邀请一些人成为他的支持者。

7. 构建信心——帮助孩子建立信心，相信自己有能力学会这项技能。

8. 策划庆祝——和孩子一起提前策划，获得这项技能时要如何庆祝。

9. 定义技能——当孩子获得这项技能时，让孩子告诉你并演示她是
如何做到的。

10. 面向公众——告知大家孩子正在学什
么技能。

11. 练习这项技能——赞同孩子练习这项
技能的方式。

12. 创建提示——让孩子告诉你，如果他
忘了这个技能，希望别人怎么提醒他。

13. 庆祝成功——当孩子获得技能时，为她庆祝，并给她机会告知所
有帮助她的人，她已经获得技能了。

14. 教别人这项技能——鼓励孩子教另外一个孩子这项新技能。

15. 继续学下一项技能——和孩子商量好学习下一项技能。

除了上述15个步骤，富尔曼还设计了一个有趣的互动游戏《巫师巴
姆》。在这个游戏里，一个孩子和一个成人一起坐着回顾技能的发展过程。

在游戏期间，问孩子各种问题，比如：

- 你几岁了？
- 你擅长哪些事情？
- 你想改变一个坏习惯吗？
- 说说坏习惯怎么伤到你。
- 说说你想请谁当你的支持团队。
- 你想给新的解决方案起个什么名字？
- 你怎样开始训练？
- 如果你忘了练习技能，你希望自己的支持团队如何提醒你？

孩子和大人一起完成这个游戏，而且孩子学会这项技能后，《巫师巴姆》这个游戏会打印出一张写着孩子名字的证书。"巫师"也给孩子的支持团队写了一封信，支持团队就可知道他们在这个游戏里的作用。对学校辅导员来说，这个游戏是一个非常好的训练工具，可以帮他们为孩子选择新技能，也可以作为班级指导课来做这个游戏。对于家长而言，这个游戏在家里训练或使用也很棒。

从创伤到一个更好的未来

许多学校不鼓励学校辅导员给有创伤的学生做心理辅导，因为使用传统模式做心理辅导太耗时间。然而，如果有创伤的学生没能到校外做心理治疗，学生在学业上成功的机会很可能就会减少，学生自己无法应对如此沉重的情感负担。学校辅导员应该提供很大的支持。焦点解决方案为学校辅导员提供了一个独特的方式，来接近那些经历过遗弃、身体上的虐待、失去亲人以及遭受性虐待等创伤的学生。这个方式一方面给孩子们机会来表达他们情感上的困扰，但不会侵犯他们的隐私。另一方面又可帮学生构建策略来掌控事件而不是让事件掌控他们。对学校而言，这一途径对于那些可能得不到任何帮助的学生来说是非常宝贵的支持。下面的案例，描述了学校心理咨询指导课在提升学生对性虐待的意识方面所起的作用。

13岁的利安娜跟母亲坦白表哥在她9岁时对她若干次性侵犯后，跟母亲一起来做心理咨询。前一周，她现在就读中学的一位学校辅导员给他们上了一节关于性侵犯的指导课。辅导员描述了成人甚至跟学生年龄相近的人参与的一些不妥且错误的情境、迹象及行为。利安娜告诉我，那天她坐在教室里，好像回到过去再次经历她9岁时发生的事。那时才意识到当时发生在她身上的是性虐待。她哭着离开教室，告诉学校辅导员自己回忆起来的事，学校辅导员给利安娜的母亲打电话，母亲马上来学校，然后给我打电话预约会谈。

利安娜第一次来做心理治疗时，精神萎靡，大腿上一直放着一条毛毯，在我们整个会谈期间她都紧紧抱着毯子。周末她打电话报警，她表哥也被逮捕了。我了解到当利安娜告诉母亲性虐待的事时，母亲立马相信女儿说的话并且告诉女儿不管用什么方式都会支持她。我没有问事情的细节，不过我确实认真听了利安娜母亲说的一些基本信息，然后问母女俩的最佳希望是什么。利安娜说她需要帮助来处理这个情境，她想要平静。母亲说表哥被捕后，女儿可能得和一些起诉人谈话等，她希望女儿能够应对这些对话。谈了几分钟后，利安娜请求跟我单独聊。

当辅导对象带着这样的创伤来做心理治疗时，作为焦点解决方案的叙事治疗师，我的经验是聆听辅导对象，从中寻找解决方案的方向，这是作为治疗师的我能够做到的最重要的事。直到今天我还是不知道利安娜的表哥都对她的身体做了什么，我也不会问。我更关心的是利安娜需要什么，而不是我想她应该做什么。专家伊冯娜·多兰谈论过另外一些治疗性虐待受害者的方法。

"单是为了减缓创伤这一治疗目的，让性虐待受害者诉说或复述她受害的故事，这就像把一颗子弹从人体缓慢、痛苦不堪地移除，一次移除一毫米金属，每次移除都将伤口重新打开。这种治疗方法不总是可靠；甚至在一些成功的案例当中，这种治疗方式也常是低效的，而且增加没必要的疼痛，延长了辅导对象的苦痛，让她一再受害。"

因此，不要问辅导对象关于虐待的细节，相反，我随着利安娜的讲述，聆听她的最佳希望，即得到帮助去应对这个情境，获得平静。利安娜需要一个更具体的目标来有效帮她应对当前的境况，于是我问她不久后，当她能够面对这个情境并获得平静时，她看起来是怎么样的。利安娜说这样她能够回到之前的常态。现在因为回想起这件事，而且记忆太清晰了，所以晚上总是睡不好，入睡了也做噩梦，她把自己关在房间，不跟学校的朋友联系。在那个特殊节点，我开始用以下的这几点和利安娜谈，这些想法结合焦点解决和叙事治疗两种方式，构建了一个故事。

创伤后的新篇章

1. 如果辅导对象坚持向你倾述，认真听。但不要主动问具体事件，因为这样可能会加深创伤。确保虐待不会再发生。感激能够幸存。在这个步骤不要提及受害很重要。相反，问辅导对象她的最佳希望是什么。既然她/他已经受过伤害，强调幸存比提及受害更能增加希望，并且她/他确实从虐待中幸存下来，这是有效的事实，也是强有力的重新描述。

2. 为辅导对象画一个时间轴，在这个过程中收集关键的信息。可以使用大的纸张，或在白板上画，画完之后拍下来。在时间轴的左下端写上辅导对象的生日。在时间轴的右下端写下辅导对象的家人长寿的能活到多少岁数。在时间轴上做一个标识，意指事件发生。问辅导对象他或她希望如何给这个事件命名。在这个标识上面写上事件的名称。

```
                      ✕
 生日        事件                              寿命
```

3. 问辅导对象这个事件如何妨碍他或她的生活；这个事件如何让他或她受困。在"事件"下面写下他或她的答案。尽可能收集这个事件带来的影响。这是练习关键的一部分，因为这样可以让辅导对象倾诉自己的情感并描述问题对他/她生活的影响。至少写下20个影响。让辅导对象给问题打分，比如1—10个等级，10表明问题最大。从时间轴右边的数字减去辅导对象当前的年龄。跟辅导对象说她或他有多少年可以远离这个故事，撰写一个更好的未来。

4. 沿着时间轴往前看，让辅导对象描述自己更好的未来，即当她走出事件的阴影，步入新篇章或新故事时，她希望事情变成什么样。让她描述其他人将看到她正在做的事，这会告诉他们她是新篇章的作者。在时间轴右边下方，越过事件标识，写下辅导对象对更好未来的描述。练习这个部分时，尽可能多地收集对新行动的描述。让辅导对象为新篇章命名，然后把名称写在记录描述的上方。

5. 向辅导对象慢慢地、清楚地回读有关事件影响的描述。然后建议："我刚才读'这个事件'带来的影响，你思考了，而且开始从你被谱写的故事中走出来，这里有些想法是你自己说想在新篇章实现的。"然后慢慢地读对更好未来的描述。复印一份写好的时间轴给辅导对象。

6. 最后一个步骤有两个选择：（1）让辅导对象开始做一些她能够做到的小行动，从而让等级分数下降，这样他或她就能掌控事件而不是让事件掌控自己。接下来的几天问其他人看到他或她正在做的事情，也告诉他们他或她的等级分数开始下降了。（2）把不断更新的时间轴给辅导对象复印一份，让他或她知道你期待下次听他或她说采取哪些小行动来超越事件带来的影响。完全让辅导对象自己把控时间轴。

利安娜和我一步步完成以上这些步骤，我了解到她的祖母活到了90岁，所以利安娜还有77年的时间走出被虐待的故事，步入新篇章。她告诉我虐待大概有25种影响，她将此命名为"性虐待"，因为，用她的话说，"事情就是这样的"。她现在把虐待对她人生的影响定在等级9。她在清单上列的一些点是：

我不信任男性。

我将自己封闭起来，远离人群。

我在学校本来能学好，现在不行了。

每次想到过去，我就割自己。

当她撰写新篇章时，把新故事命名为"所有故事里最好的章节"，然后列出以下的点：

我将遇见某个我信任的人并与他结婚。

我不会在高中怀孕。

我可能成为警察。

我会花更多时间跟家人在一起。

我每个晚上都能睡得很好。

我给利安娜一份时间轴的复印件，并告诉她我觉得"故事里最好的章节"这部分她描述得很棒。我告诉利安娜期待听她诉说下一周如何应对"性虐待"的影响。

当利安娜的妈妈加入会谈时，利安娜面带微笑，对妈妈说的第一句话是"妈妈，我有77年"。妈妈不能理解利安娜的话。经过利安娜的同意，我跟妈妈解释了时间轴。利安娜下一周从学校回来，到我这里，我问她："有什么更好的事情发生了？"她汇报自从我们会谈之后她每晚都能入睡了。我问她现在处于哪个等级？她说"5"。我问妈妈有没有关注利安娜做了什么，她说利安娜花更多时间跟人在一起，在学校更认真学习，还跟朋友做一些活动。针对利安娜的心理治疗，我跟她又见了两次面，每次都是以"有什么更好的事情发生了？"开始我们的会谈。最后，在第四次会谈结束后，她说："我很好。"

对于那些被胁迫遭受性虐待的人，不幸的是类似利安娜的故事时有发生。幸运的是焦点解决方案很有保护力，因为她不需要告诉我事件细节，让自己感到好受些。相反，我们把创伤当成某个问题，而她可以战胜这个问题。因此，焦点解决方案让校园辅导对象把他们身后的故事看成过去，把他们前面的新篇章当成疗伤的机会。

太阳和云朵：一起创造未来

这个案例展示使用焦点解决方案给受到性虐待或其他伤害的学生做心理辅导的成效。

父亲和继母带着10岁的安妮来做心理咨询，因为一周前他们发现安妮和她14岁的哥哥涉嫌某个性情境。家长立马给儿童保护服务中心打电话，哥哥随即从家中被带走。

儿童保护服务中心为安妮安排了心理辅导，并安排哥哥在80公里外的一个项目接受管教，这是该区域第一个管教冒犯者的项目，哥哥在那里跟叔叔一起住。

第一次见面时，安妮非常安静寡言。父母陪着她，我邀请他们加入会谈，她知道和我谈论她和哥哥的事是安全的。安妮说现在"秘密暴露"她感觉更好些。像其他性虐待的幸存者，她爱哥哥，也想念他，但她不会怀念那些事。

安妮的继母透露说自从发现已经持续一段时间的性虐待，安妮看上去好像更放松，睡得更好。"她再也没有蜷缩起来。相反，她四肢展开睡下。"这告诉我安妮再次感到安全。我的工作就是继续提升这样的安全感，所以在第二次会谈时我选了一个她喜欢的视觉活动。

珍妮特·罗斯是澳大利亚布里斯班一位有才华的社会工作者，她提供了使用等级问题的不同方式。比如，她剪了10颗泪滴，让孩子们通过数泪珠来看看自己由于某件事有多悲伤。接着她和孩子们一起讨论需要做什么才能让泪滴变少，这表明悲伤减少了。我应用了把问题外在化并描述问题带来的影响，同时指责"它"让她感到不安全。我问安妮在发生这个秘密时，她的天气看起来如何。她说就像没有太阳的阴天。于是我剪了10朵云，还有一个太阳，让她和我一起在地板上排列这些图案，这样我就能了解秘密占据安妮的生活是什么样的。安妮把云朵排列起来。

我跟安妮说太阳好小啊，云朵却很大。然后我告诉她在那些秘密的日子里她是多么勇敢，令人非常开心的是秘密的日子永远结束了。我让她告诉我在她的人生中支持她、确保她安全的人是谁。安妮列的名字包括爸爸妈妈、社会工作者、她的小组辅导员、我，还有她最好的朋友丽莎。我问她他们都做了些什么让她感到安全，她跟我说了一些事。

我接着让安妮思考从现在开始事情将会怎样，因为秘密的日子已经结束了。我问她既然现在家里的情况很不一样，云朵和太阳是不是看起来也有所不同。于是安妮重新排放云朵，这时我们再看太阳，好像还是很小。她说应该让太阳更大一些。我剪了一个更大的太阳，令人惊讶的是这个大太阳的图片立马看起来有所不同。

安妮和我一起谈论既然云朵没遮住太阳，她现在能够多做些什么。她说她可以跟父母说出更多的真相。显然守着一个相当沉重的秘密让她难以说真话，在后来的会谈中，安妮的爸妈提及这一点。她承认她会想念哥哥，她喜欢跟哥哥一起玩电子游戏，但她不会怀念"生活在谎言中"的那种感觉。

我给安妮做了6个月的心理辅导，每一周我们都用太阳和云朵的方式为她的一周分等级。如果她这一周过得不好，云朵就更多些；云朵少一些时，表明她这一周过得比较好。安妮逐渐长成少女的模样，为她的外表骄傲，在学校结交新朋友。她的老师注意到她的个性显著不同。她的父母跟老师坦白他们发现一些性虐待的问题，学校和家长一起给安妮提供安全感与支持。安妮最后以积极的自我状态结束了我们的心理辅导。我鼓励家长继续他们的支持，让安妮知道他们会让她安全。

儿童和青少年经历创伤性、悲伤的事件，比如性虐待，常常对发生在他们身上的事情感到羞耻。在没有得到帮助的情况下，他们开始作为性虐待的受害者生活在这样的故事中，而且当他们长成青少年时，可能会对他人做同样的事。因此，在起初的会谈中，不要谈论细节，我赞成心理学家伊冯娜·多兰曾经在一个工作坊里说的：问及细节本身会带来更多的虐待。相反，我更喜欢采用画画、分等级，诸如太阳和月亮这样的方法来进行辅导。

当孩子们描述在那段"秘密"（暂且不管他们怎么称呼）时间的感受时，我也注意到年轻人对于这个方法感到更自在，我们一起帮他们看到未来新景象不会不舒服。在视觉工具的帮助下，他们开始把"秘密"看成能够从心里逃脱的东西。这样的逃脱是情感的自由，也将导入一个新的故事以及一个更加幸福的人生新机会。

给我讲一个故事：帮助学生正视痛苦

安妮看到了自己人生中的新景象——太阳更明亮、云朵更小。和安妮这样的孩子一起重新书写故事给孩子提供机会让他们的人格有了新意义，从而产生新表现。写故事是学校辅导员肯定能做的，而且这个方法产生的影响有效、快捷！

焦点解决方案对任何年龄的辅导对象都很有帮助。对于年少的学生，尤其当他们探寻自己年轻的生命想要什么时，焦点解决方案非常有用。通过给他们诸如五彩尘、愿望、毛绒动物和绘画等视觉物件，学生能够确切地传递他们的愿望是什么样的。这有助于让辅导过程变得更快、更有效。

另外一个帮助学生的方法，是通过故事的发展来认知他们的奇迹。12岁的米格尔和弟弟是从智利被收养过来的，当时米格尔7岁，他弟弟佩德罗5岁。米格尔从不允许养母触摸他——因为米格尔不信任她或很难与她形成情感纽带——甚至养父母照顾他多年之后米格尔还是这样，养母为此非常担忧，也很沮丧。

"在第一次会谈中，我（特蕾莎·斯坦纳）了解到米格尔还在智利的时候，目睹姑妈和姑父暴打弟弟佩德罗，严重到3次住院。米格尔对于奇迹问题的回答是他可以和养母友好相处，和其他孩子们很好地玩耍，有他自己的朋友。"治疗师采用讲故事的方法辅导米格尔。

有这么一对姐妹。妹妹比姐姐小两岁。姐妹俩都非常漂亮，白色头发，蓝眼睛。她们成长在一个充满敌意的家庭，没人真正关心她们。有一天，妹妹病重；病得太严重了，以至于几次被带到医院。在医院，妹妹被照顾得非常好；有很多玩具可以玩耍，人们对她微笑，还有足够的食物可以吃。这时，姐姐自己一人待在家里，没有妹妹作伴。大人不允许她去医院看望妹妹，也没人告诉她妹妹在医院的情况。她不知道妹妹怎么样了，在医院是否安全，有没有足够的食物吃。没有妹妹的陪伴，姐姐很孤单、悲伤，而且还担心着妹妹。这么看，姐姐过着更难熬的时光，比在医院的妹妹更痛苦。没人注意姐姐，因为大家都认为姐姐没生病、不用待在医院，她应该开心；大家都认为她应该开心，因为至少她是健康的。

米格尔痛苦地听着故事，当他回来做第二次心理辅导时，他跟治疗师分享了更多痛苦的人生经历。最后，治疗师让米格尔为她讲述的这个故事写个结尾。米格尔说故事结尾应该是这样的：

某个人，某个成年人一整个下午都跟我待在一起，带我去钓鱼，听我说话。这个成年人会聊天，我们会吃一些东西。

　　治疗师开始和米格尔一起画跟某个成年人钓鱼的情景，结果这个成年人是米格尔的养母。在新故事中许愿、定目标、撒五彩尘，所有这些不仅是走出某个悲伤故事的机会，而且也是使用想象力寻找解决方案的机会，如此得以面对情感上非常艰难的情境。

　　社会情感学习让人们学会处理各种情境。下面是"一个更好的故事"模板，可以和需要新故事的孩子们一起使用。你和学生一起撰写故事，把这个故事复印给学生。

　　对于经历过创伤的孩童和少年，"一个更好的故事"模板可以帮学生找到走出创伤经历的方法。学生可以写这么一个故事，从中看到自己走出创伤、迈向更好的人生，并清楚自己将做什么来获得解脱。

　　下面的模板案例也包括一个系统化的视角，因为随着这个过程发展，它也帮助学生想象其他人对他或她如何反应。

一个更好的故事

　　从前，有个年轻人名字叫_____。这个故事发生在（某个季节，某一天等）期间。

　　_____擅长_____以及_____。有一些人在_____的生活中做了让他或她感到_____的事情。当这些事情发生时，_____不知道该怎么办。结果，他或她做了诸如_____的事情，而且_____有时感到_____。有一天，_____想起过去常常做的某件事让他或她感觉好一点。于是，他或她做了以下事情让自己开心起来：

1._____

2._____

3._____

　　_____想起他或她不管什么时候做这些事情就会感到

好一些。尽管仍然难以面对其他人曾经对他或她做过的事情，_____注意到当他或她做这些事情时，一切都变得更好了。那一天_____决定尝试这些想法，并和一位信任的成人分享。_____的感觉非常好，接下来的日子过得更好一些，于是开始做以下的事情：

1._____
2._____
3._____

不久，_____的朋友注意到_____看上去好多了，他们想和_____一起做更多的事情。这让_____更开心了。

完结。

战胜问题就颁发证书

讲完故事、打败怪物后，颁发证书会令人开心，也是记录成功的方式，非常受人欢迎。对于那些很少带老师表扬字条回家的孩子们，获得这样一张证书，不仅是对孩子转变的认可，也提醒孩子的老师、家长要及时表扬、鼓励孩子。战胜问题就颁发证书，这一行动的发明者心理学家爱普斯顿和怀特写道："我们发现，有些孩子在学校里拿到了克服恐惧的证书，并努力寻找其他需要帮助的孩子，或者已经是'驯恐者和捉怪者协会'的成员。"

颁发证书也可用来庆祝孩子们在心理治疗过程中创造的新故事。我常用证书肯定问题的解决方案以及解决方案的发展。我发现和孩子们一起设计证书最有帮助，他们可以跟我描述他们自己的成功。设计证书时，我们反复提及促成成功的事件，而且一旦把这些新行动写在纸上，它们就变成永恒。颁发证书给学生，让他们带回家，而且经过学生同意，老师复印一份证书。证书发得越多，孩子身边的人越能支持她。

成功证书

这张证书颁发给埃莉：

在战胜害羞方面她做得非常好。

她通过学习以下的技能战胜害羞，如：

1. 每次邀请一位同学跟她一起玩。

2. 注意其他学生喜欢和她在一起的迹象。

3. 有礼貌地和其他学生一起玩。

埃莉任务完成出色。

学校辅导员

埃莉·史密斯

小 结

带着焦点解决方案的思维方式，透过学生跟你说的问题和问题情境本身去看待事情，你就可以问诸如"你的最佳希望是什么？"这样的问题，这有利于你获得解决方案。总会有学生由于绝望、创伤或其他情感障碍不知道怎么回答，没有关系。当你听到"我不知道"时，你可以插入奇迹问题，和学生一起思考更好的一天看起来应该是什么样的，不要说出你认为什么是最好的，因为你的视角和学生的视角不一样。尤其是面对艰难情境，完全让学生引导这一点很重要。如果你第一次和学生会谈时他们没能回应你的问题，让他们知道这没关系，你只是想让他们这一天都思考这个问题，然后，第二天发现答案，重新开始会谈。

　　还有一些时候，学生处于危险情境，我们只需要通过合适的资源支持学生、老师或家长。对于这些青少年、老师或家长，他们正经历着你无法感同身受的事情，请你完成自己负责的任务，保持你的好奇心，花时间了解他们当前如何处理问题。随后，了解他们对于未来的愿望，愿望是什么样的以及你该如何帮助他们。

　　做这样的练习，不管你看到的学生、老师和家长处于什么样的状态，从内在来看，相信他们都是有能力的人。如果他们去学校，到你的办公室找你谈话，说明他们有动力改变现状。他们坐在你面前，即便这时能够解决问题的答案有限，但由于你沉着引导，事情会发生转变。

⎯⎯ 焦点解决方案培训练习 ⎯⎯

我们的人生都是故事。故事里的人物和事件是我们人生的一部分，影响着我们对自己的认知，以及渴望成为什么样的人。

或许在你的人生中，有些人物和事件提升了你的人生境界。即便有些人妨碍你成为理想的自己，其实也只是当前有所妨碍。假如你有机会写自己故事的第二章呢？也许是旅行、读更多书、成为舞者、学习跆拳道、做更多的园艺或者多跟你的孩子或伴侣在一起呢？

在下面的横线上，写下你撰写故事第二章的一些想法。你可以把新的冒险写进你故事的第二章，列出关于自己的信念，这对你开始撰写新的篇章很有必要。

所有这些都做完之后，想想你拥有这些信念的时刻，关注自己如何保持这些信念，思考今日如何重新获得这些信念。

_____

_____

_____

_____

_____

_____

_____

_____

_____

_____

第七章　用好学生的自我修复能力和坚韧时刻

10岁的克里斯是被他的老师送到辅导员这边来谈话的，因为他老不做作业这件事让老师厌烦了。老师知道克里斯很聪明，也知道他妈妈兼职两份工作，所以她想确保克里斯的妈妈重视这件事。她写了一张字条，让克里斯转交给妈妈。克里斯一读字条就哭了，告诉老师如果把字条带回家，他会挨打的。

亲爱的布朗女士：

克里斯这学期有可能会不及格，因为他总是不完成作业。请确保他开始按时完成作业。您如果有什么问题，请给我打电话。

琼斯老师

琼斯老师不确定克里斯说会挨打是不是真话，所以她让克里斯来我这里做辅导。碰到类似这样的情形，我总是很好奇还有什么方式能够解决这样的问题。我开始思考老师写字条的目的：督促克里斯完成作业。因为我也担心他有可能挨打，所以跟克里斯说帮忙找另一个他赞同的方式解决这个困境。我问克里斯：

"我在想这个下午琼斯老师需要看到你做什么，再决定今天不用带字条回家？"

克里斯立马站起来，告诉我以下的想法：

- 完成所有作业。
- 下午上课注意听。
- 不要跟别的同学打架。
- 帮助我的老师。

- 听老师的讲解。
- 参加课堂讨论。

我转向克里斯，告诉他真的好棒，因为他描述的这些任务就是老师想让学生完成的。当我问他是否应该称之为"美好的一天"时，他说："不，叫做克里斯成功的一天吧。"

克里斯成功的一天

完成所有作业。

早上上课注意听讲。

下午上课注意听讲。

不要跟别的同学打架。

帮助我的老师。

听老师的讲解。

学校辅导员

_____

学生

_____

克里斯和我走回教室，我们向琼斯老师展示了这份表格。起初老师有点犹豫，最终她答应试试这样的约定。那天下午，克里斯检查他在表格上写的所有任务，然后签字，并让琼斯老师签字。放学后，琼斯老师跟克里斯一起走到学校门口，妈妈在那里接他。克里斯的妈妈，显然之前收到过一些"差评的字条"，看到老师和克里斯一起走到车前就皱起眉头，但是当她读到和老师约定的表格时马上笑了起来。我很开心我们创建了这份师生"合同"，决定不要把老师一开始写的那张字条带回家。一天后，我了

解到克里斯的妈妈过去有好几次被举报虐待孩童。

我相信克里斯的老师想让克里斯成功，但她的策略很难让他产生动力。相反，她写了一张字条威吓孩子带回家，这样可能会让事情变得糟糕，克里斯会因为恐惧更难以集中注意力完成作业。我的信念是，在我们当前的学校就可以应用焦点解决方案，从而鼓励并促进我们的学生变得更坚韧。

本章将尝试提供一些具体的建议来培养自我修复能力和坚韧时刻。我鼓励大家试验这一章的想法，看看对你们的学生有何作用。随着你尝试这些想法，之前无法想象的可能性将会一一呈现在你面前。

自我修复能力和坚韧时刻来自"例外"

想象一下，某位学生感到无助却犹豫着是否来见你。这时你构建一个焦点解决方案的谈话，通过仔细聆听发现学生的能力，学生所说的话让你有所思考。

可能是这样的情形，学生迟到了，但告诉你为了帮助家庭过去6个月他都工作到午夜。这意味着他必须准时上班并负起责任。

也可能和你见面的是一位小学生，尽管一直任性，但总是乐于助人，比如帮助坐轮椅的同学，帮她从一个教室挪到另一个教室上课。

或者也可能是某位中学生，尽管对大多数老师不尊敬，但对你总是很尊敬。

这些案例中的"例外"，或学生表现的自我修复能力和坚韧时刻，值得我们提出以下问题。

"你做这份兼职工作后的6个月里还能到学校上学，而且基本上能按时到校，你是怎么做到的？我想你也许可以应用这个能力让自己不迟到呢？"

"你怎么总能知道蒂法尼需要你帮她从一个教室挪到另一个教室？你帮她的时候如此专注，真的令人惊叹。我想如果你某一天上课稍微专心一点，会发生什么？"

"你知道你非常尊敬我吗？这说明了什么？我想如果你也跟老师们展示这一面，老师们可能会做点什么？"

这些问题用来培养坚韧。它们暗示学生不仅有能力，而且随着坚韧的培养，学生还具备一个关键的元素，即认真。许多学生带着坚韧和自我修复这样的思维方式来上学，而有些学生缺少这样的思维方式。是什么让一个人能够自我修复或坚韧呢？心理学家塞利格曼指出：

"自我修复与坚韧相关，因为挑战出现时，坚韧意味着能够自我修复。

一个人需要许多特征才能变得坚韧，包括认真、勤恳、自律以及有毅力。坚韧意味着你选择在挑战时刻尝试投入时间和精力，并且为了追求这个激情放弃许多其他的东西。坚韧的人对于他们多年来保持忠诚的事物有很深的承诺。"

本书中的大部分故事是由所有年龄段的学生构成的，在面临挑战的那些时光，他们展现或增长了坚韧。开启焦点解决方案的谈话之前，可能在某个挑战时刻，不知如何进展，但大多数学生向心理辅导老师诉说有问题的情境，是希望得到帮助，而焦点解决方案帮他们看到：

- 他们已经在处理了。
- 他们已经有能力寻找解决问题的出路。
- 他们能够做到的。

发现他们已经具备这样的能力，他们推进并发展自己的解决方案。不是表扬让他们找到解决方案，而是教育工作者提出培养坚韧或焦点解决方案的奇迹问题激发了他们的好奇。结果是，一旦学生发现自己要有所不同，他们就会更深入地看待自己曾经成功或失败的时刻。教育工作者的任务就是在谈话中创造这样的语境，向学生传达他们能够找到成功方法的信心。

通过焦点解决方案培养坚韧意志

① 让学生成为专家

你想不想让你的学生有责任感、独立而且自信？你想不想让他们弄清如何保持高分，并遵守学生规则？你想不想让他们有效处理餐厅的欺凌事件或一群刻薄女孩开始造谣这样的事件？如何按时完成大学申请，并为IB课程完成他们最后的作业？帮助学生培养坚韧并实现上述这些特征，不要做太多，不要表扬。不要发送提示。不要重复通知或发短信。而且，重中之重是不要表扬！

卡罗尔·德韦克说："在成百上千名孩子当中做了7个实验之后，我们有一些最清晰的发现。表扬孩子的智力会伤到他们的动力与表现。孩子们喜欢表扬，尤其是对他们的智力和才能的表扬。表扬真的能激励他们，产生特别的光环——但只是当时那个时刻。一旦他们遇到小障碍，他们的自信就会飞出窗外，他们的动力就会坠入谷底。如果成功意味着他们是聪明的，那么失败意味着他们是愚蠢的。这是固定型思维模式。"

因此，不要轻易表扬，相反，想象这样的情景：某位老师采取好奇的途径，看到一位表现有问题的学生在某个下午突然做了不一样的事情。老师走到学生跟前，这样说：

"哇，蕾切尔，你完成了第一道数学题，我很佩服。你是怎么做到的？我下次来看你时是不是另外两道题也完成了呀？"

老师再次检查蕾切尔的作业，看到一些进展。蕾切尔不太习惯老师这样的关注，当她突然听到这样的评价时，很可能会想老师这是要做什么呢？然后继续做自己手头上的事。因此，蕾切尔不是仅仅受到表扬，她接收到更多的信息，观察到自己也许也能像其他同学一样成功。这样的回应传达了什么讯息？可能性。她的章回小说里出现了一个跟上次不一样的新故事线索。想象一下第二天老师和蕾切尔打招呼时会发生什么：

"蕾切尔，你昨天数学题完成得非常好，当你下午还一样出色地完成题目时，我想写一张字条让你带给妈妈，让她了解你的表现。这样可以吗？"

然后再想象一下，那天下午蕾切尔的表现依然出色，于是老师让她带一张字条给妈妈。在那天晚上，给妈妈捎回这样的一张字条对蕾切尔会有什么不同？而且蕾切尔自己会有什么不同的反应？本书一直分享的体系化视角表明，这样的做法确实会产生积极的连锁反应。

② 询问学生如何学会自己处理问题

几十年以来，大家都相信通过表扬可以让所有学生保持好的表现，现在我们发现，如同德韦克先前提及，表扬只在当时有效。一些学生甚至不需要表扬。他们已经学会坚韧、靠自己前行。其他一些不常得到表扬的学生，由于学习不专心也不上进，认为自己反正也得不到表扬。这样的学生总令我感到好奇！我觉得他们的潜能没被好好地挖掘出来。如果他们偶尔被某位热情的老师表扬一次，可能当时产生动力，但如果没继续得到表扬，那么他们会变得过于期待而失落、放弃。而且事实是老师很忙。为了能够集中精力教一堂课，然后让班里的每位学生巩固所学的知识，老师简直就像魔术师。因此，表扬和好奇是不一样的做法。好奇能够让影响持续得长久一些。

因此，学生稍微成功的时候或第二天没来办公室找你，这时开始关注这些学生。去找他们，问："你们是怎么做这件事的？"就像电视剧里的神探可伦坡那样好奇。抓抓你的脑袋，口中念叨着他们的优秀走开。寄一张字条给他们的家长，表扬他们有这么一个出色的孩子或少年。你将因此种下坚韧的种子，而种子是会成长的。

❸ 使用提前假定的语言

你注意到老师如何挑战蕾切尔继续出色表现了吗？还有一些不一样的点。老师用的语言是"当你下午还一样出色地完成题目"而不是"如果你下午还一样出色地完成题目"。这是提前假定的语言，即推断某个人会做一些不同的事。因此，读完整本书，你会注意到提出的问题基本上都应用提前假定的语言，意在建议未来是会发生转变的。这种构建观察和问题的方式看似微不足道，实则非常重要。这么做消除了类似对错这样简单的答案，只是提建议让学生自己想象某种新行为。

如这一部分解释的，做一些不一样的事可以引导新的反应及课堂氛围。下面提供一个更具戏剧性的新方式在好奇的语境中培养这种能力。

❹ 对小成功感到好奇，并放大这些小成功

因索·基姆·贝尔格和李·什西尔茨创建了一个课堂解决方案项目：WOWW（Working On What Works）途径，这些首写字母是"做管用之事"的意思。他们创建这个项目是因为这样的信念：当老师注意到学生的能力和勤恳的表现时，告诉学生这些发现，进而创建一个不同寻常的课

堂环境。下面描述了一位WOWW教练拜访某个课堂的情景。不过，老师或学校辅导员可以在任何一天任何课堂上解释这些理念。这个途径对学校辅导员尤其有帮助，因为老师常常得处理干扰课堂的学生或由于课堂秩序混乱向辅导员求助。

流程如下：

（1）教练自我介绍后，告诉学生她在班里观察一下同学们做得好并且有帮助的事。接着她观摩了几个时间段，注意到每位学生以及班级整体都做得不错，于是跟学生反馈："今天我看到尽管教室外面的过道很吵闹，但你们有些同学很专心地完成作业。我为你们感到骄傲！我也注意到大家相互帮助，传递作业单，轮流使用艺术工具。这表明你们注意听老师的教导，你们的团队合作精神很不错。"

教练和学生一起设计一个1—10分的等级：10分象征最棒，0分象征最差。邀请学生描述最佳课堂像什么样……5分的课堂像什么样，等等。之后教练让学生根据他们今天课堂的情况挑等级上的一个数字。"你会给今天的课堂打多少分？"也邀请学生描述他们的理论依据，比如，"你今天在课堂上看到什么所以打这个分数？"此外，教练可以问："是什么在那个节点保持了这个分数，是什么让分数降低或提高？"

（2）在之后的观摩时段，教练重复这些步骤。她继续观察课堂、表扬学生和老师，具体指出学生哪些事情做得好，让学生说明课堂现在处于哪个等级，并邀请学生描述全班同学需要做什么才能提升一些等级。

（3）与此同时，追踪每个课堂的辅导时段，教练也可以私下与老师会谈，设定一个类似的目标，为老师正在做的工作分等级，给老师积极的反馈及表扬。

起初的研究发现在WOWW班级，师生关系变得更融洽，老师和学生在课堂也合作得更好，学生也较少缺席或拖拉，并且大家分数考得更高了，被勒令停学的学生也少了。作为学校辅导员，你可以帮老师们成为WOWW项目里的教练，然后让老师自己开展这个项目。许多K12课堂的老师是这样开展WOWW项目的：把等级写在白板上，一开始就让学生描述一个10分的课堂。之后老师问学生需要做什么来提高分数。我认为如果老师跟学生说明分数提高对他或她的好处，这一点很有帮助。如果学生不听话，老师只需暂停、指着等级让学生描述他们现在在哪里，需要做什么才能回归正轨。这让人想起"修复训练途径"，只是这个途径需要整个社区一起参与班级管理。当学生对于构建课堂环境有一些发言权时，他们更可能参与环境的建设。

持有成长型思维的学生更坚韧

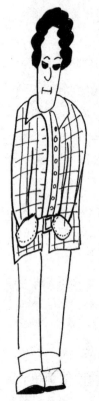

持有成长型思维的学生更坚韧。研究证明，有5个因素构成坚韧和自我修复的能力："这5个因素是勤恳、友善、外向、情绪稳定以及对于新的体验持开放心态。与其他四大特征相关，勤恳是学业成绩、身体健康、长寿、工作表现以及婚姻稳定最可靠的预测因子。"

我尊重卡罗尔·德韦克的研究，但构建焦点解决方案，我建议不要告诉学生这个练习不简单，因为这样会让学生觉得老师是专家，相反，我更希望老师说：

"这是一个有挑战的项目。我想和大家一起头脑风暴，一起想一个点子。"

"假设你开始这项目时，你处于最佳状态。"

"你注意到自己做了什么说明你是最棒的？"

"你认为我会注意到什么？"

"你的小组成员会注意到什么？"

"还有什么别的？"这个问题问10遍。

这一串的提问培养学生思考成功的因素、提供指导方向和解决方案。当老师继续问："还有什么别的？"有可能问了四五遍学生还是没能很好地回答。没关系！但老师需要继续提问。这个问题问10遍的结果一般会形成一份清单，包含更深入的思考和一些内在的想法与行动。而且关键是老师没建议学生做什么。如果老师提建议，那么就会把老师变成专家，如此抢夺了学生的能力和成长型思维。后续的案例描述了学校辅导员帮助学生克服获得赞同的需要并学会自己把握艰难情境。

通往解决方案之地的免费入场券

特里格·伊文是持照上岗的专业咨询师，他曾经担任某所高中的心理干预员，在那里使用焦点解决方案为那些自残、暴力和不敬的学生做心理辅导。

他辅导过一位15岁的学生，这名学生对于各种危机都会过度情感反应，后来就被转交给他做心理辅导。每天学生有几次情绪低落地离开教室，请求到高中心理咨询中心寻求帮助。老师们反映说实际上是这位学生没完成课堂作业，只是寻求关注。再者，如果学生留在班级，她就会霸占课堂讨论，详细地讲述她的各种个人和家庭的问题。

采访这位学生时，她说自己有严重的个人和家庭担忧，但没人关注或提供支持。她说自己感到被隔离、一无是处，非常沮丧。对学生而言，很重要的一点就是有人听她诉说，对于她的老师同样重要的是她在班上能够学习。

对学生和老师都提出以下的问题，满足双方的需求：

"如果她既可以讲自己的故事又能保证完成作业，这样如何？"

因为师生意见一致，所以"合作解决问题"的结果是，一旦学生完成课堂作业，心理咨询师就给她一张到咨询中心的"免费入场券"。到了咨询中心，给她一个笔记本，指导她写下自己的危机。把笔记本交给咨询师后就回到班级。咨询师阅读她写的内容，如果需要的话，跟进。这种合作解决问题的方式让学生和老师都受益，而且双方会有更好的机会合作。

焦点解决方案尝试帮助学生变得更独立，更少依赖老师或心理咨询师，而做到这一点时，学生能够培养坚韧的品质，变得坚强。这样的工作有时可能是复杂的，尤其是当学生不相信自己能够掌控情境时。有时，出于好意的教育工作者觉得学生需要老师更多的关注和时间，这当然是好事，但这又常常让某位不了解自己能力的学生不知所措。结果是，学生想继续从体系中获得支持，而体系只是告诉她没有正确地把握自己的人生，导致把问题行为当成学生处理问题的一种方式。不管是自残、酗酒还是发送不妥当的短信，当学生不知道有什么别的方式处理时，他们就会把这样的行为当成解决问题的方法。一旦没能找到更健康的解决方案，不仅现有问题无法解决，而且更危险的是，会导致某种"严重抵制"。

消除"麻烦制造者"的名声

琳达·菲尔丁是得州沃斯堡的一位心理干预专家。她跟我讲了一个故事，这个故事不仅让她激动，而且让一位老师大声说出自己的想法："你究竟对朱利奥做了什么？老朱利奥去哪里了？"

我所在校区正在开展一个学生服务团队的项目。这个团队专门辅导一些由于各种原因可能会挂科或已挂科的学生。我的任务之一是辅导一名叫朱利奥的中学生。朱利奥自从开学以来收到25个违规处分，一般辅导有这种历史的学生常常是个挑战。我不断被告知："你需要和朱利奥再谈一次；我的课，他还是迟到。"所以，想象一下我的惊讶：有一天一位老师在过道叫住我，问我跟朱利奥都聊了什么。老师说朱利奥的表现发生了戏剧性的转变。事实上，他说朱利奥现在在班上表现"完美"。

接到辅导朱利奥这个任务之前，我一直在读一本关于叙事辅导的书，对其中一个辅导学生的新颖途径感到激动，于是决定把朱利奥当成第一

个尝试该途径的对象。了解他被叫到学生服务团队的原因之后，我让朱利奥来办公室，我们花了一些时间认识对方。我问朱利奥是什么造成他在学校、家里还有和他朋友的问题。他说他跟朋友没有问题，但在家里的问题通常都是因为在学校遇到麻烦，比如上课说话、迟到、没完成作业。我向朱利奥解释我们都会存在一些问题，所以我们需要做的是学会解决问题。我问他这些问题如何影响他在老师这边的声誉。他说老师认为他是"麻烦制造者"。我问他想不想改变这个

"麻烦制造者"的名声。他回答说愿意。

然后我问朱利奥在哪个课堂感觉是成功的。他回答说英语课。我们讨论他在英语课上具体做了什么事情让他成功。他说他没跟任何一位朋友坐在一起，这让他集中注意力听课并完成作业。我问他打算怎么把这些成功经验应用到其他有问题的课程。他说他可以让老师把他挪到第一排就座或远离他的朋友。我问他怎样才能上课不迟到。他回答说他会"按时到学校的"。我告诉他这些是大的转变，也是消除"麻烦制造者"名声的伟大开始。我问他有没有想过自己真的能够"解决"问题。他说他能做到。

我为朱利奥感到骄傲，因为他开始面对自己在学校的问题，所以经过他的同意，我给朱利奥的父母写了以下的字条。

朱利奥的爸爸妈妈：

我为朱利奥感到非常骄傲！他想解决在学校给他带来麻烦的问题。朱利奥是位坚定的年轻人，他为自己设立了几个目标，而且已经决定按时上课、在课上注意听讲并完成作业。朱利奥想成为班级积极的榜样，这些改变将帮助他实现这个目标！我确信朱利奥能够努力实现他的目标。

两周后，关于朱利奥的转变，我又和他的老师谈了一次。我跟老师解释自己用了一个新的辅导技巧，让老师注意到朱利奥的变化时表扬他，这样就能巩固他的转变。老师看上去很乐意这么做。和朱利奥的老师谈话之后，我给朱利奥和他的父母写了以下字条。

朱利奥的爸爸妈妈和朱利奥：

今天，我和朱利奥的老师谈话。他很开心看到朱利奥在班上做出积极转变。老师说朱利奥现在是班上表现最好的学生之一，而且是其他学生的榜样。他说朱利奥按时交作业，而且上课注意听讲。

重要的一点是我并没有特意去找老师问朱利奥的情况。老师在过道遇见我就开始表扬朱利奥。知道朱利奥赢得老师的认可非常棒。我为朱利奥和他聪慧的决定感到非常骄傲。我知道你们也为他骄傲。

危机干预专家琳达·菲尔丁

从幼儿园开始，为上大学在学识、表现和技能上做好准备

我想建议从幼儿园开始就让学生为上大学做准备。准备就绪上大学，简言之，指学生的学识、表现和技能能够让他在高等教育环境中获得成功。这里的"学识"常指所学共同核心科目的知识加上达成精通的各种丰富的学习经验。

"表现"指的是可以在各种情境中努力及茁壮成长的思维方式以及学生如何学得最好的一种自我认知。

而"技能"是指那些知道如何处理各种学业，比如科学技能、批判性思维以及自我管理的能力。

这些关键成分一般涉及所有年级。我们想让学生掌握科目的知识，能够讲解所学知识，懂得把概念应用到更高层次的思考以及带着自信及好奇做到这几点。

上述这些方面的培养应该从幼儿园开始。这意味着虽然老师传授知识，准备提供知识、实践及能力的课程，但是由学生推动自我来实现目标。于是问题就变成："我们该如何授课从而让学生变得勤恳而且渴望实现目标？"答案在这个途径当中。这里描述的是焦点解决方案如何帮助学生意识到他们把握任务的方式。

1. 注意学生胜任某些任务的时刻，好奇地问他们如何完成这些任务。反复问他们：

"你还做了什么来完成这项任务？你在思考什么？你相信自己什么？"

2. 当学生陷入困难，没法完成任务时，不要提醒他们下一步做什么，先问完成其他任务遇到类似问题时，他们如何克服。如果学生回想不起

来，让他们知道你会再来问他们，因为你知道他们有能力完成任务。

"上周你的生物小测试完成得非常好。我在想你是怎么做到这么出众的？"

3. 表扬学生的勤奋，叹服他们能够出色完成任务的能力。让他们给其他仍在努力完成任务的同学提建议！

"哇。那个词汇项目你都超额完成了。有什么要跟我分享，然后传达给其他同学的吗？"

4. 为了进一步地发展及构建专业才能，给学生当领导者的机会。通过某项任务寻求帮助，或者让某位学生指导另外一位遇到学习困难的学生。

"你可以为下周的戏剧施展广告的才能。能不能告诉我你打算怎么设计这个戏剧的题目？"

5. 让学生捎一张字条回家，向家人或父母表扬孩子的能力。

"史密斯先生，我非常荣幸能够与你的女儿一起学习。她是一名非常聪明的学生，而且对别人很友好。我想让您知道她在我的班级里我很开心。"

6. 当学生感到自己被打败时，和学生一起思考他们如何从其他失败的经历恢复过来并继续很好地完成任务。

"这对你来说真的很难。你知道怎么渡过这个难关吗？如果明天你渡过了这个难关，其他人会看到你做什么？之前其他的艰难时刻你是怎么度过的？"

为上大学准备的焦点解决方案是让学生坐上驾驶席。学生读高中时能够在各科目之间游刃有余，具备技能完成有难度的项目，如此相应培养了克服困难情境的思维方式。应用焦点解决方案的学校辅导员，他们的思维方式是期待每位想上大学的学生为此做好准备。为了做到这一点，辅导员会问学生的准备策略，关注学生对这些策略的尝试，之后讨论他们尝试的成功或困难，以及如何汲取经验再次尝试。

课程安排和选课

每所学校都有自己课程安排的方案。应用焦点解决方案的学校辅导员在听学生诉说的过程中找到例外，从而帮助学生确保成功的求学经历。比如提出以下问题：

"如果你看到新生的必修课清单，第一学期你想学哪些科目？第二学期呢？"

"如果你考虑这个秋季参加游行乐队，那么放学后得参加非常严格的训练，为了不落下某个课程，你认为自己能够把握哪些课程？"

"如果你了解到多数大学期待申请者选修的课程，你认为在高中低年级自己能够学得最好的课程有哪些？"

"什么样的教学风格能让你学得最好？"

"你觉得哪些学习习惯对你管用？"

"你需要老师了解你什么？"对于某位需要老师了解的学生，通过电子邮件把这个信息发送给老师。

"如果你考虑上大学，你最感兴趣的专业或职业是什么？"

"如果你读高中期间想找工作，你对什么工作感兴趣？"

这些问题让你更好地了解学生，让他们得以认识自己的优点、梦想和需求。突然间他们选修的课程是自己选的，因为他们知道自己想走哪条路。由于是自己选课，所以抱怨更少，而且当他们和正确的老师安排日程时，你就有更多时间辅导个人问题。

申请大学选专业

当高中生开始考虑申请大学时，他们常常不知所措，除非有位年长的哥哥或姐姐经历过这个过程。曾经有位高三学生来我的办公室，手里拿着她的SAT（美国学业能力倾向测试）成绩，闷闷不乐。她说："我觉得没法上大学了。听说SAT成绩应该更高些，所以我连普通大学的申请表都没填。"我看了看她的成绩，非常优秀，于是向她保证如果她选择上大学的话肯定能被录取。我们一起给她妈妈打电话，当女儿告诉她这个消息时，妈妈在电话里哭了。我们立马上网，赶在最后期限到来之前上传申请表。

在高中，误传信息频频发生，因此从初中的代数课到PSAT（初步学术评估测试）的益处以及AP课程（美国大学预修课程）的重要性等等，高中和初中的学校辅导员应该考虑如何让每位学生获取每件事的确凿信息。在高中如此发布信息是有难度的，因为高三的学生超过1000名，但每位学生获得一手信息是必需的。为了实现这一点，思考一下你所在高中的学生是如何获取诸如各种选拔赛、会议、运动会、音乐会、锦标赛以及其他活动的信息的。采取任何方法接近学生，从而帮他们选择成功需要的信息。如果涉及帮学生决定如何申请大学或申请哪所大学，以下的焦点解决方案的奇迹问题可能会激发一些想法让学生思考。

● 如果你明早醒来，已经是5年后的未来，大学毕业后你会做什么让你很有成就感？

● 如果从自己的个性和特征来看，离家近的初级学院还是离家远的四年制大学比较适合你？

● 如果从你的个性考虑，什么样的大学城或城市最适合你？

● 对于那些参加ACT（美国大学入学考试）和SAT考试的同学：你们回想之前自己如何准备课程考试，你们当时做了什么顺利通过考试？

● 如果你得规划未来的项目，可以借鉴过去什么成功的经验？

● 你在其他项目如何自我管理、完成任务？

● 做其他决定时，你如何跟父母沟通？

● 你如何自己做决定？以前你做了哪些有效决定？

如果父母试着为自己的孩子规划大学未来，不要仅仅让孩子按时申请或申请所有的学校，以下的问题可能反败为胜。

"您帮女儿保持动力申请她感兴趣的每所大学，跟我说说您是怎么做到的？哪些策略有效？"如果答案是没做什么或根本没做，继续问。

"回想之前其他情境，您如何让女儿保持动力，您当时做了什么让效果好一些？您女儿有没有说哪些事情管用？"

"如果您儿子现在考虑申请某所大学，他会说现在对他而言最有帮助的是什么？您需要告诉自己什么，如此可以开始做这些事，就像一个实验，看看能否帮儿子启动申请大学的流程？"

需要做重大决定时，有许多想法和信念让少年和家庭陷入僵局。通过帮他们回忆之前如何做决定，大家了解了自己在旅程中的角色，道路也就畅通了。

小 结

学生努力学习并证明他们的能力，我们也在这样的时刻成长。我们尽最大的努力传授知识和技能，构建思想，教导他们按照学校的期待表现自我。有时面对要求，我们不知所措，甚至筋疲力尽，其实我们的学生也是如此。

那么，想象这样一所学校，老师和辅导员仍然传授知识和构建思想，教导学生，但有所不同的是，由于学生变得自觉勤奋，他们最后自己驾驭了整个过程。作为学校辅导员、高校老师、研究生辅导项目的主任，我应用焦点解决方案辅导学生以及自己的孩子，证实不干预、让学生自我驾驭所面临的挑战，是最佳教育方式。一开始，可能令人发狂，毕竟一直以来我们都是掌控者，我们把握的方式虽然独特，但对学生来说可能毫无意义。比如填一份材料或大学申请书，如果表格某部分有问题，让学生思考自己需要做什么。成为他们的教练，但教导他们想要的道路而不是你的道路，这将培养坚韧。坚韧有助于为大学做好准备，而所有这些的结果是形成成长型思维方式。

—— 焦点解决方案培训练习 ——

想象你的职业或个人生活中的某个项目或情境，你感到非常有挑战，但后来成功了。

在1—10的打分等级（10是最高级别），**你第一次意识到自己面临挑战，这时你处于哪个级别？**

_____

_____

你正试着实现什么目标？

_____

_____

你该怎样往上提分？你做了什么告诉其他人你正在提升级别？（10项都得填）

1._____

2._____

3._____

4._____

5._____

6._____

7._____

8._____

9._____

10._____

在这个旅程中，你带着什么信念和价值帮你前进？

1._____

2._____

3._____

4._____

5._____

结束时，你在哪个等级？

_____

_____

　　在这个练习中，关于自己，你了解了什么？同样的练习可以培养你和学生的坚韧。当学生不知如何进展时，使用这个练习。答案就在他们心中，自己发现这些答案，会让他们变得更坚韧。

第八章　运用于学校团队和家长的协同合作

在某个学校日，当你漫步过道时，很可能看到一些儿童或青少年背负着家庭问题来上学。学生在学校的许多行为常与家庭有关。但是如果老师、职工，甚至学校辅导员不了解影响学生的家庭问题，他们会认为学生没有动力、懒惰，被强迫上学，导致学生卷入冲突或反叛。

如果有另外一个解释会怎样？

如果这个解释告诉大家家庭问题直接影响学生呢？

如果学校辅导员有办法帮学生处理问题呢？

研究表明，学生对家庭变化和压力的反应，经常体现在行为或情绪上。事实上，根据体系理论，这些表现出来的行为常有这样的目的：让家长对他们的问题分心。我在某居民治疗中心工作时，接触过一个10岁大的男孩，他被安置在这个中心，是因为自从父母决定离婚后，他就有严重的发脾气问题。他被诊断为对抗、反叛的。之后，我给他做心理辅导，问他坏脾气怎么知道什么时候来困扰他。他回答说："我爸妈打架时，我就发脾气。然后他们就不打架了。发脾气是管用的。"

那么想象一下，用意良好的学校辅导员正努力帮学生改掉坏脾气的毛病，但回到家里，她的努力又功亏一篑了。所以，应该了解整个家庭的情况，并邀请全家人来学校进行家庭谈话，至少请他们一起过来一次，也许学校辅导员所产生的影响，她原先自己也没想到。

邀请家长来学校谈话能够产生一个更富有成效的结果，即让父母了解家庭问题已经影响学生在学校的表现。

　　因为一起谈话，在学校辅导员的帮助下，父母可能从孩子这边了解他们需要做什么让孩子在学校一直处于正轨。

　　父母可能重新关注孩子在他们这里的情感需求，甚至了解到叫喊和对骂伤害了他们的孩子，让孩子心里受伤，无法专心上学。

　　和家长谈话额外的好处是一旦家人参与，学生的成功可以突飞猛进，学校辅导员可以有精力去处理别的问题。家里的每个人了解自己该如何帮助学生，从而系统性地改变与孩子学业上的互动。

　　我担任学校辅导员时，经常邀请家庭成员到校园跟我和学生见面。我一般跟他们会面不会超过两次。这是因为学校辅导员让家庭参与到体系里，尤其是使用焦点解决方案时，他们的观念就改变了。父母以前认为自己的孩子是差学生，现在可能了解到孩子只是在家里做作业时需要帮助，或者不要让他做太多家务活，这样他在学校就能表现得好。他的老师说在班级里稍微帮助他，他就能够正确地完成作业。这些有洞见的谈话对每个人都管用，也让学校辅导员在体系化改变中发挥重要的作用。

帮助家庭就能惠及学生

　　使用焦点解决方案的学校辅导员，如果辅导学生的同时也能与家庭沟通，那么，将会有很多收获。

　　● 与家庭成员会谈将帮助学校辅导员了解家庭情况，确定孩子们在家里得到什么支持或者没有得到支持。这样的会谈也让孩子们觉得安全，可以谈论他们的担忧和需求。如果和家庭成员会谈后，学校辅导员了解到这个家庭没法对孩子们的需求做出回应，他或她将和学校职员一起想方设法满足孩子或少年的一些需求。

　　● 通过观察家庭成员之间的讨论，学校辅导员可以问参加会谈的每个家庭成员目前用于解决问题的策略能否实现大家期望的目标。如果他们的答案是否定的，辅导员就可以建议大家讨论通过不同的方式做事。这时问大家奇迹问题可以达到效果！

● 让家庭成员参与会谈，如此学校辅导员可以让家人对孩子抱有新的、鼓舞人心的想法，让他们通过新的认知方式了解孩子，然后在家里和孩子互动。对于新观念，不可避免会有新反应。新反应对他人会产生多米诺骨牌效应，继续改变的过程。

学校辅导员引导转变，帮助他们进入体系，为家庭提供一个新结构，产生影响，指明转变的方向，解决他们的担忧。在这个新结构中，大家看到自己和学生比之前更有能力。

● 学校辅导员将帮家庭成员看到自己不是无助的，因为谈话让他们找出问题之外的例外。
● 学校辅导员将帮家庭成员找方法助力他们的孩子重建名声，先在家里做好，然后到了学校不仅能够得到支持，而且能够继续表现得不错。当学校和家庭合作时，事情变得更好。

抱歉，不可以

做私人心理咨询时，我时常到接待区，看到某位少年和家长在那里候诊。和他们打招呼后，家长就跟我说她或他得去办点事，一小时内回来接孩子。从合规的角度来讲，家长不在场的情况下，我不能和18岁以下的少年会谈。从理论上说，作为家庭治疗师，我需要和家长、孩子一起会谈。所以我一般会告知家长，我理解他们有事忙，但我需要和他们聊聊。

幸运的是某次会谈后，家长体会到和孩子、我一起会谈有帮助，所以后面的会谈都和孩子一起过来。

下面是艾利奥特·康妮提供的关于家庭治疗会谈的案例。该案例向大家展示父母是如何改变彼此的，即使开始不乐意，但全家最后都随之发生了转变。

"奶酪" 干预法

道格拉斯13岁，我给他和家人做心理辅导时，他就读八年级。他生活的大部分时间都在对付注意缺陷与多动障碍和行为紊乱，在过去的几年被安置在几个家庭外的场所。事实上，道格拉斯的行为变得非常严重而不得不送他去和祖母一起住，这样才不会伤到兄弟姐妹、母亲和继父。

道格拉斯接受治疗期间，挑衅行为戏剧性减少，所以家人决定带他回家。在整个治疗过程中，母亲和继父都到祖母家参加会谈。道格拉斯有好几年没回家，母亲和继父决定让道格拉斯这个周末在家过夜，然后第二天安排一次会谈。

家庭会谈开始前，道格拉斯的妈妈打电话跟治疗师说，前一天晚上道格拉斯和她还有继父之间发生严重的问题。妈妈非常情绪化地解释说，她和丈夫吵架后，道格拉斯变得非常沮丧且挑衅。妈妈说她担心自己的婚姻能否在吵架中延续下去。治疗师到道格拉斯的家里去做会谈，知道道格拉斯和两个弟弟都在家，就带了比萨给孩子们吃，好让父母和治疗师可以先谈一会儿。治疗师走近道格拉斯家的前门就能听到叫喊声。以下是会谈的选段。

治疗师：咱们今天讨论什么对你们有帮助呢？

母　亲：我想谈论我们的婚姻。如果道格拉斯打算待在这里，我们得确保不要在他面前吵架。

继　父：我赞成。我就是不知道如何让她听进去这个。

治疗师：听进去什么呢？

继　父：我爱她这个事实，而且我绝对不会因为任何人或任何原因离开她和我的家庭。我们所有的争吵都是因为她指责我想离开。

母　亲：那是因为你忽略我。我没感觉到你想留在这里。你不再让我感到特别了，而且我害怕你离开的想法。

继　父：我哪里都不去，我爱你，而且
　　　　我绝对不会离开你（继父说着
　　　　从他原先坐着的沙发上站了
　　　　起来）。

治疗师：您现在觉得自己被忽略了吗？

母　亲：是的。

治疗师：那跟我说说您觉得自己没有被丈夫忽略的时刻。

母　亲：那很简单，当他抚摸我的时候。当他抚摸我时，我觉得自己
　　　　是世界上的唯一。

（接着继父坐回沙发，把手放在她的脸颊上，开始哭了起来。）

继　父：我爱你，你是我的一切。

母　亲：（哭泣）我也爱你，我没想过失去你。我只是想让你开心。

治疗师：我很好奇。您现在感到被您的丈夫忽略了吗？

母　亲：没有。我喜欢这样的感觉。

继　父：我也没感到自己被念叨不停。

母　亲：这么做很俗，但却有用。比起刚才会谈伊始，我觉得完全不
　　　　同了。

治疗师：我们如何用这一点来帮你俩在未来不觉得被忽略或念叨？从
　　　　我刚才看到的好像非常有效。

母　亲：我知道这么做非常俗，但是当我感到伤心而且被忽略时，我
　　　　会问他要"奶酪"的。

继　父：我会确保把奶酪给她，因为我不想被念叨（笑声）。

接下来的一个月，我一周会见这个家庭一次，帮他们适应道格拉斯在家里待得更久更频繁一些。夫妇俩汇报他们继续使用"奶酪"干预法，注意到两人之间的争论急剧减少了。结果，道格拉斯在他们的照顾下也开始表现变好。最后一次会谈时，夫妇俩告诉治疗师他们打算买栋大一点的房子，让道格拉斯和祖母住进来。

进入运转的体系

体系理论教导我们，理解体系的各个成分之间有许多关联、相互交织，有时延迟的关系常常跟理解体系中的独立成分一样重要。如艾利奥特·康妮在上述案例中发现，通过帮助父母化解彼此的差异，发现另一种表达各自需求的方式，道格拉斯也开始表现更得体。在大多数家庭，当父母体系同步而且运转很好时，儿童和青少年会感到安全，很少发脾气。然而，如果父母两人不和谐，不安就会渗入体系。为了引起父母对不安的注意，少年就用行动发泄情绪，儿童会发脾气，或在学校不好好学习。

有一次研讨会，一位学校辅导员问我应该如何处理一位16岁的女孩对母亲非常不尊重的事件。女孩说她只想离家出走，她就可以自由。学校辅导员试过建议女孩完成高中学业并期待大学，但女孩拒绝听任何建议。我跟学校辅导员再多聊几句之后，辅导员最后提及她最近跟女孩的母亲见面，发现女孩的母亲对办公室的职员专制、粗鲁而且挑剔。这样就不难理解女孩为何如此不讲理，而且对其他人也不礼貌。学校辅导员在研讨会后告诉我她现在打算下周跟母女俩会面，讨论她俩对彼此的尊重。

在《危险游戏》这部电影里，曾经当过海军的罗安妮·约翰逊接受了东帕洛阿尔托高中的一份全职工作。罗安妮意识到班里的学生非常聪明，但他们的社会问题让他们没法赢得别人的尊重。她很快了解自己要么放弃他们，因为他们对她有暴力和不敬倾向，要么学会如何和他们合作来赢得学生的注意，帮助他们学习。有一位名叫拉乌尔的学生，是位精明的拉美裔小伙子。有一天他和另外一位男孩打架，被驱逐出学校3天。罗安妮老师试着和拉乌尔聊他的优点和能力，甚至表扬他作业完成得不错，虽说这些作业是他偶尔提交的，但这些都不管用。有一天罗安妮老师开车去他家跟他父母聊，拉乌尔的家在少数族裔聚集区，父母见到老师很惊讶。拉乌尔也在家。起先，父亲掌控整个情境，跟老师保证会严厉惩罚拉乌尔在学校惹下的麻烦。老师打断父亲，说她不是来这里确认拉乌尔受惩罚。相反，她来拜访是想告诉他们"拉乌尔在我的班里很棒。他非常聪明、有趣而且能说会道……事实上，他是我最爱的学生"。父亲感到很震惊，瞅了瞅儿子，说："真是个奇迹！"老师朝拉乌尔微笑，拉乌尔也对老师笑了笑。

"当罗安妮老师进入学生的体系时，发生了什么？"

家访之前，父母基本认为儿子将来会辍学。当拉乌尔从学校回家时，他们从未问及作业完成的情况，他经常溜出去跟街头的朋友们一起鬼混到黎明。然而现在，故事随着拉乌尔被发现有了新声誉而发生了改变。我的直觉是，当罗安妮老师离开时，父母对儿子又燃起希望。今后，当他放学回家时，父母可能会问"有作业吗？你的老师说你很聪明。去学习吧"。这部电影是根据一个真实的故事改编的，最后拉乌尔顺利高中毕业。

有时间做家庭辅导吗

虽说学校辅导员不是家庭治疗师，但有时和家庭成员会面一两次，会对他们孩子的教育产生不同的影响。作为学校辅导员，如果学生说家里的事导致他们的学业遇到挑战，我经常会在学校办公室和家庭成员会谈。我也常发现和家庭成员会谈的好时机是家长送孩子上学的时候。会谈的时间不长，一般只需会谈一次，尤其是使用聚焦解决方案途径的时候。当家长了解学生在家里的需求时，学生很快就有进步。

在学校做心理辅导可以比较灵活一些，家长可以白天过来或者放学后过来。这时我需要跟老师说家长过来会谈那天学生可能会请假。我发现和家庭成员会谈，我可以为孩童或少年多做些什么，家长也因为得到免费辅导而激动。和家人会谈，关注家人如何帮自己的孩子提升学校的表现，如此能够帮助家庭改善他们互动的方式，这样学生回到教室就能放下心事。

还有一个好消息是在学校和家庭成员会谈与在私人诊所会谈有所不同，一般焦点解决治疗师会跟家庭成员在私人诊所会谈6次。然而在学校，

你只需处理学校的问题，这会让你们的谈话变得简短。事实上，会谈大概简短到30到45分钟，大多数人一两次会谈就可以了。

在学校与辅导对象的家庭成员会谈时，我发现大多数老师和行政人员欢迎这样的做法，允许学生请假来参加会谈。参与会谈的老师只需知道你需要学生的一些时间，学生会把落下的功课补上。一定告知老师会谈的时间，如此老师就不会觉得很突然。学生有时不乐意让父母参与，但之后常常汇报说家长、孩子一起会谈是值得的。和家庭成员会谈，提出带来更持久变化的新思维，这时体系将会发生转变。

在学校和家庭成员会谈的基本步骤

如果你和家庭成员谈论各种议题，以下步骤可能对你有帮助。你会注意到这些步骤遵循辅导学生和老师的协议。不同的地方在于你听到更多的声音，了解他们的最佳希望，和他们谈论例外。

❶ 自我介绍

会谈从自我介绍、了解大家的名字开始。问家长在哪里工作，让他们稍微介绍下自己。也在会谈开始前让家长跟你讲讲孩子的一些强项。叙事治疗师和叙事治疗的共同研发者大卫·爱普斯顿提及他怀疑有些会谈开启的特殊方式可能会引发一些紧张。以下的选段来自心理学家爱普斯顿的著述。

"大卫·爱普斯顿总结：把美好和事件编织在一起，开启形成中的故事线。尽管构建的故事基于长久的价值和事件，直到现在才得以充分地发展或中肯地讲述，但它仍然是一份早期的初稿。"

因此，和惹上麻烦、学习不好的孩子家人谈话，一开始时可以这么问：

"我可以岔开话题一分钟，从你们这先了解一些事情吗？我想了解在孩子成长过程中你们看到他们美好的地方。可以跟我分享这些美好吗？"

然后：

"您能跟我说说曾经有哪些时刻关于儿子或女儿的某个记忆让您微笑并记住这个美好时光？我想了解他或她。"

以这样的方式开始，难以进展的谈话也能奇迹般开展，而且也帮父母回想过去更好的时刻。如果你觉得某位家长在会谈前很沮丧，可以问家长这个关于美好的问题。家长的答案可能让孩子宽心，因为可能有一段时间没从家长这边听到亲切的话语了。

❷ 了解家庭成员的最佳希望

问参加会谈的每个人，尤其是学生：

"我们会谈期间你们的最佳希望是什么？"

最佳希望最好是具体、可行的目标，然后再继续问"这样的希望会对你产生什么不同？"。诸如"我想让他停止＿＿＿＿＿＿"这样的目标，帮助家长重新组织语言，改成"那么，与之相反，你希望做到什么呢？"这样的问题，这样目标就变得可行。

❸ 描述一个更好的未来

听到最佳希望之后，帮家庭成员聚焦一个更好的未来。问每个人以下问题：

"你认为会发生什么事告诉你事情好转了？"

"谁会做一些不一样的事情？还有谁？还有其他人吗？"

"这些改变如何有用？"

"这些改变如何影响你的家庭生活？"

"你会采取什么方式小规模实现目标？"

❹ 辨认例外

家庭成员定义更好的未来之后，对每个人说：

"我想让你们回想某个例外的时刻。"

"还在哪里发生这样的事？"

"在什么样的情境，甚至不是在家里的时候，目标实现一点点？"

听每个人的回应，然后写下来。

❺ 使用等级

"你们每个人都描述了问题不太严重的一些时刻。让我给你们读读这些时刻。"然后读每个例外情境，并继续说：

"大家都来回答这个问题：在1到10的等级里，10意味着你们家实现了我们讨论过的目标，1意味着你们家还没实现这个目标，你们现在怎么给自己打分？"

"如果下次跟你们会谈时，你们的等级上升，根据我刚才给大家读的例外情境，说说你们是怎么做到的？"

这时结束会议，问大家的反馈，问家庭成员：

"今天我们在这里做了什么你们觉得有帮助？"

这是你和参加会谈的家庭成员需要口头说出来的珍贵信息。它将让你有动力继续辅导他们，而且也会给家庭成员传达你真诚地给他们做心理辅导这样的信息。从这个信息你也将了解接下来继续要做的事。

使用以下家庭解决方案模板来帮助你们进行会谈。会谈结束后复印这份文件给家长。

家庭解决方案模板

全家人的最佳希望是什么？

_____

_____

家里的每个成员在未来将看到什么意味着事情好转了？（问5遍）

_____

_____

更好的未来在之前什么时候已经稍微发生过？还有什么别的时刻？（问5遍）

_____

_____

> 　　在1到10的等级中，10是最高等级，今天开始谈话时全家人处于哪个等级？大家认为需要做什么才能迈向更高的等级？
>
> _____
>
> _____

　　参加会谈的家庭成员离开之前，问他们是否想再会谈。

成功家教的新方式：问学生

　　下面的案例展示如何开展会谈，来帮助一位中学生的父母知道她的需求。

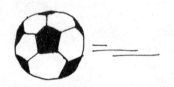

12岁的索菲亚足球踢得非常棒。她还是婴儿时被领养，现在在家里排行老二，哥哥是父母亲生的。索菲亚有点叛逆，所以有时她好像没法尊重别人——除了在足球场。她说自己的教练无法忍受任何的叛逆或不敬；如果她叛逆或不敬，教练会让她跑5公里。

　　索菲亚用喷漆在学校墙壁涂鸦时被逮着了，于是她被安置在另外一所学校管教，这所学校的规章制度很严格，不遵守就有严重后果。索菲亚在那里表现不错。事实上，那个学期索菲亚的学习成绩和行为第一次都表现得很好。索菲亚的父母带她来做家庭心理咨询，这时父母仍然不知所措。尽管索菲亚在受管教的这所学校表现变好，她在家里还是不尊重别人而且喜欢惹是生非。我们的谈话进展如下。

　　琳　达：我们今天在这里讨论什么会让大家觉得很有收获呢？

　　母　亲：我们得知道怎么在家里安顿她，就像学校管教她一样。我们也不想她再出什么事被抓住。

琳　达：你们想让索菲亚在家里的表现变好。这看起来是什么样的？

母　亲：她会更尊重我和她爸爸。

索菲亚：（诅咒着）我为什么要这么做？你们又没有为我做过任何事情……从来没有。我让你们带我去某些地方或帮我一些事，你们一直都说没时间。总是说："我一有时间就去。"

琳　达：索菲亚，我很好奇。你爸妈说你在另外一所学校表现得相当好。告诉我是什么帮你做得这么好。

索菲亚：我不知道。我猜是因为我每天都赢得分数，而且每次赢得分数，我就获得特权。我也知道我能做到的。

琳　达：知道你能获得这些奖励，这对你而言意味着什么？

索菲亚：我猜这让我关注自己做的事。

父　亲：索菲亚，我们之前在家里也为你制订过计划。我们还说给你零花钱当奖励，但你还是不听话。

索菲亚：没错，因为你们总忘了给我零花钱。

父　亲：我工作没了，所以这也是没办法的。

索菲亚：是的，但你只是从未遵守任何诺言。

琳　达：索菲亚，什么才是更好的状况？

索菲亚：我来告诉你们我需要什么。首先，一份带着日期的计划，这样我就可以完成任务，任务可以写在图表上，这样我就不会忘记。其次，我如果做对事，每周都能得到爸妈答应给的零花钱。如果某一天我做错了，他们可以把那一天减掉，在周末根据我做对的事给我零花钱。周五给我就行。最后，他们答应给我的特权就得信守诺言，如此我心里也有数。

那一天，索菲亚展现了她成熟而又真诚的一面。索菲亚基本上描述了另外一所学校的管教对她起作用的方式，然后将其量身定制应用到家里。她的父母听了她的3个想法后说他们确实常常没有遵守诺言。然而，跟父母谈论时，他们下定决心让女儿回归正轨，所以他们能够彼此约定和索菲亚一起讨论，在她的协助下把任务表制作出来，然后试行一周。一周后，索菲亚的父母说女儿在家里比较自觉做事，而且也尊敬父母了。我问索菲亚她父母做了什么不一样的事情，索菲亚回答："他们终于遵守诺言了。"

当父母很难用不同的方式来看待学生时，可借鉴一个案例

一旦家庭成员看到自己对于解决孩子问题的影响，他们会变得相当有帮助。然而，一些父母仍然很难看到他们的作用。当这样的情况发生时，学校辅导员也可以把问题外在化的过程作为一个策略，这本书讨论过几次"问题外在化"，这个策略能够把责备最小化，促进家庭成员相互配合。

以下案例描述16岁的乔伊发现问题不在于他而是紧张的家庭氛围之后，提升了自己的行为。

乔伊现在读高二，上学期间一直是明星运动员。他学前就开始打棒球，在体育方面一直优秀，直到今年，由于3门课不及格，被迫退出校队。乔伊在家心情沮丧、反叛，他和母亲、继父和哥哥一起来做心理咨询。学校担心乔伊的成绩以及他跟别人打架的倾向。

第一次和乔伊以及他家人会谈时，乔伊的母亲说了自己的一些担忧，比如乔伊两岁时，爸爸被谋杀了；乔伊对她和在学校的暴力倾向；她害怕乔伊高二会留级。乔伊的继父说他和乔伊的关系稳定，但由于最近乔伊不再跟他说话，不在家里学习或和家人相处，而是和朋友在外面待到很晚才回来，他为此而担忧。

我一边听着家人各自描述困扰乔伊的问题，一边注意到乔伊盯着地板，在沙发上越陷越深，好像屈服于影响他人生的这些问题。家人非常担忧，而他们的担忧也埋没了乔伊，制造了一种无可救药的感觉。他们管教乔伊，想让他对自己的行为负责，然而他们的管教加深了乔伊的反叛。作为心理辅导员，我不能再打听困扰乔伊的问题，让他们创造更多的无望氛围。

我作为老师、学校心理辅导员和治疗师的经验是，当少年被指责或批评时，他们的回应是反叛、抵制以及伤心。我对乔伊的观点以及解决学校问题的方案感兴趣，我也知道让他配合这个心理辅导，需要和他结成牢固

的联盟来面对问题。我想他上学期间至少有些时候在学习方面是胜任的，因为他已经成功升入高二，而且愿意跟家人一起来做心理咨询。想着这些例外，而且推断乔伊自己想让事情有所转变，会谈开始时我先关照家人的担忧，接着提问。

琳达：对你们所有人而言事情好转是什么样的？

沉默几分钟后，家人回答。

母亲：我不用再担心乔伊的成绩或他在学校发脾气，这样就说明事情好转。而且学校不再给我打电话说乔伊的行为，这样我就不用忧心忡忡而是信心满满地去上班。

继父：家里的氛围不总是那么紧张，而且我不需要一直盯着乔伊，可以多照顾乔伊的弟弟汤米。

汤米：我可以和乔伊一起玩耍，不用害怕他会打我，而且我可以请更多的朋友来家里，因为家里的吵闹声变少了。

乔伊：我不知道。我猜上学的情况会变得更好，每个人——不管在家里还是学校——不用再盯着我做事。

听完全家人对问题的描述，我问父亲刚才提及的紧张氛围是什么，家里的每个人如何面对这种紧张氛围。我跟大家解释，问题一般是因彼此之间的交集摩擦而遗留了下来，更何况人们往往会延续问题。这样想着，我跟每位家庭成员说：

琳达：我常常了解到问题之所以保持着，我用"保持"这个词——可能是人们由于自己的行为让问题影响了别人。每个人都跟我说说你们怎么让家庭氛围处于紧张状态？

母亲：我一直对乔伊唠叨，我太担心了。我担心乔伊时对布莱恩（继
　　　父）大喊大叫。乔伊成绩不好时我也抱怨太多。我非常沮丧，
　　　所以一直对他唠叨。

继父：我对乔伊挑刺。我和我爸爸过去常常拳来脚往，我过去以为和
　　　乔伊一起玩他会开心。错！我确实没有控制好自己，突然就愤
　　　怒回应乔伊。

汤米：乔伊让我烦的时候我就对他吼叫。他遇到麻烦时，我跟爸爸妈
　　　妈告密，然后大家都一起吼叫。我猜他的朋友过来时我激怒了
　　　他。我本以为这样有趣。

乔伊：我没做学校作业，没按时回家，而且他们对我吼叫时，我也吼
　　　叫。我很容易就怒火冲天。

　　随着每个人都描述自己如何导致家里的紧张氛围，乔伊开始看他的家
人和我而不是地板。他好像感到大家对他的指责变少了，而且家人也没指
责他。我们继续谈论家里氛围不那么紧张的时刻。

琳达：乔伊，带我回到学校你学得还不错的某个时刻，还有你爸爸说
　　　的紧张氛围还没占据你生活的时刻。

乔伊：去年。我去年通过了所有课程。

琳达：你是怎么做到的？

乔伊：学校有一门叫《学业机会》的课程，你如果需要帮助就可以
　　　修这门课。我需要帮助时，就去上这门课，所以通过了所有
　　　考试。

琳达：真的呀！顺便问一下，你现在4门课不都通过了吗？

乔伊：通过了。

琳达：是哪几门课？

乔伊：数学、英语、家庭经济和艺术。

琳达：很棒！你通过考试的秘诀是什么？

乔伊：我不知道。我在班上完成作业，然后上交。

　　乔伊显然变得明朗起来，也更愿意交流了。他开始描述过去通过课程考试的其他一些方法，以及他现在通过考试的策略。他回想几年前妈妈表扬他，给他的奖励是共度时光。他也提到妈妈最近的反应不一样了，没注意到他通过的考试，几乎都没有拍拍他的后背表示赞许。据乔伊说，她担心自己的絮叨是对的：她的鼓励适得其反。

　　乔伊接着说继父，回想有一次他上交作业前，爸爸帮他检查作业。乔伊的继父承认最近在检查乔伊作业方面自己不太尽职，他回想起自己过去很喜欢检查乔伊的作业。乔伊描述自己过去的成功，这时母亲提及自己担心乔伊在学校的暴力倾向。乔伊承认他脾气不好，但会谈到了这个时候，他也改变了自己的想法，说自己从八年级开始不止一次学会控制自己的脾气。我好奇他如何控制自己的脾气，尤其是这个问题是家庭和学校让我关注的。我让他描述自己如何控制脾气。

乔伊：有一天在学校，我和6位朋友一起吃午饭。我们站起来取一些食物，回来时发现有一群男生把我们的书扔到地板上，然后坐上我们的席位。我紧握拳头，准备打架，这个状态大概有15秒的时间。

琳达：后来你打了吗？

乔伊：没有。

琳达：你是怎么阻止自己的？

乔伊：我们问他们："你们能不能去别的地儿？"然后我注意到教练正注视着我们。我让自己冷静下来。

琳达：哇，你们让他们先挪动位置？

乔伊：是啊。

琳达：这个方法在其他情境也管用吗？

乔伊：是的，管用。

琳达：非常不可思议。再跟我说说吧。

乔伊：有一次是跟我妈妈，她对我大吼大叫，然后一把抓住我。我快疯了，

但我还是保持冷静，没有打她。

琳达：真棒！

乔伊：我不会打我妈妈的。我爱她。

这个会谈以一个简单的任务结束：请全家人努力缓解家里的紧张氛围。通过缓解紧张，让紧张外在化。随着全家人讨论他们之前怎么让问题保持下来，他们发现自己可以做一些事不让问题掌控他们的关系。乔伊说他的具体策略是控制怒火，在学校通过考试，而且他也说了母亲对他而言是重要的。他确实有自己需要的资源来逃脱紧张氛围。我提醒他和家人有许多时刻他可以不让问题影响他的表现。其他家庭成员听了我从乔伊这边打听到的例外后，赞成目前的问题是紧张氛围。家庭生活不受紧张氛围的干扰，为了帮助全家人关注更多这样的时刻，我让乔伊和他家人做以下活动："下一周，我想让你们都有意识地注意不让紧张干扰你们的家庭生活。乔伊，我想让你关注完成得不错的学业，尤其是你通过的4门课程，具体注意你是怎么做到的。"

让对方注意问题没那么令人困扰的时刻，通过这样的任务，乔伊和家人更可能看到宽慰，而且会认为自己更有能力面对问题。让自己在学校的表现和学业都获得成功，减少对家人和老师的依赖，乔伊感受过自己这样的能力，因而在解决问题的过程中获得独立的能力显然能够构建自尊并让少年更有动力发生转变。

一周内，继父再次检查孩子的作业，母亲不再对孩子唠叨。3周后，乔伊的成绩提升了，考试也通过了。汤米，遵循父母的做法，不怎么干扰哥哥，结果是跟乔伊在一起的时光更愉悦。实在有趣的是后来的一次会谈中，乔伊的母亲对我说："我开始更多关注乔伊通过考试的课程而不是没通过的，我也关注了我们相处融洽的时刻而不是出现矛盾的某一天。"这真是第一次会谈后任务完成的好结果，而且我只是建议家人寻找例外，行动转变是由每个人自己决定的。所以我跟母亲说，她跟儿子相处得这么好是她自己付出的努力。

这个案例让读者注意遵循我辅导乔伊和他家人时把紧张氛围外在化的

乔伊一家运用焦点解决方案的笔记

聆听每位家庭成员讲述各自的担忧。注意听他们描述担忧的用语。他们的描述将帮助你和他们一起把问题外在化，然后面对困扰全家人的这个问题。下面是乔伊一家如何开展会谈的步骤。

❶ 问题外在化

紧张。

❷ 最佳希望和更好的未来

乔伊不怎么发火，他在学校通过考试。乔伊提升自我时母亲注意到了，而且不怎么接到学校对乔伊的批评。

继父和乔伊再次融洽相处，一起完成家庭作业。汤米有更多时间和同龄的孩子一起玩，不过多干扰哥哥。

紧张氛围将被家人之间"更好的互动"取代。

❸ 例外

乔伊的年龄与他上学的年级相符。

乔伊6门课有4门通过了，这些通过的课程是他参加《学业机会》课程培训以及上交作业做到的。

乔伊遇到困难情境时，在他发脾气之前先有礼貌地回应，这样他就不会发火了。

母亲过去支持、表扬乔伊，于是他在学校表现得更好。继父检查乔伊的作业，对乔伊更耐心，而乔伊作业也完成得不错。汤米没跟父母打乔伊的小报告，兄弟俩之间的冲突变少。乔伊很爱母亲，不想伤害她。

给家庭进步打分

在前面所述两名打架的小学生案例中，我用了一个修改过的打分问题。通过不同的方式使用等级打分问题，中间是5分，两个孩子分别处于等级的两端，然后集中精力迈向一个共同的目标。对家庭而言以同样的方式使用等级打分问题也有帮助，尤其是当家里的某个成员觉得家人不像他或她一样付出努力时。以下案例描述了这个困境。

15岁的萨姆由于携带刀具被警察逮捕了，之后被转交给心理辅导机构。萨姆在附近的心理治疗机构接受了10天治疗后，他和家人开始了家庭治疗。萨姆开始游说家人让他恢复用车的权利（他有青少年受限类驾照）和其他特权，父母拒绝了他的请求，萨姆感到非常沮丧。父母告诉萨姆他需要做什么才能恢复用车的权利及其他特权。萨姆看着我说："看吧，他们从未妥协。"我关心的是萨姆真的认为家人不想把事情处理好，同时也看到他下定决心满足自己的愿望。于是我向萨姆提出以下的等级问题：

> 琳达：我打算画一个打分等级，你和爸妈的目标放在中间。然后我把你和家人放在等级的两端，因为你们现在意见不一致。萨姆，你看看这个等级，如果要实现你们谈论的目标，你现在觉得自己在哪个分数？你觉得爸妈在哪个分数？萨姆的爸爸、妈妈，你们觉得自己在等级的哪个地方？你们觉得孩子处于哪个地方？

萨姆说他现在的分数是"1"。他没有计划。

萨姆父母的分数是"4"。他们为萨姆制订了计划，但萨姆无动于衷。他们说如果萨姆可以达到"4"，他可以拿回自己的车并享有一些特权。同时，他也得通过家庭测试，证明自己不再打架。

父母继续列举他们为了提升等级分数乐意做的事，而萨姆也需要做一些事让自己前进。他们一起协商的结果是如果萨姆达到4分的等级，而且3个月内不再打架，不与社会上的朋友来往，父母没接到学校汇报纪律问题和逃课的电话，那么他就可以取回车。

如等级分数展示，萨姆没说明他愿意做什么来实现目标，他更关心父母会做什么。等级帮他看到父母是乐意协商的，但他没有配合。所以，他变得非常安静，之后开始配合父母的要求。

| 1 | 2 | 3 | 4 | 5 | 4 | 3 | 2 | 1 |

如果不好发现父母的能力，那就聊聊他们的工作

我既担任学校心理辅导员，也是一名家庭治疗师，我知道不是所有会谈都按我的计划来。有时父母对自己的孩子不知所措，想象不到事情会好转。他们没能回想孩子表现好的时刻，只是看到现在的问题。当这样的情况发生时，可以跟家长聊聊他们的职业，因为在他们的职业生涯中，甚至是个人生活中，大多数家长使用奏效的策略来面对工作和生活。帮他们看到在家庭外使用的策略在家里使用也同样有效。比如，思考以下的特征：

秘书：耐心和善解人意，解决问题
医生：彻底，对病人的态度，寻求答案，提供主意
律师：客观的，事实的，聆听，支持的
教师：有组织的，有方法的，试着有所帮助
建筑工人：有创造力的，听他人的指令并遵从

辅导家长时，尤其是当我寻找例外时，关于他们的职业和人际关系，我问了以下的问题：

"您和他人共事时老板说您最棒的资质是什么？"
"您的伙伴或朋友会说您做了什么得以建立不错的关系？"

"您在工作中处理问题的方式会跟在家里做事的方式不一样吗？"

"如果假装自己的儿子或女儿是您的客户或同事，他们也是这种类型的行为，您会有什么不同的处理方式？"

这些问题帮家长在别的情境检验自己的能力。当典型的家教策略不管用时，许多家长觉得情况也许已经超出他们的掌控。通过帮他们认出家庭之外的例外情境，他们能够发现他们常用来处理成人问题的其他方法，并且能够以不同的方式交谈。校园心理辅导对象要是能够发现个人能力和例外，或者他们使用这些个人能力的时刻，那么现有的问题就不那么可怕了。毕竟，他们只需集中精力做他们知道该如何处理的事。

在学校和团队合作

还记得第一章提到的奈特吗？如果只是单独和他见面，他很可能会花更长的时间保证出勤。当学生在学校遇到行为和学业上的挑战时，他们常常单独和辅导员会谈。在这样的谈话中，辅导员和学生可能找出策略，暂时缓解学生或移交学生的老师遇到的情形。然而，学生找到解决办法后，

心情明朗地回到班级，却可能会被之前制造问题同样的环境困住。没有老师的支持，乐观的学生持续改变的机会快速减少。

在学校使用焦点解决方案，变得更有帮助的是在谈话中，让学生每天都关联的体系各方都参与进来。

构建一个焦点解决方案的高效团队

使用焦点解决方案时，我总强调系统性思考的重要性，这是贯穿整本书的核心思想。在同一体系中的成人和孩子分享"最佳希望"，既能顺利展开会谈，也能带来更多机会。

首先，体系开始从不同的语境看待、了解学生，并意识到学生确实想获得成功。参加会谈的每个人都在找有帮助的策略，这时参加会谈的学生常有相当不同的表现。

其次，学生开始以不同的方式了解他或她的老师，意识到老师的愿望是有帮助的。如此产生的新关系开始把一个体系从某个存在问题的体系转变成提供机会、实现解决方案的体系。

这个过程跟焦点解决方案的谈话相似，只是得到团队许多个体的回应。结果是大家一起描述诸多强项和例外，而不是讨论不足之处。焦点解决方案的团队谈话是一种崭新的途径，这样的途径不像传统的心理干预会一样，让教育工作者充当专家的角色，而是邀请学生和家长协助教育工作者设计解决方案。在教育过程中一般都会讨论问题，但这样的讨论却很少为师生提供有效的解决方案。常常是教职工只是布置任务让学生做或给学生建议策略，但学生不遵循，也许是策略不合适。但教职工却觉得他们比学生付出更多努力而不管用，于是就放弃了，导致两败俱伤。

焦点解决方案的团队谈话没有过多关注问题本身，而是强调效果，如此加大了转变的可能性。会谈期间，团队深入了解学生，不仅他们和学生之间的关系发生转变，他们也了解到例外情境（对学生而言事情较好的时刻），而且能够用这些发现来规划对学生的干预。

根据以下步骤形成、应用焦点解决方案的团队谈话，这个过程被公认是最成功的。

1. 邀请团队中的老师（学生上学期间接触的每个人）、家长和学生来参加会谈。

通常老师收到来自学校心理辅导员的请求，即在开展焦点解决方案的团队会议之前的几天寻找学生的例外情境。可以用后面的表格给老师发这样的请求。这张标题为"观察成功"的表格告诉老师会谈的焦点及氛围是什么样的，并让老师为此做好准备。如果没有这样的提示，会议可能会变成老师数落学生，以及聚焦对问题本身的

讨论。

2. 焦点解决方案的团队谈话全程包含的步骤跟整本书提及的个体谈话步骤相似，只是参加会议的每个人都会回应，包括家长和学生。

表格"焦点解决方案的团队谈话"为团队领导或学校辅导员提供简单的步骤来开展对话。

3. 追踪体系支持和连贯性提示，鼓励老师和学生每周填写"例外的发现"表格，让师生总结并注意在学校的一些美好时刻。

下次会议可以向团队展示这些例外，并为有效策略提供更多信息。

焦点解决方案的团队谈话

姓名：

日期：

1. 辨认最佳希望：团队组长在会议开场时感谢所有的参会者，然后问大家以下问题，开始谈话：

"对于我们今天的会议，你们的最佳希望是什么？"

（参会者如果回答他们不想要的，这也正常。那么提出以下问题帮助这样的参会者发展一个更可行的目标："与此相反，你想要的是什么呢？"）

把答案写在下面：

1到10的等级，1意味着没有成功，10意味着完全成功，现在学生处于哪个等级：

家长：＿＿＿＿＿＿ 学生：＿＿＿＿＿＿ 老师：＿＿＿＿＿＿

（平均分：＿＿＿＿＿＿）

---

2. 创建一个更好的未来：组长感谢大家的回应，并问大家："接下来的3周学生会在班里做什么来提高分数，让我们减少担忧？"

———————————————————————

———————————————————————

3. 辨认例外：组长让老师谈谈例外情境，并让在场的每个人做记录。

"看看你们的成功观察表，事情稍微好点的时刻你们注意到什么？"

引导家长或学生回答这个问题："在其他班级、年级，或在校内情境，甚至是校外，什么时刻境况比较好？"

———————————————————————

4. 从例外发展新策略：组长问学生、老师和家长：

"根据我们今天的谈话，你认为我们可能尝试哪些想法让等级分数稍微提升一些？"

班级策略：

家庭策略：

学生策略：

组长让大家一致同意在某段时间尝试这些策略。（推荐的时长是1到3周。）

下次会议日期：

时间：

观察成功

◇◇◇◇◇◇◇◇◇◇

敬爱的老师：

在_____月_____日_____点_____房间将为_____开展焦点解决方案的团队谈话。会谈参与者包括涉及_____学习生涯的每位老师、学生和家长。谈话不超过30分钟。谈话之前，请您关注学生在学业或行为上表现稍微好一点的时刻，请注意那些时刻都发生了什么。请老师们思考课程计划、活动，与其他学生、老师的互动，或者任何展示小小成功的其他行动。请在下面的横线上填写"例外"，然后带着这份表格参加谈话。

谢谢！

例外的发现

◇◇◇◇◇◇◇◇◇◇◇◇◇

日期：_____

学生：_____ 年级：_____

这份表格只记录例外——学生在班里参加活动、情境或完成任务时更加成功的时刻。

第一周的例外：列出活动、情境或任务

1. _____

2. _____

3. _____

4. _____

5. _____

周分数：学生：_____ 老师：_____

第二周的例外：列出活动、情境或任务

1. _____
2. _____
3. _____
4. _____
5. _____

周分数：学生：_____ 老师：_____

第三周的例外：列出活动、情境或任务

1. _____
2. _____
3. _____
4. _____
5. _____

周分数：学生：_____ 老师：_____

例外发现的魔力

让学生加入团队，师生关系也随之转变。本来学生觉得老师们都不喜欢他，加入团队后听到诸如"你在小组的表现不错……你有领导品质"或者"你看上去真的喜欢我们正在读的书……你能跟我说说这本书哪里吸引你吗？"，这时会产生一些魔力。这些话真的会进化，尤其是老师在团队谈话前找例外情境。开展这些对话的学校辅导员或教育工作者需要一直注意谈话的方向是解决方案，而不是讨论问题本身。这么做对于学生和团队的奖励是产生新的思维方式，这样的思维方式创造无限可能，大大减少不足。

高效且有用的体系化协同合作

20年来，我为学生、家长、学校心理辅导员或心理医师、老师和校长开展焦点解决方案的团队谈话，发现我辅导过的辅导对象95%能够保持他们的转变，家人了解他们对儿童或少年行为的影响，在此之前他们并没意识到这一点的重要性。

家庭动态影响学生的校园生活。如果家里出现经济上或就业上的困难，或者需要治病等，学生就会担心。对于父母如何回归正轨，孩子们不是特别有经验，所以他们担心，但有时担心会体现在自己的行为上，这么做是为了让家长从家庭困境中分心。

尽管你可能不是家庭治疗师，但作为学校辅导员，前述内容指引你开展家庭谈话，让你的校长知道你看到儿童或少年学习上的需求与家人的参与密切相关。即使家人没有立马改变与孩子的互动，也要确保儿童或少年自己提出建议，他们的话语是最有意义的，而且在你的帮助下，真诚地表达他们的想法，很可能让家人有回应，这将让他们如释重负。

有时我怀疑学生担心家长的工作情况或沮丧心境，于是我让家长每天早上在学生去上学时，都跟他们说自己一天的计划，打算如何解决当前的问题，让学生不必担心。这么做的结果是学生的不良行为减少，上学更专心，重新回归学生或孩子的学习生活正轨。

小　结

根据旧金山大学儿童发展中心布莱恩·杰勒德的研究，85%被老师、家长或其他职工转交给心理辅导员的学生，他们的问题都与家庭问题相关。除非家庭问题得以解决，不然即使学校辅导员跟这些被转交的学生聊他们在学校体现的家庭问题症状，学生转变的机会依然渺茫。

在学校的语境下看待家庭境况，这需要社区的共同努力。当然，学校是社会的顶梁柱之一，学生面临来自家庭的压力，向谁求助呢？如果学校有一些基本的服务，比如给学生或家长提供一些个体、家庭和小组的心理辅导，那么许多问题很可能得以解决。在帮孩子们变得更成功方面，学校辅导员使用焦点解决方案，可以帮助家庭实现这个目标。

焦点解决方案培训练习

看看你现在辅导的学生名单，找出你觉得自己没法独立帮助的一位学生。给学生家长打电话，安排一个家庭辅导时段，跟家长说这个时段是为了帮他们的孩子。

_____

_____

家长离开时，写下你对他们印象深刻的几点。

_____

_____

练习给家长写一封信，然后寄出去。

_____

_____

_____

_____

第九章　重新思考如何管理学生

本章提出一个不同的方式思考如何管理学生、防止校园暴力。重新思考如何对待行为不端、让人们惊恐、发泄情绪的学生，郑重提议在学校体系化地营造一个不同往常、应用焦点解决方案的氛围，相信学校将大为不同。

记住马斯洛理论

先回顾一下亚伯拉罕·马斯洛的理论，作为教育工作者，可能每个人都读过他的专著，很久之前他提出人类五种需求的观点。

马斯洛的需求层次论（1943）用来研究人类内在的行为动机。马斯洛用"生理的""安全""归属与爱""社会需求""自尊"以及"自我实现"来描述人类动机通常进展的模式。

其中，马斯洛把自我实现定义为"实现自我的渴望，即个体实现自身潜能的倾向，个体变得越来越像自我，实现个体能够做到的一切"。

根据马斯洛的理论，理想地说，儿童和青少年需要一个语境来实现马斯洛定义的自我。多数学校的儿童和青少年都是友善地尊敬师长，自我感觉好，这是因为他们遇见爱他们、满足他们需求的成人和社区，他们实现了自我。我们喜欢并表扬这样的儿童与青少年，愿意和他们待在一起，促使他们成功。我们邀请他们参加各种各样的学校俱乐部、项目、活动和其他可以突出他们强项的活动。

但有的学生就没有这么幸运了，没有社区关心或满足他们的需求，这些学生渴望这样的支持，但他们来学校的时候还没学会如何请求情感支持。有一些学生非常安静、害羞，甚至对他们的个人生活感到尴尬；另外一些学生发泄情绪，试着感受某种归属感，学生经常选择跟自己相似的群体作伴。这个群体或许不像其他群体那样受到学校和教职工的尊重，于是他们一起寻求公正，采取糟糕甚至毁灭式的方式来实现他们的目标。毕竟，他们是没有健康生活经历的年轻人，不顾一切地希望被人接受、有所归属、有人爱。这些人常被定义为麻烦制造者、危险的学生，或是需要密切注意的学生。

我们教育体系的倾向是给这样的学生下定论，然后把他们转交到别的地方接受管教，让他们学会好的表现、成为好公民。然而，问题是这些学生没怎么接触健康社区，他们中很少有人知道如何欣然接受这些改善他们行为的做法。因此，他们一再重复过错，教育工作者抓耳挠腮，努力思考着下一步该怎么做。行为主义者宣称言行一致的结果应该是行为的转变，他们也宣称奖励是管用的。但是在不断剖析学生、对另一起校园暴力案例的恐惧中，很难采用奖励措施。

因此，充分利用马斯洛的需求理论，做一些不一样的事，采用一条新途径让我们担心的学生走上自我实现的道路。如果人类必须实现归属感、感受被人爱以及自我实现，那么不仅应该让那些行为有问题的学生如愿以偿，也应该让他们加入俱乐部、项目或活动，让他们加入新社区。在参加这些活动的过程中，发生的体系化转变可能给学生提供他们同步也在寻找的东西，而且只会更健康。在跟学生会谈中，问学生被停学、转校管教等之后的愿望是什么，这种相互参与的焦点解决方案的过程，侧重与学生一起创建更好的未来。等学生回来时不是给他们警告，而是欢迎他们回来撰写一个新篇章。

这里提供一些建议步骤。

1.某位学生由于不良行为被转交管教，管理者说明学生破坏了哪个政策，然后期待学生遵守该项政策。如果学生的过失导致被勒令停学，学生回来时，邀请老师、管理者和学生一起参加团队会议，在这次会议中，老师和管理者让学生知道他们决心帮助学生获得学业成功。会议结束后，安排一名导师每天检查学生，确保与学生的联结。

2.管理者邀请学校辅导员和被转交管教的学生谈话。管理者、教职工和学生谈话时先把转交事由搁置一边，这似乎给学生提供一个新机会。教育工作者和学生一起谈论他或她的兴趣。他们的谈话内容还包括学生在校外喜欢做什么，家里的情况，他可能拥有的强项，他们是怎么想让他成为学校整体的一部分等。

3.如果过失还没到立马从学校被转移出去管教的程度，接下来的几周，学校辅导员每周设定一个时间，让学生过来谈论他想讨论的任何事情。用3个焦点解决方案的步骤，勾画出学生的最佳希望。声誉重建谈话也可以在第一次会谈中使用。这样的会谈至少连续开展3周。

4.作为转交管教或停学流程的一部分，管理者接着让学生选择各种俱乐部、活动、学校活动、办公室助理职位等，作为让学生重新融入新语境的一种方式。如果没有学生感兴趣的俱乐部，经过行政部门的批准，安排一名导师邀请学生创建一个俱乐部。学生至少参加新活动6周。如果学生没能坚持下来，教职工得重新思考如何让学生继续坚持，并让导师充分发挥作用。直到学生参与进来，教职工不能放弃！

5.随着这个项目的开展，老师作为教职工与学生会谈，了解学生必须着手做的事，同时每天都友好地关照学生。请老师关注学生的兴趣，并在班级创建机会让学生参与进来。学校辅导员给老师们做一些培训，讲解焦点解决方案这个新项目背后的一些想法。跟老师说明这样的项目一开始对学生而言可能是一种挑战，因此老师得保持耐心，继续鼓励学生直到他们投入到这个项目中来。

6.告知家长学校为学生做的规划，邀请家长来学校和辅导员及老师们会面，一起努力支持他们的孩子，让孩子们在一个有朋友、社区和学校参与的更健康的环境中成长进步。谈话完全按照焦点解决方案，讨论学生的最佳希望，让家长耳目一新。

以上6个步骤，确实需要学校充分考虑后实施，它有利于创建焦点解决方案的氛围，让参与的人彼此联结。一旦学生参与进来，学生就有更好的机会信任他或她的环境，感到自己被重视，最后的结果是作出与先前完全不同的反应，转变突然就出现了。

不要求改变政策，只需改变心态

希望你开始有这样的想法：即使我们面对的是最不尊重别人、最令人绝望的学生，采用焦点解决方案，结果将会有所不同。正如著名心理学家史蒂夫·德·沙泽尔所提出的，焦点解决方案的一个基本原则是："没有顽固不化的辅导对象，只有不会变通的治疗师。"

换言之，为了遵守校园安全的政策，我们需要施行这些政策！我们应该主动联系正在辅导的这些群体，找办法满足他们的基本需求。我们必须记住，我们的最佳希望是为了我们的学校：提供一个安全的环境，学生有动力获得成功，而且确实赢得成功。如果我们当前的管理方式不管用，继续这样的方式途径是不理智的。

我们投入进来，遵循马斯洛的理论，即为了实现自我，创造机会让学生看到自己是成功的，感受到爱与投入。没有这些可行的方法和途径，我们将继续为这些青少年担心害怕，而他们的人生也将迷失。让我们回到加尔萨高中获取灵感吧！

还记得书中前面所描述的加尔萨高中的校园氛围吧，如果某位学生有可疑行为、被开除或辍学，来到加尔萨高中部相当于走进一个热情欢迎的氛围。所有教职工和管理者都很友好、投入，他们关注来校的每位学生，校园特意营造注重尊重和思维方式的环境。教职工持有这样的思维方式，即所有来加尔萨高中念书的学生都想好好待在学校，而他们作为教育者的工作就是帮助学生寻找促进他们成功的因素。他们知道关照每位学生并不容易，但他们决心尽可能不断尝试与学生联结，而整个过程是由学生自己驱动的。

心理学教授辛西娅·富兰克林和卡尔文·L.斯特里特的研究证实，以下8个特征使得加尔萨高中成为应用焦点解决方案成效卓著的学校。

- 教职工强调构建学生的强项

- 关注个体关系及学生的进步
- 强调学生的选择与个人的责任
- 承诺付出努力、获得成功
- 信任学生的评估
- 关注学生未来的成功而不是过去的困境
- 庆祝迈向成功的小步伐
- 依赖设定成果的活动

加尔萨高中的管理者做了一个使命宣言，即人与人之间和个体都反映了焦点解决方案型学校的主要价值和哲学，"冈萨罗·加尔萨独立高中将在相互尊重和信任的氛围中培养一个学习能者社区，在此个体迎接学习、成长以及实现当前和未来成果的挑战"。

期待所有个体，包括管理者、老师、职工以及学生，一起实践加尔萨荣誉准则并树立榜样：

- 随时证明个人荣誉与正直
- 选择和平而非冲突
- 尊重自己和他人

下面是反映学生施行荣誉准则的描述清单。每位学生都熟谙并遵循这个荣誉准则，教职工以身作则，则将增强准则的深入实践。

反映学生施行荣誉准则的描述

- 学生不会被停学，但做错事需要"反思"。
- 学生忠于学校，保护学校环境及其他学生。
- 学生变得更独立、自信，因为他们对自己的成功负责。
- 因为学生在加尔萨享有很多自由，为了赢得成功，学生需要更自律。
- 学生不打架。学生心智成熟。
- 学生尊重校园和荣誉准则。
- 学生尊敬师长。学生之间相互尊重。
- 学生各自了解老师、辅导员、行政人员和职工。
- 在纪律管教情境中，如果学生破坏荣誉准则，学生需承担个人责任。

不要用锤子，多做重建声誉练习

加尔萨高中有80%的学生被评定带有风险，但80%的学生毕业了。他们没有纪律问题。一个问题也没有。这么一所拥有高风险学生群体的学校，学生本来不太可能拿到高中文凭，然而却是学区最平静的一所学校。学校全体职工究竟做了什么创建了这样的氛围？

他们以不同的方式对待不同的学生，创建了一个信任和尊敬的氛围。成人看到投入的力量，于是每天都关照学生。

焦点解决方案的学校辅导员持有这样的思维方式，即她的工作是创建机会（在荣誉准则的期待范围内）让学生自己找到赢得成功的方式。有时学生带着某种名声过来做辅导，询问他们的名声常让他

255

们很激动。任何少年的声誉都尤其重要，因为青春期关乎身份。思考以下对话：

> 辅导员：跟我说说你在霍华德老师班上的声誉如何。
>
> 学　生：他可能会说我不尊重他，实际情况是他比较不尊重我。他上周说我的态度有问题，而且这种态度可能占上风了。

老师这样评价学生和学生的自我辩护通常会让学生在班上更自我防御、反抗权威，因为他的自尊受到打击。学生确实得对自己在班上的态度负责，但焦点解决方案型的辅导员看到的也许是另外的影响，比如老师的评语可能导致不良态度存留下来。少年的本性是觉得自己不可战胜，因此当大人试图通过言语纠正他的不良态度时，他的防御机制就开足马力。相反，我们可以听少年诉说，给他机会自己寻找解决问题的方案，因此辅导员可以这样继续谈话：

> 辅导员：这听起来太可怕了。你希望老师在班上怎么跟你说话，让你觉得不那么受伤？
>
> 学　生：可以改说一些友好的话。事实上他如果一开始对我友好，我可能也会友好相待的。但这不可能。你不知道他。他就是不喜欢我。我可以看出来。

在此，少年表达了他的愿望。他仍然纠结于大人对他的评价，但他的愿望让辅导员产生一个想法，即如果老师的做法有所不同，学生可能也会相应改变。

> 辅导员：霍华德老师没能看到你现在的样子太遗憾啦。我想你大概愿意做一个实验吧，就明天尝试一下，可能真的让老师吃惊，而且老师还会改变对你的看法，这样他就能看到你的友善与关爱，就像我现在从你身上看到的一样，可以吗？

这是少年和儿童都喜欢的挑战。改变自我，伴随辅导员的一些辅导，变成他们认为可能获胜的游戏。当然，他们也喜欢偶尔的惊喜："让我的老师吃惊？好的，我想这么做。"

学 生：可能是我走进教室，坐下来做作业。虽说他可能还没注意到。

这是焦点解决方案型辅导员需要注意的一个关键节点。因为少年描述了他能做到的事，辅导员表扬他的想法很重要，然后在学生的协助和赞同下，告诉霍华德老师学生的这个计划，如此就能开启成功的可能性。可以通过电子邮件或手写的信件告诉老师，信件只提及学生想尝试做一些事。这位管教起来颇有挑战的学生正要在班上尝试新策略，不管霍华德老师对此是否感兴趣，对学生而言，知道老师也了解这个计划，这一点很重要。这有助于老师关注学生的表现。对于学生做出的转变，如果霍华德老师忽略了，这有点说不过去；相反，假如他注意到了，那么可能对学生也有不同的回应。但即使老师没在意，大多数学生也会继续执行他们的计划。

辅导员：这个主意棒极了！如果你同意，要不然帮
我写一封电子邮件给霍华德老师，跟他说
你正要努力改变他对你的看法？我想让他
注意到我在办公室见到你的样子。你看起
来聪明、希望别人公允地看待你，你也
想坚持你相信的事。我相信你就是这样
的人，所以也希望霍华德老师能注意到
这些。

敬爱的霍华德老师：

谢谢您把肯转交给我辅导。他和我正在处理您担心的一些问题。肯同意我给您写信。我想让您知道他对于改变表现有些想法。请在接下来的几天关注肯在班级里的表现有所转变。您如果注意到这些转变，跟肯也说说，我相信肯会很感激您。

你的真诚的琳达·梅特卡夫和肯·史密斯

即使霍华德老师从未提及肯做出的转变，肯也知道辅导员相信他。那么辅导员可以跟肯谈论这样的情况，即他希望别人对他的变化有所回应，但可能他的人生中没有其他人关注他。那么，这时辅导员可以问肯不管他人是否注意到他的变化，他该如何保持自己的转变。作为辅导员，我知道常常是最难管教的学生自己想出重建名声的办法。好像他们知道由于不良表现、缺乏动力以及其他行为问题，显然给自己挖了一个深坑，没人想过他们能爬出来。我们只是对他们说他们可以爬出来，重建名声，仿佛他们能够自我托举出坑。

以下是帮助学生重建声誉的指南。

重建声誉练习

第一步：描述学生当前的声誉。

"根据你现在的声誉，跟我说说你自己和你认识的人会怎样描述你。"

第二步：描述当前声誉如何干扰学生的人生。

"跟我说说你当前的声誉如何影响你在学校、家里和交朋友的境遇。"

第三步：你希望在学校认识的其他人如何看待你?

"别人开始看到你做什么，这将说服他们你的声誉已经发生转变?"

"新的声誉将如何帮你获取重要的东西?"

预防练习大有帮助

    学校辅导员常有机会通过与教职工关联的其他方式来帮学生避开惩罚。当这样的机会来敲门时，可以从本质上改变一名学生，接着影响老师和学校职工。如何接近一个不开心、不满的学生呢？答案是"全在谈话里"。请参看下面这个由尼科尔·香农描述的案例研究。

    在得州沃斯堡的一所中学，13岁的瑞娜由于不尊重英语老师，被转交给干预员尼科尔·香农管教。瑞娜来到干预员的办公室，尼科尔问她被转交的原因。她说因为老师恨她，想把她送到另一所学校管教。她告诉尼科尔如果在校内她再次被转交辅导，很快就会被送到另一所学校管教。尼科尔辅导瑞娜时写下这段描述。

    我问瑞娜之前有没有被送到另一所学校管教，她说"有"，去年就被送出去一次。我说："哇，那你这一学年24周如何做到没被送到另一所学校的？"

    她表现出很惊讶的样子，回答说只是幸运而已。我接着问她做了什么帮她现在还留在这所学校。她说自己试过做得更好些，但现在她不在乎了，因为她真的认为英语老师恨她。我问她有没有觉得哪位老师不恨她。她说"有"。我问她做了什么让这位老师不恨她。她说可能是因为她在这位老师的课上没讲话，而且按时上课。

    我告诉瑞娜她上课没讲话，为此我感到骄傲，并表扬她按时上课。我问她在英语课上是不是也这么做了，她说"从不这么做"。

    她跟我说她的朋友都在英语班，她喜欢跟他们说话。我告诉她听起来她的小伙伴们一定都很喜欢她，而且我猜她有很多朋友。

    我接着问她是不是想让英语老师不要再盯着她不放。她说她不在乎。我问她在乎什么，她说她不想再次被转到另一所学校，因为那样她得跟祖母住在一起。于是瑞娜和我开始谈论应该做什么让她留在原学校。我问她余下的这些上学日她应该做什么才能留在班上，不被转交。她说因为朋友没在别的课堂，所以她不会说很多。我接着问她觉得应该做什么让自己不在英语课上说话。她说她可以不跟朋友们坐在一起。我告诉瑞娜这是一个很棒的主意，而且她的思想肯定特别成熟才会想出这个办法。接着我问她怎样才能不跟朋友们坐在一起。她说她可以让老师把她从朋友旁边调开。我说这听起来很不错，问她是不是想试试。她说"好的"。我们一起写了封信给她的老师，请老师把瑞娜从她的朋友旁边调走，我们也把这封信发给副校长，让他知道瑞娜尝试要做的事。

　　下一周我再了解瑞娜的情况，发现自从我们会谈后她只被转交两次，这已经是很大的进步了。我的计划是继续帮她减少转交管教的次数。

尼科尔做了什么让瑞娜的行动有所不同？她走进瑞娜的世界观，与她结成同盟一起面对困境。这么做，尼科尔身临其境，然后让瑞娜改变自己的行为。如果尼科尔在会谈伊始就讨论瑞娜做错事，瑞娜会感到自己又被另一个大人指责，然后就反叛。尼科尔干预的另一个重要方面是忽略瑞娜说的"我不在乎"。大多数孩子都在乎，只不过他们的好强常妨碍他们承认这一点。焦点解决方案帮学校辅导员越过病理学看待事情的真相，然后持续迈向解决方案。

团队的努力成功了

　　一名14岁的女生向我复述了这个奇妙的干预，事情发生在她上中学的某一天，这个干预证明了团队的力量。

　　学生：可能过去的6周我没像以前那样表现得好。我有点懒。上周有一天，所有老师都叫我去会议室。我知道自己遇上大麻烦了。可是你知道他们说什么吗？他们说担心我。他们说我是个好孩子，其他学生都仰慕我，我真的可以帮他们。我感到震惊。接

　　着他们在房间四处走了走，每位老师都说出我的一个优点。之前在学校从没发生过这样的事情。

琳达：哇，接着还发生了什么别的吗？

学生：他们说我成绩退步了，但他们手里拿着我的档案，向我展示这一学年早些时候我的成绩都很好。他们问我是不是需要他们的帮助来提升。我真不敢相信。这真的很酷。我告诉他们，我现在还不知道，但我会考虑的。他们说他们会非常密切地关注我，如果我需要他们的话再跟他们说。

琳达：他们肯定真的相信你。

学生：我猜是吧。这非常棒。

　　该学生的成绩在6周内从70分进步到80分，又提高至90分，而且她的表现也戏剧性地提升。之前她退出了一些活动，会议之后，她开始找人辅导并参加一些新活动。她妈妈对学校为女儿召开会议印象深刻。女儿感受到一个积极向上的动力在促进她提升，而且她之前也没意识到有人支持自己。老师们非常聪明，召开了这样的一个会议，让学生相信自己，学生度过艰难时刻需要这样的信念。老师们也改变了他们在学生心里的形象，学生"作出回报"，上课时更加支持老师。

　　老师以这样的方式接近学生是多么睿智！这样的会议对学生而言意味着尊重、同情以及力量的赋予。学生感受到来自老师的支持，看到自己对老师而言是重要的。会议只占用上学日课前准备的10分钟，效果却持续了学期余下的所有时间。关注学生好的表现，关心学生，与学生共情，以及赞许学生的行动计划，这相当于学生事半功倍，家长也深受触动。

　　不能参加会议的老师可以填写标题为"什么是奏效的！"的学习单，但参会老师人越多话语越有力量。如果是某个管理者召集学生开会，同样问管理者的评价，复印一份给学生。

什么是奏效的

◇◇◇◇◇◇◇◇◇◇◇◇◇◇◇◇◇◇◇

姓名：

日期：

我们注意到你做的事以及你在学校的成功时刻。

老师：

老师：

老师：

老师：

老师：

老师：

老师：

小　结

　　你所在学校的纪律策略，对于学生的道德或精神上的提升有影响吗？还是说这些策略意在惩罚？这些策略有没有采用合作的方式帮助学生提升学业，还是只教学生结果？学生是否投入，还是说当前的教育方式把他们推得更远，让他们无法投入？

　　这些问题都难以一言以蔽之。学校辅导员和教职工应该睿智地思考这些问题的答案。此外，如果当前策略在学校不管用，学校教职工更应该着手修改策略了。停止做无效之事是焦点解决方案的初衷。如果把焦点解决方案的想法和马斯洛的需求理论结合起来，学校可以想出更独特的方法让学生投入进来，那么，学生就能自我实现，而自我实现、积极参与、投入并成功的学生更可能成为好学生。

焦点解决方案培训练习

几年前，在年中教职工大会上，我看到一位校长发给不同年级的老师印有学生姓名的学习单。接着，他让老师们确认自己认识的学生姓名。

两周后，教职工再次开会，校长让老师们找出自己不认识的学生，然后向这些学生介绍自己。校长的想法非常清晰，他想让所有学生都参与进来，无论是最好的学生还是需要受到老师关注的学生。

这一周，作为学校辅导员的你，找出你一般没注意到的学生。让老师跟你聊聊在学校看起来不怎么投入的学生，邀请这些学生到你的办公室聊天。你可以说你努力做到和学校所有学生会面，认识他们。如果学生感到惊讶，提及与你会面的想法时有些安静，你也不用吃惊。坚持你的做法，保持友好。

对某位在班级管理方面遇到困难的老师也这么做。不要只是到他或她的班级打招呼，不要试着谈论任何议题。相反，让他们知道你不太了解他们，但想改变这个状态！这么做可以树立新行为的榜样，而且形成体系，因为老师自己感受到关心，可能会为她或他的学生付出更多！

更进一步地实践，通过电子邮件让老师做以下事情：走向某位安静的学生，或者某位有时表现不是很好或行为不端的学生，只是跟他们聊聊。让老师了解学生。老师可以选择让学生完成一件任务，或者问他们关于某个活动的想法。这个主意就是让他们参与进来。

开展这样的活动是积极主动的，给教职工传递一个讯息：师生都重要。根据马斯洛的理论，当我们感到自己重要时，我们可以成为最好的人类，尤其是对他人而言。

第十章　面对应激性事件，引导师生走出危机

15岁的李爱玩游戏。他跟我说他从12岁时开始就玩网络游戏，现在是每周四天放学后还有周末玩。他爸爸没工作，妈妈做缝纫养活一家，全家人是从巴基斯坦移民过来的。有一天，李旷课被学校发现了，于是被转送到另一所学校管教。在那里，他听戒网瘾辅导员讲课，也看了关于网瘾危害的视频。李告诉我他看视频时一直笑，因为他知道自己没事。他随时可以不玩，只是现在不想戒。李在这所学校接受心理辅导时，他父母也过来了，对于受网瘾困扰的学生，我一般都会请父母过来会谈。

李对父母很坦白，告诉他们他不想戒掉网瘾。李没意识到网瘾带来的问题，这是青少年常有的想法，于是我改用另一个途径，问他玩游戏对他有什么好处。他跟我说玩游戏让他放松。他说在家里，由于父亲失业，父母一直打架，然后母亲叫喊着他干活。这样的状况已经持续好几年。我跟他说我能理解他的处境，但还是担心他。他说："老师，我不能向您承诺戒掉玩游戏。我烦恼的事情太多了。"我跟他说我没想让他做出任何承诺。相反，我对他的愿望感兴趣。他立马站起来说："我想要一辆车。"但父亲说没钱买车，而且如果李想要车，他得自己工作、攒钱买车。李说他一直在申请附近食品杂货店的工作。

李的目标给了我一个想法。我跟他说如果将来有一天，玩游戏这个习惯妨碍他买车，这该多么不走运呀。他有点不明白我的话。

我解释说有时杂货店会很忙，没有空闲时间，如果你不戒掉玩游戏的话，网瘾毁掉他买车的愿望就太可惜了。他毕竟还是很不错的学生（他的成绩是B），我接着赞同他想要买车、独立的愿望。我也表扬他知道要实现这个愿望需要找工作，并且已经开始行动。我说作为15岁的孩子，他已经很负责任了。他父母也以不太一样的眼光看李，对儿子微笑，并且承认他确实是个"好孩子"。

会谈结束时，我告诉李我想要他做的事就是下一周思考买车这件事，如何别让玩游戏妨碍他实现买车的目标。李再次说："老师，我没法对您做出任何承诺。"我微笑着说："我没让你承诺什么。我只是想让你思考你想要的东西。"

一周后，李告诉我自从谈话之后，他就没再玩游戏了。他是这样开始跟我聊的："老师，我不能向您承诺任何事情，但您知道，如果网瘾妨碍我拥有一辆车就不公平了。我不知道我能否戒掉，我想我可以的，但现在我需要一份工作。"

李在高中的最后两年我一直关注他。他偶尔会溜出去玩游戏，但这样的习惯非常明显地在减少。我最近看到他在一家电脑店做一份全职工作，计划去附近的社区大学读书，他很聪明，而且很清楚地描述自己如何从高中毕业，找到这份工作，买下他的车，而且交了新的女朋友。我跟李说，他看起来跟之前不一样。他靠近我，笑着轻轻地说："是的，我停止做某件妨碍我人生的事。但是，老师，我不能保证自己会一直戒掉。"我向他微笑，告诉他哪天让我看看他的车。

要赢得对方的配合，先寻找坏习惯的需求心理

不是所有受网瘾困扰的学生都像李这样作出好的决定，但这个途径让我得以通过尊重人的方式来辅导青少年，这些少年普遍认为游戏从某种方面对他们有帮助。有的人使用非法物品、自残、饮食紊乱或养成其他危险习惯，是为了帮他们面对或享受生活。那些健康、正能量地处理问题的人，很难理解这些不健康的行为，所以常指责那些有不良行为的人，远离他们，结果让他们更反叛。看似更有帮助的方法是试着理解对方为何觉得他们的不良行为对自己有帮助，而不是着急寻找造成学生不良习惯的原因。这样的做法，将赢得学生的信任。

我常对那些有行为问题的青少年使用以下问题。

"我试着理解你做这件事对你有什么好处，不过我也有个问题让你想

想：如果不久的一天，这个问题变得严重，超出你的掌控范围，你会知道吗？"

学生对这个问题猝不及防。这个问题为何管用？从本质上来看，青少年一般以自我为中心，当他们开始思考任何问题时，比如他们的父母、学校、警察，甚至他们自残的问题，如果问题变得严重，他们无法掌控，那么他们不得不停下来思考。这个问题我问过许多学生，他们给了我以下答案：

- 我会一直喝。
- 我的钱都没了，因为我把所有钱都拿去买酒了。
- 我可能割得深一些，流更多血。
- 我就不去上学了。
- 我会把游戏机给妹妹。
- 我可以打败所有的同班同学。
- 我可能所有科目都不及格。
- 我可能失去我的工作。
- 我不在乎任何别的事。

他们跟我说这些答案时我都记录下来，然后继续问："还有什么别的呢？"直到我至少记下七八个答案。接着我把这份清单复印一份，保留一份归档，把原件给他们。他们离开时，我跟他们说：

"我知道你还没准备好马上做出一个大转变，而且也不想讨论这个话题。但我担心有一天这个问题可能会变得严重。这周你看看有没有什么迹象表明这个问题掌控了你。"

不知是因为我的表述还是我的真诚，结果是我辅导的大多数学生都回来跟我说，他们经常思考自己能否改掉坏习惯。我再次告诉他们，他们思考着转变，我为他们感到骄傲。然后我问他们这一周坏习惯多大程度上影响了他们。即使我了解到坏习惯只是轻微影响他们在学校的表现或家庭生活，我还是会说坏习惯就这样占据他们的生活太不走运了。然后我们开始讨论学生如何才能开始重新克制这个坏习惯，不让这个习惯掌控他。我们会谈时段继续这样的讨论，而且每周我们都讨论学生没有施行坏习惯的时刻，我会问："你是怎么做到的？"

本书经常谈论把问题外在化的方法，意在把学生的标签撕下来，让学生回归自我，仔细审视干扰他们生活的是什么。比起告诉他们在上瘾或戒掉康复的路上，他们正在毁掉自己的人生，焦点解决方案这个途径非常不一样，允许学生关注自己的生活，让自己感受是否想对某种不良习惯屈膝投降。

事故节目的教育方式是否管用

学校做了许多尝试来阻止学生网瘾或自残。我在高中担任心理辅导员时，我们学校把一个节目搬上舞台，许多热心的社区成员都来参演。得克萨斯州酒精委员会在2001年创建了这个节目，这是一个不错的教育节目，同时讲解了喝酒和开车的危险，试图以此警示学生喝酒开车的后果。这个节目肯定让学生了解酗酒、酒驾的一些基本信息，对高中一、二级学生尤其有帮助。

看了这个节目之后，我发现出事故后在大会上发言的人最有影响力，因事故失去孩子的人谈及悲伤永远萦绕着他们的生活，学生听到这样的话语非常安静，震惊不已。有的学生哭了，许多人心情沉重地离开。那天演出和发言之后，我跟几个班的部分学生谈话。许多学生喜欢发言的人，但认为上演的事故节目挺蠢的，学生并没有像我们期望的那样严肃地思考酗酒、酒驾问题。所以，我问他们：

"你有没有认识的人被某个酒驾司机伤到或撞死？请举手。"

让我吃惊的是，我谈话的班里25名同学当中至少有3位学生举手。我接着和班上的同学聊了一会儿，让他们回想这些出事的朋友是什么样的感觉，我问他们这样的事情对他们产生什么影响？他们这些朋友会建议他们在马上来临的毕业舞会之夜注意什么？学生的回应看似真诚、深思熟虑，班级里反馈的讯息是他们自己的，而不是我的。我谢了他们，然后离开教室。

焦点解决方案帮我形成这样的对话，是为了：

● 理解少年对某个适时话题的看法，这个话题对少年而言就是一切，他们希望有人听他们说。

● 帮助少年发展别的策略应对压力，如果他们确实采用这些策略，那么策略就变成他们自己的。

● 尊重少年迎合同伴期待的情感与需求。这让我了解他们的思想，得以跟他们谈话。

● 创建机会通过不同方式思考某个敏感的话题，他们确实能够做到！

这个经历让我明白，学校辅导员、老师或管理者设计或开展某个干预或预防项目，让学生参与项目的设计、干预以及讨论，这一点很重要，这才能让学生树立主人翁意识。

危机之后让学生参与进来，给他们指导方向

你决定开始某个新项目时，先咨询你们的校长、副校长、学生理事会赞助人以及辅导员同事；审视如何规划、执行项目，如何让学生参与进来；让学生参与项目创建，咨询学生理事会赞助人以及很少参与活动的学生。当学业遇到危险的学生加入健康项目时，涟漪效应显著，他们的同伴也随之关注这些有风险的学生支持项目，这给需要关注的群体带来影

响，让这些学生有机会和更健康的学生在一起。

确保项目教导学生也是在关心学生。让教职工参与进来，把自己的想法融入课堂。比如，我参加了一个艾滋病预防项目，这个项目是为红十字会创建的项目。每个班级的老师都参加这个项目，并请老师们把信息总结到他们的教案中。所有老师在他们的课程设计的合适处使用这些信息。以下是建议的一些活动。

社会研究："其他流行病如何影响各个社会？"

艺　　术：学生画了诸如艾滋病这样疾病的许多"面孔"。

语言艺术：学生读大屠杀的故事，讨论失去生命的那种毁灭性。

数　　学：学生检查艾滋病并发症的数据，讨论如果没找到治疗的方法，这些数字可能会成倍增长。

科　　学：学生讨论艾滋病患者如何感染艾滋病，大家应该怎样预防。

体　　育：学生做调研，查看哪些运动员感染了诸如艾滋病这样的疾病，因而破坏了他们的事业。

因为在正常的课堂融入这些材料，所以到了项目展示的那一周，学生就准备了很多可以应用的信息。由于他们的老师亲自推进项目，信息表达很清楚：我们花时间和你们分享这些材料，是因为你们对我们来说是重要的。

帮助那些因失去亲人而悲伤的学生

焦点解决方案通过提问题的方式帮助辅导对象面对失去亲人的悲伤。这个方案也探寻失去亲人这件事对他们影响较少的时刻。然而，我注意到和失去亲人的辅导对象谈话时，也需要谈论失去的那个人。因此，和失去亲人的学生开启谈话的方式是问及失去的那个人。

"跟我说说你的爸爸，还有你爱他的方方面面。"

聊起关于亲人的美好回忆，如此慢慢取代失去的悲伤，这也很重要。麦克·怀特在他的文章《再次说你好：缅怀离世至亲，节哀》中谈及在世之人与离世之人找到彼此的联结有助于化解悲伤。以下问题是基于麦克·怀特的文章，我做了部分文字修改，方便儿童和青少年理解。

如果你现在通过爸爸的眼睛看自己，你会欣赏自己的哪些方面？

如果你现在看到自己欣赏的方面，你会有什么不同的感受？

回想爸爸了解你的一些令人愉快的事，这些事情历历在目，这是什么样的感觉？

每天让这些想法栩栩如生会有什么不同？

这样的感受会产生什么不同让你重归生活的轨道？

如果你重新挖掘爸爸在你身上发现的优点，而且好好把握这些优点，你如何让其他人知道这个情况？你可能会做什么？

知道爸爸看到你的这些优点后，你会做什么以便按自己喜欢的方式面向未来？

通过做这些事，你认为将会了解到自己的哪些方面？

度过绝望的时刻

许多学生沮丧的时候，找不到方法帮助他们应对这些感受。珍妮·雅各布斯是得州花丘区的一位学校辅导员，她辅导过学校一位10岁的孩子，这个孩子每次下雨的时候心情都非常不好。她从孩子那了解到孩子的父母离婚了，孩子和妈妈搬到得州，远离喜欢骂人的父亲。父亲显然由于前妻把女儿带走了很伤心，所以告诉她们："每次得州下雨就意味着我会过来伤害你们。"这些话很伤人，每次下雨苏茜都哭了。尽管父亲这么威胁母女俩，他仍然有家长探望的权利，苏茜不仅得应对春天的雨季，而且还得想着马上来临的春假，她在假期不得不去看望父亲。

辅导苏茜时，雅各布斯用奇迹问题帮苏茜走出父亲强加给她的故事。她们一起用手指布偶构建了一个关于雨的新故事。雅各布斯是这样开始她们的会谈的。

雅各布斯：让我们聊聊下周你见到爸爸会跟他说些什么。

苏　茜：好的。

雅各布斯：我这里有些布偶。让我们假想这个布偶是你，那个布偶是你爸爸。就这样。"嗨，苏茜，学校怎么样啊？"

苏　茜：爸爸从没问我学校的事。我觉得考取好成绩对他来说也不重要。

雅各布斯：好吧。这对你挺难的。那我们做点别的吧。我们聊天时你想不想画画？

苏　茜：好的。

雅各布斯：好，听听这个问题。想象一下你晚上睡觉时，一个奇迹发生了。你醒来的时候，可能下雨了，但你不再害怕雨了。你觉得自己是因为想着什么让这个奇迹发生？

苏　茜：我读过一本书，跟这个情形很像。我觉得看起来应该是这样的。

苏茜开始画雨云，但她没有画空中降落的雨滴，而是画了汉堡包、柠檬以及其他食物。雅各布斯对苏茜的辅导很有帮助，因为这让她能够重构一个不像现实那么可怕的故事。会谈结束时，雅各布斯跟苏茜总结说，发生奇迹的那一天，天空下的是汉堡包和柠檬雨。雅各布斯和苏茜一起聊得很开心，为她们的新"雨"开怀大笑。

会谈后一周，下雨了。苏茜没有哭，也没感到焦虑，她能够保持冷静。雅各布斯在那个下雨的午后过来看望她，苏茜把雨看成汉堡包和柠檬以及草莓果酱。

对于学校辅导员而言，类似雅各布斯辅导的这些学生经常情绪沮丧，然而焦点解决方案能够提供一个有效的方式，为感到沮丧和不开心的学生构建另外一个故事，这对辅导员和孩子而言都很有意义。

撒谎的好时机

儿童和青少年由于各种原因撒谎，在他们的人生中，很多时候大人们常对他们说："比起撒谎，说实话更不会让你陷入麻烦。"我们听过这样的话，或者我们自己也说过，但不太管用。有位少年跟我说他撒谎是因为父母太严格了，他只想多看几分钟电视。其他孩子告诉我他们害怕陷入麻烦，所以他们撒谎让自己避开麻烦。不幸的是这两种策略都不奏效。

我使用的一个方法是配合他们的想法，承认撒谎有所帮助，我会对他们说：

"跟我说说撒谎的好时机。"

孩子们的第一个反应通常是"可是真没有这样的好时机"。接着我表扬了他们的智慧，确实从来就没有撒谎的好时机，然后我们一起谈论他们选择错误的时机撒谎，撒谎也没什么用。这样的谈话有点奇怪，却是另一种选择，目标在于让孩子们对撒谎有了一个新认知。接着我让学生隔天或隔两天后，如果忍不住想撒谎，这时问问自己："现在是撒谎的好时机吗？"

如果父母也参与了会谈，我会让学生决定是不是撒谎的好时机，如果不是，那么直接跟父母说：

"我想过了，现在不是撒谎的好时机，所以我打算告诉你们真相。"

如果发生这样的事，我叮嘱家长要开心，拥抱他们的孩子，或作出其他一些积极的回应。这个方法不仅让家长看到自己的孩子付出的努力，而且也给孩子机会证明他在撒谎之前是思考过的。事件发生的顺序变化了，谎言的味道也随之变化，那么就有机会产生新行为。同样的策略也可以用来处理没经过别人同意就拿走或偷窃别人的东西。

剪优惠券怎么样

老师经常问焦点解决方案是否适用于所有学生。我的答案是只要学生具备大体的认知能力，这个途径就是有帮助的。下面这个故事是一位名叫尼沙尼·斯·格里格斯比的学校辅导员提供的，这是他在得克萨斯州沃斯堡中学应用焦点解决方案的一个案例。

凯蒂是一名21岁的学生，智商有缺陷，而且患有罕见的肝紊乱，身体由于用药很脆弱。19岁时，用韦氏儿童智力量表测试她的智商，结果是韦氏三级45分。她的口头表达能力52分，她的行为表现48分。凯蒂在她22岁生日之前都在公立学校受教育。她的父母一直请一位叫艾米的临时护工照顾凯蒂。有一小段时间艾米没能过来。因为那段时期艾米生了另外一个孩子。凯蒂的父母最近又请艾米帮忙照顾凯蒂。

凯蒂开始显得焦虑，我问凯蒂的职业教练发生了什么变故，教练说凯蒂得去艾米家。我让凯蒂来我的办公室。以下是我们的谈话。

尼沙尼：跟我说说在艾米家都发生了什么。

凯　蒂：孩子们很吵，艾米会打他们。他们又哭又闹。孩子们让艾米紧张不安。

尼沙尼：发生这些事的时候你都做些什么？

凯　蒂：我到我的房间。我会剪优惠券。我会逃跑。

尼沙尼：你从艾米家逃跑了？这样的事情发生多少次了？

凯　蒂：就一次。

尼沙尼：你逃跑后都发生了什么？

凯　蒂：爸爸逮着我，让我别逃跑。

尼沙尼：你可以想想孩子们没打架的时刻吗？

凯　蒂：可以的。

尼沙尼：那些时刻你都做了什么？

凯　蒂：有时艾米带我去索尼克或墨西哥旅馆。我帮她把餐具放进洗碗机，帮她倒垃圾。我还帮忙买菜，这时我会得到糖果或口香糖。我自己在艾米的卧室看电视。

尼沙尼：你喜欢看什么节目？

凯　蒂：恐怖电影。

尼沙尼：情况比较好的时候还发生了什么别的事？

凯　蒂：我注意到克里斯汀（艾米的儿子）长大了。优惠券。亚力克西斯（艾米最小的女儿）来我家。

尼沙尼：那我们谈谈事情变得令人不太舒服的时刻，这时你能做些什么？

凯　蒂：剪优惠券。

尼沙尼：这听起来不错。我想让你闭上眼睛，假装你在睡觉。当你醒来时，事情不一样了。那会是什么样子？

凯　蒂：会有一座城堡、新鲜的水果、煎马铃薯饼、炸土豆球、椰子奶油馅饼、酸橙派、核桃派，还有三个小孩。

尼沙尼：小孩都是谁呀？

凯　蒂：布兰妮·皮尔斯、尼克·拉奇、杰西·麦卡克尼。房间里播放着音乐。我们有潘趣酒、混合饼干、干酪玉米片、油炸玉米饼。我们看一部名为《陌生人》的电影。

尼沙尼：你在城堡里都做了什么？

凯　蒂：我吃豌豆、土豆泥、洋葱圈。我想写另外一个故事。

尼沙尼：这个故事的标题是什么呀？

凯　蒂：《她有一座花园》。

尼沙尼：好的。跟我说说这座花园。

凯　蒂：她在花园里种洋葱和黄瓜。有一天我和妈妈去沃尔玛，看到
　　　　肌肉男布拉德·帕克，他戴着一块化石手表。咸味太妃糖、
　　　　樱桃可乐、炸土豆球。6:45艾米去宾戈游戏厅，看《电锯惊魂
　　　　2》。我们买了腌黄瓜、喷雾。她买了汉堡王给伊琳吃，我得
　　　　到20美元。我买了《幸存者》的DVD。2月6日周一早上是我的
　　　　生日。就这样。

尼沙尼：你的两个故事听起来都很有趣。当艾米的孩子让她神经紧张
　　　　时，你更想待在哪个故事的场景中？

凯　蒂：城堡。

尼沙尼：你刚才提到自己喜欢在城堡做一件事，剪优惠券。在艾米家
　　　　呢？有没有什么事情你可以做？

凯　蒂：有的。

尼沙尼：孩子们打架时，你可以回到自己的房间剪优惠券吗？

凯　蒂：可以的。

　　尼沙尼注意到凯蒂在谈话之后整个人爽朗了起来，每逢凯蒂在艾米家
过了很不愉快的一天，尼沙尼都会邀请凯蒂过来谈论城堡。这让她的心情
变好，这也是她解决问题的方案。"我的办公室变成了她的缓解驿站。甚
至在特殊教育的班级里，只有凯蒂才会想到从例外情境发展解决方案。"

学生突然离世的创伤危机

　　有一天早上，我工作的那所学校，一位高中秘书接到
电话，说一名16岁的学生突然病故。消息很快传开，过道
一阵歇斯底里。辅导员立马带走心神错乱的学生到一个舒
适的教室，开始和学生聊天。学生冷静下来后，开始回想
刚才发生的一切，辅导员通过下面的方式和学生谈话：

"跟我们说说劳伦吧。她是什么样的？"

"你记得她的哪些事情对你来说是重要的？"

这些问题让学生又哭又笑，回想起他们喜欢和劳伦做的事，他们忍俊不禁。让学生悼念劳伦，这个想法源自心理学家麦克·怀特的理论，他为失去至亲的辅导对象写了一些优雅的问题，怀特说："我构思这些问题，并把它们介绍给大家，希望能够让这些失去至亲的人们可以跟离世的至亲重新联结。"

辅导员对学生说：

"我们现在应该如何纪念劳伦？"
"我们将从哪里开始缅怀？"

这个辅导的过程引领学生为劳伦设计了一条横幅，大家在上面留言，写满爱的评语。横幅在礼堂的舞台上挂了一个星期，任何学生都可以在上面添加信息。大家都留言之后，把横幅送给劳伦的父母，他们被学生的用心感动。

这件事让我在之后的辅导中，总会问身处危机的学生，下一步需要我们做什么，让他们觉得这个方法有帮助。在一个四年级的班级，有位同学被一个超速驾车的司机撞死了，同学们决定在过道选一个地方，这位离世的同学早上常在这个地方和朋友们聚在一起。同学们装扮了这个地方，并把这个地方保留几周来纪念他。

若干年前，我在大学工作时，有位年轻的研究生在一次致命的车祸中丧生。他过世的那天晚上，我和他班里的同学谈话，发现同学们由于他的离世受到很大创伤，大家都很悲伤。起先，同学们几乎不看我。慢慢地，我让他们跟我说说关于这位同学的事：

"你们比任何人都更了解乔，他是你们的伙伴。跟我说说他是怎样的一个人。"

我们就这样慢慢开始聊，即使有些同学还是没说话，但那些说话的同学讲起乔的有趣故事。

他爱比萨。他爱派对，参加的派对有点多！我们考试前复习时，他喜欢让我们都开心起来。你可以依赖他，他总是对你微笑。他喜欢辅导孩子们。他很擅长这样的工作。他帮助我们用一些我们从未想过的方式辅导孩子，就像玩游戏。他爱游戏，而且他爱篮球。

从那个时刻起，班里的氛围轻松了起来，于是我开始问：

"那么，我们该怎么缅怀乔？怎么记住乔对于你们的意义？"

同学们再次慢慢地说可以放气球，或者下次班会吃比萨等来纪念这位同学。最终，几个月后，另外一名学生捐了一块刻着乔的名字的砖给学校。乔的同学们毕业时，他们打算请校长答应让乔也和他们一样从学校毕业，虽然乔不在人世。

危机情境中引导学生去思考之前是如何解决困难的

焦点解决方案如何在危机情境中起作用？焦点解决方案可以通过多种方式处理学生的情感，应用该途径可以帮学生冷静下来，让他们思考当前可以做什么，带来一些变化和缓解。

通过聆听，然后提问，比如提出奇迹问题，学生能够设定自己的方向。下面的"应对危机情境指南"让学生获得别人聆听他们的机会，决定他们自己的人生有何不同。指南可以用于个体情境或群体危机。焦点解决方案的学校辅导员将成为一名导师，帮学生理解他们之前是如何处理其他危机的。

应对危机情境指南

1. 聆听并与学生共情。克制自己给建议，也不要告诉学生事情将会变得更好。

2. 在当时的情境下设定一个非常小的目标。

"我们现在可以谈论或做些什么可能会有帮助？"
"如果同时发生很多事，你认为最好先集中精力处理哪件事？"
"如果你最好的朋友在这里，他会说什么让你俩的友谊更深厚。"
"我知道这一切很难。但就一天，你会建议做什么不一样的事，从而开始向前进。"

3. 根据例外情境设定策略。只有学生自己的想法才能拿来讨论，是否可以发展成应对当时情境的解决方案或策略。

"跟我说说之前遇到困难时你都做了什么。"
"还有什么别的吗？"
"你当时向谁求助？"
"他们都做了什么对你有帮助？"

4. 跟进学生的情况，谈话可以这样开始：

"什么是更好的？"

这将为构建更多的解决方案进一步铺平道路，降低校园辅导对象重受创伤的可能性。

小　结

　　某位辅导对象曾经告诉心理学家麦克·怀特，好像总有石头从他跟前掉下来，给他带来问题。他说他不知道怎么办，也不知道为什么总会出现石头。他问麦克下次他遇见另一块石头时应该做什么。麦克回复：

　　"看看身后你已经绕过的那些石头。你是怎么绕过这些石头的？"

　　这一章跟大家分享如何处理发生在校园的危机。人生在世，总有一些新危机和情境发生。此次修订的内容是在新型冠状病毒肺炎疫情期间写的，疫情让教育工作者惊慌，不知如何处理危机。许多人一直问心理医师如何处理危机，往往收到的又是不合适的建议，于是情况变得更糟糕。在疫情期间，当我们开始反思之前自己处理人生中的其他危机以及其他一些戏剧性变故，即使那些没有疫情带来的问题那么严重，这时应用焦点解决方案，对我和我的辅导对象都很有帮助，我们慢慢冷静下来，意识到自己曾经熬过其他艰难时刻，这次的疫情并不算什么。

　　如何处理事情和如何面对人一样独特。如果你只是提建议，本意虽好却可能不管用，结果辅导对象感觉更糟糕。每当你忍不住想多给学生一些帮助，请注意学生自己有许多奇妙的想法，为他们的自我恢复、能力和资质而惊喜吧，即使他们的行为有时隐藏在这些品质中。这样的做法会让你和学生发现解决方案，你也将获得自由，绕过那些在未来可能会碰上的石头。当你找到了解决方案时，说明你已经准备好了。

——— 焦点解决方案培训练习 ———

这一周，回想你的人生中面对危机的时刻。

"你如何化解这个危机，而且做到下周、下个月也没问题？"

"你应用了什么价值观引导你度过危机？"

"你最好的朋友或亲人如何看待你做的事？"

"渡过难关之后，你怎么看待自己？

"由于这样的认可，关于自己的哪些方面你之前没注意到，但现在意识到了？"

"结果你成为谁？"

"谁会帮你绕过人生中的另一块石头？"

"常青藤"书系—中青文教师用书总目录

书名	书号	定价
特别推荐——从优秀到卓越系列		
★ 从优秀教师到卓越教师：极具影响力的日常教学策略	9787515312378	33.80
从优秀教学到卓越教学：让学生专注学习的最实用教学指南	9787515324227	39.90
从优秀学校到卓越学校：他们的校长在哪些方面做得更好	9787515325637	59.90
卓越课堂管理（中国教育新闻网2015年度"影响教师的100本书"）	9787515331362	88.00
名师新经典/教育名著		
最难的问题不在考试中：先别教答案，带学生自己找到想问的事	9787515365930	48.00
在芬兰中小学课堂观摩研修的365日	9787515363608	49.00
★ 马文·柯林斯的教育之道：通往卓越教育的路径（《中国教育报》2019年度"教师喜爱的100本书"，中国教育新闻网"影响教师的100本书"。朱永新作序，李希贵力荐）	9787515355122	49.80
★ 如何当好一名学校中层：快速提升中层能力、成就优秀学校的31个高效策略	9787515346519	49.00
★ 像冠军一样教学：引领学生走向卓越的62个教学诀窍	9787515343488	49.00
像冠军一样教学2：引领教师掌握62个教学诀窍的实操手册与教学资源	9787515352022	68.00
★ 如何成为高效能教师	9787515301747	89.00
给教师的101条建议（第三版）（《中国教育报》"最佳图书"奖）	9787515342665	49.00
改善学生课堂表现的50个方法（入选《中国教育报》"影响教师的100本书"）	9787500693536	33.00
改善学生课堂表现的50个方法操作指南：小技巧获得大改变	9787515334783	39.00
美国中小学世界历史读本/世界地理读本/艺术史读本	9787515317397等	106.00
美国语文读本1—6	9787515314624等	252.70
和优秀教师一起读苏霍姆林斯基	9787500698401	27.00
快速破解60个日常教学难题	9787515339320	39.90
★ 美国最好的中学是怎样的——让孩子成为学习高手的乐园	9787515344713	28.00
建立以学习共同体为导向的师生关系：让教育的复杂问题变得简单	9787515353449	33.80
教师成长/专业素养		
如何更积极地教学	9787515369594	49.00
教师的专业成长与评价性思考：专业主义如何影响和改变教育	9787515369143	49.90
精益教育与可见的学习：如何用更精简的教学实现更好的学习成果	9787515368672	59.00
教学这件事：感动几代人的教师专业成长指南	9787515367910	49.00
如何更快地变得更好：新教师90天培训计划	9787515365824	59.90
让每个孩子都发光：赋能学生成长、促进教师发展的KIPP学校教育模式	9787515366852	59.00
60秒教师专业发展指南：给教师的239个持续成长建议	9787515366739	59.90
通过积极的师生关系提升学生成绩：给教师的行动清单	9787515356877	49.00
卓越教师工具包：帮你顺利度过从教的前5年	9787515361345	49.00
★ 可见的学习与深度学习：最大化学生的技能、意志力和兴奋感	9787515361116	45.00
学生教给我的17件重要的事：带给你爱、勇气、坚持与创意的人生课堂	9787515361208	39.80
★ 教师如何持续学习与精进	9787515361109	39.00
从实习教师到优秀教师	9787515358673	39.90
像领袖一样教学：改变学生命运，使学生变得更好（中国教育新闻网2015年度"影响教师的100本书"）	9787515355375	49.00
★ 你的第一年：新教师如何生存和发展	9787515351599	33.80
教师精力管理：让教师高效教学，学生自主学习	9787515349169	39.90
如何使学生成为优秀的思考者和学习者：哈佛大学教育学院课堂思考解决方案	9787515348155	49.90
反思性教学：一个已获证明能让教师做得更好的培训项目（30周年纪念版）	9787515347837	59.90
★ 凭什么让学生服你：极具影响力的日常教育策略（中国教育新闻网2017年度"影响教师的100本书"）	9787515347554	39.90

	书名	书号	定价
	运用积极心理学提高学生成绩（中国教育新闻网2017年度"影响教师的100本书"）	9787515345680	59.90
	可见的学习与思维教学：成长型思维教学的54个教学资源：教学资源版	9787515354743	36.00
★	可见的学习与思维教学：让教学对学生可见，让学习对教师可见（中国教育报2017年度"教师最喜爱的100本书"）	9787515345000	39.90
	教学是一段旅程：成长为卓越教师你一定要知道的事	9787515344478	39.00
	安奈特·布鲁肖写给教师的101首诗	9787515340982	35.00
	万人迷老师养成宝典学习指南	9787515340784	28.00
	中小学教师职业道德培训手册：师德的定义、养成与评估	9787515340777	32.00
	成为顶尖教师的10项修炼（中国教育新闻网2015年度"影响教师的100本书"）	9787515334066	49.90
★	T. E. T. 教师效能训练：一个已被证明能让所有年龄学生做到最好的培训项目（30周年纪念版）（中国教育新闻网2015年度"影响教师的100本书"）	9787515332284	49.00
	教学需要打破常规：全世界最受欢迎的创意教学法（中国教育新闻网2015年度"影响教师的100本书"）	9787515331591	45.00
	给幼儿教师的100个创意：幼儿园班级设计与管理	9787515330310	39.90
	给小学教师的100个创意：发展思维能力	9787515327402	29.00
	给中学教师的100个创意：如何激发学生的天赋和特长／杰出的教学／快速改善学生课堂表现	9787515330723等	87.90
	以学生为中心的翻转教学11法	9787515328386	29.00
	如何使教师保持职业激情	9787515305868	29.00
★	如何培训高效能教师：来自全美权威教师培训项目的建议	9787515324685	39.90
	良好教学效果的12试金石：每天都需要专注的事情清单	9787515326283	29.90
★	让每个学生主动参与学习的37个技巧	9787515320526	45.00
	给教师的40堂培训课：教师学习与发展的最佳实操手册	9787515352787	39.90
	提高学生学习效率的9种教学方法	9787515310954	27.80
★	优秀教师的课堂艺术：唤醒快乐积极的教学技能手册	9787515342719	26.00
★	万人迷老师养成宝典（第2版）（入选《中国教育报》"2010年影响教师的100本书"）	9787515342702	39.00
	高效能教师的9个习惯	9787500699316	26.00
课堂教学/课堂管理			
★	像行为管理大师一样管理你的课堂：给教师的课堂行为管理解决方案	9787515368108	59.00
	差异化教学与个性化教学：未来多元课堂的智慧教学解决方案	9787515367095	49.90
	如何设计线上教学细节：快速提升线上课程在线率和课堂学习参与度	9787515365886	49.00
	设计型学习法：教学与学习的重新构想	9787515366982	59.00
	让学习真正在课堂上发生：基于学习状态、高度参与、课堂生态的深度教学	9787515366975	49.00
	让教师变得更好的75个方法：用更少的压力获得更快的成功	9787515365831	49.00
	技术如何改变教学：使用课堂技术创造令人兴奋的学习体验，并让学生对学习记忆深刻	9787515366661	49.00
	课堂上的问题形成技术：老师怎样做，学生才会提出好的问题	9787515366401	45.00
	翻转课堂与项目式学习	9787515365817	45.00
★	优秀教师一定要知道的19件事：回答教师核心素养问题，解读为什么要向优秀者看齐	9787515366630	39.00
	从作业设计开始的30个创意教学法：运用互动反馈循环实现深度学习	9787515366364	59.00
	基于课堂中精准理解的教学设计	9787515365909	49.00
	如何创建培养自主学习者的课堂管理系统	9787515365879	49.00
	如何设计深度学习的课堂：引导学生学习的176个教学工具	9787515366715	49.00
	如何提高课堂创意与参与度：每个教师都可以使用的178个教学工具	9787515365763	49.90
	如何激活学生思维：激励学生学习与思考的187个教学工具	9787515365770	49.90
	男孩不难教：男孩学业、态度、行为问题的新解决方案	9787515364827	49.00
★	高度参与的线上线下融合式教学设计：极具影响力的备课、上课、练习、评价项目教学法	9787515364438	49.00
★	跨学科项目式教学：通过"+1"教学法进行计划、管理和评估	9787515361086	49.00

书名	书号	定价
课堂上最重要的56件事	9787515360775	35.00
★ 全脑教学与游戏教学法	9787515360690	39.00
深度教学：运用苏格拉底式提问法有效开展备课设计和课堂教学	9787515360591	49.90
★ 一看就会的课堂设计：三个步骤快速构建完整的课堂管理体系	9787515360584	39.90
如何有效激发学生学习兴趣	9787515360577	38.00
如何解决课堂上最关键的9个问题	9787515360195	49.00
多元智能教学法：挖掘每一个学生的最大潜能	9787515359885	39.90
★ 探究式教学：让学生学会思考的四个步骤	9787515359496	39.00
课堂提问的技术与艺术	9787515358925	49.00
如何在课堂上实现卓越的教与学	9787515358321	49.00
基于学习风格的差异化教学	9787515358437	39.90
★ 如何在课堂上提问：好问题胜过好答案	9787515358253	39.00
★ 高度参与的课堂：提高学生专注力的沉浸式教学	9787515357522	39.90
让学习变得有趣	9787515357782	39.00
如何利用学校网络进行项目式学习和个性化学习	9787515357591	39.90
基于问题导向的互动式、启发式与探究式课堂教学法	9787515356792	49.00
如何在课堂中使用讨论：引导学生讨论式学习的60种课堂活动	9787515357027	38.00
如何在课堂中使用差异化教学	9787515357010	39.90
★ 如何在课堂中培养成长型思维	9787515356754	39.90
每一位教师都是领导者：重新定义教学领导力	9787515356518	39.90
★ 教室里的1-2-3魔法教学：美国广泛使用的从学前到八年级的有效课堂纪律管理	9787515355986	39.90
如何在课堂中使用布卢姆教育目标分类法	9787515355658	39.00
如何在课堂上使用学习评估	9787515355597	39.00
7天建立行之有效的课堂管理系统：以学生为中心的分层式正面管教	9787515355269	29.90
积极课堂：如何更好地解决课堂纪律与学生的冲突	9787515354590	38.00
设计智慧课堂：培养学生一生受用的学习习惯与思维方式	9787515352770	39.00
追求学习结果的88个经典教学设计：轻松打造学生积极参与的互动课堂	9787515353524	39.00
从备课开始的100个课堂活动设计：创造积极课堂环境和学习乐趣的教师工具包	9787515353432	33.80
老师怎么教，学生才能记得住	9787515353067	48.00
多维互动式课堂管理：50个行之有效的方法助你事半功倍	9787515353395	39.80
智能课堂设计清单：帮助教师建立一套规范程序和做事方法	9787515352985	49.90
提升学生小组合作学习的56个策略：让学生变得专注、自信、会学习	9787515352954	29.90
快速处理学生行为问题的52个方法：让学生变得自律、专注、爱学习	9787515352428	39.00
王牌教学法：罗恩·克拉克学校的创意课堂	9787515352145	39.80
让学生快速融入课堂的88个趣味游戏：让上课变得新颖、紧凑、有成效	9787515351889	39.00
★ 如何调动与激励学生：唤醒每个内在学习者（李希贵校长推荐全校教师研读）	9787515350448	39.80
合作学习技能35课：培养学生的协作能力和未来竞争力	9787515340524	59.00
基于课程标准的STEM教学设计：有趣有料有效的STEM跨学科培养教学方案	9787515349879	68.00
如何设计教学细节：好课堂是设计出来的	9787515349152	39.00
15秒课堂管理法：让上课变得有料、有趣、有秩序	9787515348490	49.00
混合式教学：技术工具辅助教学实操手册	9787515347073	39.80
从备课开始的50个创意教学法	9787515346618	39.00
中学生实现成绩突破的40个引导方法	9787515345192	33.00
给小学教师的100个简单的科学实验创意	9787515342481	39.00
老师如何提问，学生才会思考	9787515341217	49.00
教师如何提高学生小组合作学习效率	9787515340340	39.00

书名	书号	定价
卓越教师的200条教学策略	9787515340401	49.90
中小学生执行力训练手册：教出高效、专注、有自信的学生	9787515335384	49.90
从课堂开始的创客教育：培养每一位学生的创造能力	9787515342047	33.00
提高学生学习专注力的8个方法：打造深度学习课堂	9787515333557	35.00
改善学生学习态度的58个建议	9787515324067	36.00
★ 全脑教学（中国教育新闻网2015年度"影响教师的100本书"）	9787515323169	38.00
★ 全脑教学与成长型思维教学：提高学生学习力的92个课堂游戏	9787515349466	39.00
★ 哈佛大学教育学院思维训练课：让学生学会思考的20个方法	9787515325101	59.90
完美结束一堂课的35个好创意	9787515325163	28.00
如何更好地教学：优秀教师一定要知道的事	9787515324609	49.90
带着目的教与学	9787515323978	39.90
★ 美国中小学生社会技能课程与活动（学前阶段/1–3年级/4–6年级/7–12年级）	9787515322537等	215.70
彻底走出教学误区：开启轻松智能课堂管理的45个方法	9787515322285	28.00
破解问题学生的行为密码：如何教好焦虑、逆反、孤僻、暴躁、早熟的学生	9787515322292	36.00
13个教学难题解决手册	9787515320502	28.00
★ 让学生爱上学习的165个课堂游戏	9787515319032	39.00
美国学生游戏与素质训练手册：培养孩子合作、自尊、沟通、情商的103种教育游戏	9787515325156	49.00
老师怎么说，学生才会听	9787515312057	39.00
快乐教学：如何让学生积极与你互动（入选《中国教育报》"影响教师的100本书"）	9787500696087	29.00
★ 老师怎么教，学生才会问	9787515317410	29.00
★ 快速改善课堂纪律的75个方法	9787515313665	39.90
★ 教学可以很简单：高效能教师轻松教学7法	9787515314457	39.00
★ 好老师可以避免的20个课堂错误（入选《中国教育报》"影响教师的100本图书"）	9787500688785	39.90
★ 好老师应对课堂挑战的25个方法（《给教师的101条建议》作者新书）	9787500699378	25.00
★ 好老师激励后进生的21个课堂技巧	9787515311838	39.80
★ 开始和结束一堂课的50个好创意	9787515312071	29.80
好老师因材施教的12个方法（美国著名教师伊莉莎白"好老师"三部曲）	9787500694847	22.00
★ 如何打造高效能课堂	9787500680666	29.00
合理有据的教师评价：课堂评估衡量学生进步	9787515330815	29.00
班主任工作/德育		
★ 北京四中8班的教育奇迹	9787515321608	36.00
★ 师德教育培训手册	9787515326627	29.80
中小学教师职业道德培训手册：师德的定义、养成与评估	9787515340777	32.00
★ 好老师征服后进生的14堂课（美国著名教师伊莉莎白"好老师"三部曲）	9787500693819	39.90
优秀班主任的50条建议：师德教育感读读本（《中国教育报》专题推荐）	9787515305752	23.00
学校管理/校长领导力		
★ 哈佛大学教育学院学校创新管理课	9787515369389	59.90
如何构建积极型学校	9787515368818	49.90
卓越课堂的50个关键问题	9787515366678	39.00
如何培育卓越教师：给学校管理者的行动清单	9787515357034	39.00
★ 学校管理最重要的48件事	9787515361055	39.80
重新设计学习和教学空间：设计利于活动、游戏、学习、创造的学习环境	9787515360447	49.90
重新设计一所好学校：简单、合理、多样化地解构和重塑现有学习空间和学校环境	9787515356129	49.00
让樱花绽放英华	9787515355603	79.00
学校管理者平衡时间和精力的21个方法	9787515349886	29.90
校长引导中层和教师思考的50个问题	9787515349176	29.00

书名	书号	定价
如何定义、评估和改变学校文化	9787515340371	29.80
优秀校长一定要做的18件事（入选《中国教育报》"2009年影响教师的100本书"）	9787515342733	39.90
学科教学/教科研		
中学古文观止50讲：文言文阅读能力提升之道	9787515366555	59.90
完美英语备课法：用更短时间和更少材料让学生高度参与的100个课堂游戏	9787515366524	49.00
人大附中整本书阅读取胜之道：让阅读与作文双赢	9787515364636	59.90
北京四中语文课：千古文章	9787515360973	59.00
北京四中语文课：亲近经典	9787515360980	59.00
从备课开始的56个英语创意教学：快速从小白老师到名师高手	9787515359878	49.90
美国学生写作技能训练	9787515355979	39.90
《道德经》妙解、导读与分享（诵读版）	9787515351407	49.00
京沪穗江浙名校名师联手教你：如何写好中考作文	9787515356570	49.90
京沪穗江浙名校名师联手授课：如何写好高考作文	9787515356686	49.80
人大附中中考作文取胜之道	9787515345567	59.90
人大附中高考作文取胜之道	9787515320694	49.90
人大附中学生这样学语文：走近经典名著	9787515328959	49.90
四界语文（入选《中国教育报》2017年度"教师喜爱的100本书"）	9787515348483	49.00
让小学一年级孩子爱上阅读的40个方法	9787515307589	39.90
让学生爱上数学的48个游戏	9787515326207	26.00
轻松100课教会孩子阅读英文	9787515338781	88.00
情商教育/心理咨询		
9节课，教你读懂孩子：妙解亲子教育、青春期教育、隔代教育难题	9787515351056	39.80
学生版盖洛普优势识别器（独一无二的优势测量工具）	9787515350387	169.00
与孩子好好说话（获"美国国家育儿出版物（NAPPA）金奖"）	9787515350370	39.80
中小学心理教师的10项修炼	9787515309347	36.00
别和青春期的孩子较劲（增订版）（入选《中国教育报》"2009年影响教师的100本书"）	9787515343075	39.90
100条让孩子胜出的社交规则	9787515327648	28.00
守护孩子安全一定要知道的17个方法	9787515326405	32.00
幼儿园/学前教育		
中挪学前教育合作式学习：经验·对话·反思	9787515364858	79.00
幼小衔接听读能力课	9787515364643	33.00
用蒙台梭利教育法开启0~6岁男孩潜能	9787515361222	45.00
德国幼儿的自我表达课：不是孩子爱闹情绪，是她/他想说却不会说！	9787515359458	59.00
德国幼儿教育成功的秘密：近距离体验德国学前教育理念与幼儿园日常活动安排	9787515359465	49.00
美国儿童自然拼读启蒙课：至关重要的早期阅读训练系统	9787515351933	49.80
幼儿园30个大主题活动精选：让工作更轻松的整合技巧	9787515339627	39.80
美国幼儿教育活动大百科：3-6岁儿童学习与发展指南用书 科学/艺术/健康与语言/社会	9787515324265等	600.00
蒙台梭利早期教育法：3-6岁儿童发展指南（理论版）	9787515322544	29.80
蒙台梭利儿童教育手册：3-6岁儿童发展指南（实践版）	9787515307664	33.00
自由地学习：华德福的幼儿园教育	9787515328300	49.90
赞美你：奥巴马给女儿的信	9787515303222	19.90
史上最接地气的幼儿书单	9787515329185	39.80
教育主张/教育视野		
重新定义学习：如何设计未来学校与引领未来学习	9787515367484	49.90
教育新思维：帮助孩子达成目标的实战教学法	9787515365848	49.00

书名	书号	定价
学习是如何发生的：教育心理学中的开创性研究及其实践意义	9787515366531	59.90
父母不应该错过的犹太人育儿法	9787515365688	59.00
如何在线教学：教师在智能教育新形态下的生存与发展	9787515365855	49.00
正向养育：黑幼龙的慢养哲学	9787515365671	39.90
颠覆教育的人：蒙台梭利传	9787515365572	59.90
如何科学地帮助孩子学习：每个父母都应知道的77项教育知识	9787515368092	59.00
学习的科学：每位教师都应知道的99项教育研究成果（升级版）	9787515368078	59.90
学习的科学：每位教师都应知道的77项教育研究成果	9787515364094	59.00
真实性学习：如何设计体验式、情境式、主动式的学习课堂	9787515363769	49.00
哈佛前1%的秘密（俞敏洪、成甲、姚梅林、张梅玲推荐）	9787515363349	59.90
基于七个习惯的自我领导力教育设计：让学校育人更有道，让学生自育更有根	9787515362809	69.00
终身学习：让学生在未来拥有不可替代的决胜力	9787515360560	49.90
颠覆性思维：为什么我们的阅读方式很重要	9787515360393	39.90
如何教学生阅读与思考：每位教师都需要的阅读训练手册	9787515359472	39.00
成长型教师：如何持续提升教师成长力、影响力与教育力	9787515368689	48.00
教出阅读力	9787515352800	39.90
为学生赋能：当学生自己掌控学习时，会发生什么	9787515352848	33.00
如何用设计思维创意教学：风靡全球的创造力培养方法	9787515352367	39.80
如何发现孩子：实践蒙台梭利解放天性的趣味游戏	9787515325750	32.00
如何学习：用更短的时间达到更佳效果和更好成绩	9787515349084	49.00
教师和家长共同培养卓越学生的10个策略	9787515331355	27.00
★ 如何阅读：一个已被证实的低投入高回报的学习方法	9787515346847	39.00
★ 芬兰教育全球第一的秘密（钻石版）（《中国教育报》等主流媒体专题推荐）	9787515359922	59.00
世界最好的教育给父母和教师的45堂必修课（《芬兰教育全球第一的秘密》2）	9787515342696	28.00
★ 杰出青少年的7个习惯（精英版）	9787515342672	39.00
杰出青少年的7个习惯（成长版）	9787515335155	29.00
★ 杰出青少年的6个决定（领袖版）（全国优秀出版物奖）	9787515342658	49.90
★ 7个习惯教出优秀学生（第2版）（全球畅销书《高效能人士的七个习惯》教师版）	9787515342573	39.90
学习的科学：如何学习得更好更快（入选中国教育网2016年度"影响教师的100本书"）	9787515341767	39.80
杰出青少年构建内心世界的5个坐标（中国青少年成长公开课）	9787515314952	59.00
★ 跳出教育的盒子（第2版）（美国中小学教学经典畅销书）	9787515344676	35.00
夏烈教授给高中生的19场讲座	9787515318813	29.90
★ 学习之道：美国公认经典学习书	9787515342641	39.00
★ 翻转学习：如何更好地实践翻转课堂与慕课教学（中国教育新闻网2015年度"影响教师的100本书"）	9787515334837	32.00
★ 翻转课堂与慕课教学：一场正在到来的教育变革	9787515328232	26.00
翻转课堂与混合式教学：互联网+时代，教育变革的最佳解决方案	9787515349022	29.80
翻转课堂与深度学习：人工智能时代，以学生为中心的智慧教学	9787515351582	29.80
★ 奇迹学校：震撼美国教育界的教学传奇（中国教育新闻网2015年度"影响教师的100本书"）	9787515327044	36.00
★ 学校是一段旅程：华德福教师1—8年级教学手记	9787515327945	49.00
★ 高效能人士的七个习惯（30周年纪念版）（全球畅销书）	9787515360430	79.00

您可以通过如下途径购买：
1. 书　　店：各地新华书店、教育书店。
2. 网上书店：当当网（www.dangdang.com）、天猫（zqwts.tmall.com）、京东网（www.jd.com）。
3. 团　　购：各地教育部门、学校、教师培训机构、图书馆团购，可享受特别优惠。
　购书热线：010-65511272 / 65516873

心理学家全新力作

影响亿万人心智成长的心理学智慧

接纳：在坚硬的世界柔韧前行并拥抱无限可能

信心是如何运作的：关于自信的新科学，为什么有些人学会了，有些人却没有

带着恐惧前行：找到克服逆境的勇气，创造你热爱的生活

认知神经科学家萨宾娜的大脑使用说明书：超强大脑的七个习惯

简约认知行为疗法十堂课：管理焦虑、抑郁、愤怒、恐慌和担忧

潜意识：控制你行为的秘密

我们为什么做出不利于自己的行为：克服自我挫败行为，抵达内心深处的渴望

变得更好的方法：按50本自助书实践后，我们学到了什么

史上最重要的心理学家和心理学思想：他们如何启示与指导你的生活

运用积极心理学提高学生成绩：品格教育校本计划

化解孩子的对立反抗

给大人的关于青少年情绪的10堂课

> 我们不需要强迫自己改变，只要学会从不同角度发现自己的亮点就好。
>
> —— 心理学家　阿尔弗雷德·阿德勒